序

这本书可谓一部有关中国近现代史上所得税制度的简史，十分简明清晰，稍花一点时间即可于此题有个大致的了解。现代意义上的所得税是工业革命的产物，中国在清末的变法修律中，借鉴引入西方法律，就民商法中一些内容结合中国国情，有了创建起步。民国时期，所得税制度屡有讨论改订，终因时处动乱，或失之粗疏，或虎头蛇尾，虽有建立，却得不到有效执行。当前我们正深化所得税制度改革，贯彻公平原则，建立完善能保障国家财政收入、调节社会贫富和促进社会公平、公正、和谐发展的制度。此书的出版，应是很有意义的。

本著作以民国时期所得税法律问题为讨论范围，所以此部分最为详尽。民国时期所得税制度的立法和司法执行，延宕数十年，如何更清晰地了解其内在脉理，作者自有见地，并以新的分期法加以梳理，讲清背景原因。也由于问题众多，作者就税制的价值核心，着重探讨了公平原则问题。将当时公平所指及如何在实体法律和司法程序上实行做了一个历史的考证。事实上当时是有过许多不同的认识和意见的，曾有过激烈的讨论，其解决方法也是大不相同的，其中思考的理由和方法很值得关注。

在学术上，本书是法律史与财政史中的一个专题，也是社会学中关于公平正义的社会保障的课题。探讨学术课题，其实践意义还是在对现实改革发展提供借鉴。本书所列的问题与思考无不引人深思，给人颇多启迪。

就现代法律制度中所得税制度而言，尽管重要、备受重视，但因其关系社会多方的利益，极其复杂，又因现代社会观念和社会经济结构变换快速，所以实际上对所得税制度的研究仍是不够的，共识也不那么牢固。因此，本书的探讨和有关论述就更凸现其意义了。

作者指出，公平标准是随时代和社会环境而转变的，这种变化的认识标准正是一种历史唯物主义的史观。公平是相对的均等，而非数字上的绝对均等。所得税制度的确立，既要顾及国家代表人民群众实现长远的、根本的利益所需支出的财政收入保障，也要切实保障民众安居乐业的福祉利益，还要鼓励社会百业发展的积极性，提升效率，实现综合平衡，关照远近中期利益。同时，所得税制度又是一个动态的、需要不断根据变化了的情况进行微调的、与政策密切相关的、更活泼的制度。另外，社会共识也是保障制度实施的重要力量。

此书重申了一个很好的话题，但在很多问题的研究上还不够深入，尚有很多值得分析、研究总结、借鉴比较的地方。这些既是本书不可能全部解决，或说无奈和无力量去做的，也是有待作者或其他学者持续研究、贡献意见的。

本书出版，值得祝贺，写了以上一些话。

程天权

目　录

导　论

一、研究内容及意义

所得税是以个人及经济组织的所得为纳税对象的赋税。“所得”为一个宽泛的概念，如果将土地产品视为人民“所得”，中国古老的田赋也可以称为“所得税”①。当代税制以课税对象为划分标准，可分为流转税②（增值税、消费税、营业税、关税等）法制度、所得税法制度和财产、行为与资源税法制度，其中，所得税又是直接税③的一个主要门类。

所得税是当代发达国家最重要的税种，也是我国的主体税种之一。但

① 从这层意义上来说，“所得税”和古代的“税赋”大体是相同的概念，课税纳赋都由法律规定，并由国家强制力保障其执行。

② 即商品劳务税，指以销售商品或提供劳务作为课税对象征收的税种。

③ 税制以税负是否转嫁为标准，分为直接税和间接税。直接税的纳税人和负税人一致，负税人和国家之间的关系是直接的，没有第三者介入，如所得税、保险税、财产税等。消费税、增值税、关税等为间接税，在国家和负税人之间介入了纳税人。

从统计数据看①，我国所得税占国家税收收入的比重远不如发达国家。从长远看，所得税是税制建设的重点，逐步提高所得税占国家税收收入的比重是税收发展趋势。所得税也是最为复杂的税种，从课税模式的选择到课税所得范围的划定，再到税率的设定和抵免规定，可供研究的方向很多。当代国内学者关于所得税的研究成果甚丰，有从财政学角度研究的，也有从实务操作角度研究的，还有以经济理论模型为切入点研究的。其中，从财政学角度对所得税进行的研究最多，问题集中在我国个人所得税改革和企业所得税改革应采取的措施上，如课税模式的改变、税率的重新设定及税收征管的改进等内容。相对而言，对所得税进行历史分析的作品较少，从法律角度研究所得税的作品也多以政策精解为主。鉴于所得税在国民经济发展中的重要地位和研究现状，本书选定从法律史的角度来考察所得税的发展过程。

当代的学者研究所得税，多从改革开放以后谈起，有的甚至认为，我国的所得税只有三十余年的历史②，这是不全面的。中国推行所得税的发端是在民国，尽管直到中华人民共和国成立前，所得税制发展尚不成熟，但不能就此抹杀所得税在民国的发展历程。在探讨现代所得税的文献日渐丰富的同时，专门研究民国所得税的学术成果仍不成规模，在不多见的民国所得税研究中，学者也多是从历史的视角（如税收制度史、思想史）来对其进行考察的。故此，本书在从法律史的视角论述所得税发展的前提下，选择了民国所得税作为研究主题。

“民国所得税”研究的时间范围，是从清末筹议所得税开征到南京国民政府后期所得税制度逐渐完善时期。③“民国所得税”的研究重点，是

① 2013 年，我国所得税占国家税收收入的 26.2%，数据来源，中国国家统计局统计数据库，http://data.stats.gov.cn/。美国所得税占国家税收收入比例是 47.59%；加拿大是 45.83%；日本是 48.29%；英国是 35.59%；数据来源，OECD Data，https://data.oecd.org/tax/tax-on-corporate-profits.htm#indicator-chart。

② 马静. 单一税理论与我国个人所得税改革实践. 北京：财政部财政科学研究所，2007：3.

③ 从严谨的学术角度来说，“民国”的范围不应该包括“清末”，但中国最早的“所得税”提法应溯源至清末。“清末”的所得税只处于“筹议”阶段，时间很短，内容也较为简单，因此，不宜将“清末”所得税发展情况单列作一节，故在此将“清末”所得税发展历程纳入“民国”所得税制沿革中，仅为了说明二者有渊源关系。

所得税制建立过程中的立法及其相关问题。由于北京政府时期，所得税的筹议试办并不成功，因而可将其视为所得税法制的形成时期，写作重点则为“南京国民政府时期”。公平原则，是税法的基本原则之一，其反映了人类对社会物质财富公平分配的理想，是税法最重要的原则，更是所得税法中第一重要的原则。[①] 以“公平原则”的视角研究民国所得税，意在将税法基本原则和所得税的发展相结合，对民国所得税制的发展进行清晰的脉络梳理。

清末民初一味仿效西方的习惯到今天都有影响，当代学者通常就改革谈改革，多强调西方经验而往往忽视了中国历史与传统民情。在谈论当代中国所得税改革问题时，不乏“所得税国际化”“所得税国际比较”这样的词语。学者也经常以西方资本主义国家的所得税制度为模板，来设计、改进我国的所得税制度，这些多是对改革的误读。中国经济的发展的确离不开对国外相关经验的借鉴，可是离开中国现有国情空谈国际化，再谈财政税收改革，显得既突兀又生硬。笔者认为，要走一条中国特色的发展道路，就不能只看国外、不谈民情，也不能只顾借鉴、不看国情。“公平”的税收负担思想自古就有，我国古代思想家始终把政权稳定作为征收赋税的最重要的前提，而赋税超出人民负担过多则往往造成社会动荡。在“薄税敛”原则之外，“负担均平”是历朝历代最重要的税收原则，尽管这种“均平”是有局限性的。因此，本书在对民国所得税制的发展进行详细的脉络梳理后，欲探究税法最重要的“公平原则”在当时所得税立法中贯彻的情况，并对这些法律文本作出评述。最后，本书对税法“公平原则”在所得税制体系中的地位和影响作出总结，希望能够为当代的所得税制改革提供一些可资借鉴的方向。

---

① 税法的基本原则有许多，本书选取“公平原则”作为视角来研究民国所得税，最主要的原因有两点：一是所得税自开征伊始，就被冠以“税负均平”的“最优之良税”，从北京政府到南京国民政府，开征所得税时也无不以“公平”为主要宣传着眼点；二是所得税既然是政府调节财富分配、实现税额负担公允的重要手段，其“公平原则”属性就成了民国的学者、专家重点论述的对象，当时有关所得税的研究，可谓无不提“公平”之意者。

二、基础文献材料

1. 学术论著

当代学者对民国所得税做专门研究的，并不多见，其中较有代表性的作品，为曾耀辉的博士毕业论文《民国时期所得税制研究》(2012 年)，因作者为经济学博士，故其论文在历史资料整理的基础上，注重经济学和财政学的知识交叉，并运用了统计分析方法，论文对民国时期所得税的发展过程有较详细的记述，但其论文整体的着眼点不在法律方面。除此之外，有不多的学术论文对民国所得税制有相关的介绍，较具代表性的有：赵元成、胡荣明的《民国时期所得税法的亲属伦理取舍与启示》(2014 年)、曾耀辉的《民国推行所得税的成败得失及对当代的启示》(2014 年)、陈勇勤的《所得税与国民党政府财政》(1996 年) 等，但此类论文多是从具体的问题入手，篇幅较短，亦无法律的研究视角。

对民国所得税制，研究最多的为民国时期的学者，有所得税理论方面的专著，如：吴广治的《所得税》(1936 年)、郭卫的《所得税暂行条例释义》(1936 年)、崔敬伯的《所得税实施问题》(1936 年)、胡毓杰的《我国创办所得税之理论与实施》(1937 年)、张森的《中国现行所得税释义》(1938 年)、杨骥的《现行所得税改进论》(1939 年)、刘振东的《中国所得税问题》(1941 年)、高秉坊的《中国直接税的生长》(1943 年)、《中国直接税史实》(1943 年)、杜岩双的《中国所得税纲要》(1944 年)、杨昭智的《中国所得税》(1947 年)、朱偰的《所得税发达史》(1947 年)、费文星的《中国直接税概要》(1947 年)、张保福的《中国所得税论》(1947 年) 等。有所得税纳税实务方面的著述，如：杨荫溥、王逢壬的《所得税纳税须知》(1936 年)，潘序伦、李文杰的《所得税原理及实务》(1937 年)，李彬的《所得税纳税便览》(1937 年)，徐永祚、陆善炽的《所得税与会计》(1938 年) 等。盖所得税在民国时期为初次开办推行，关于其理论方面的专著，内容大同小异，基本都包括当时的所得税法律法规释义、各资本主义发达国家所得税制概要、中国所得税制沿革、现行税制的问题（或检讨）、可改进的方面（或结论）等内容。而关于所得税实务方面的专著，多为解决纳税环节的具体问题而著，内容主要包括所得税的相关会计问题、各种类型的所得税（薪给报酬所得税、营利事业所得税、证券存款所得税等）的计算、报缴及纳税指南等，部分专著还会对所得税的减免、税率、计算、报告等具体问题提出改进建议。总体来说，以上民国学者的专著，无论其理论深度如何，都是了解民国所得税制度最直接的著述。

除专著外，这一时期有大量的学术论文公开发表，较具代表性的有：徐沧水的《所得税条例改正问题》（《银行周报》，1920年第4卷第39号），叔仁的《施行所得税之我见》（《钱业月报》，1928年第8卷第6期），贾士毅的《财政部修正所得税条例草案之要旨》（《经济学季刊》，1931年第2卷第2期），邵德厚的《所得税问题》（《中国经济月刊》，1934年第2卷第4期），孔祥熙的《所得税的特点及政府筹办的情形》（《孔庸之先生演讲集》，1936年9月），崔敬伯的《所得税实施问题》（《国立北平研究院院务汇报》，1936年第7卷第3期），沈立人的《关于所得税问题之管见》（《会计杂志》，1936年第8卷第3期），崔敬伯的《从间接税到直接税》（《国闻周报》，1937年第14卷第25期），高秉坊的《财产租赁出卖所得税之要旨》（《财政知识》，1943年第3卷第3期），王抚洲、崔敬伯的《改进所得税制度拟议》（《大公报》，1948年1月6日）等。此时期关于所得税的学术论文相较专著来说，数量相当可观，但也不乏主要观点近似、内容结构相对固定的情况。毛起鹇在《中国所得税问题》（《经济学季刊》，1933年第4卷第2期）中将所得税的问题分为课税范围、定率问题、计算方法、免纳条件、征收考成、实施问题、征收方法等，其文内容结构完整，论述条例清晰。而同时期的学术论文中，亦有不少讲述所得税税率、计算、免征问题的，其侧重点或有不一，但代表性不强。

需要指出的是，此时期的学术论文中值得重视的，是当时的财政专家、财政官员或参与立法的学者的著述，如贾士毅、高秉坊、朱偰、崔敬伯、刘振东、孔祥熙等的作品，从中可以看出立法的渊源与当政者的考虑，较有研究价值。举例来说，朱偰在《中国今日征收所得税问题》（《东方杂志》，1935年第32卷11号）中，不仅对中国当时试行所得税的成败做了总结与剖析，还对各国实行所得税的条件和由收益税系统过渡至所得税的办法进行了总结，提出我国实行所得税的其他困难、过渡办法及对当时中央党部征收所得捐的处理意见，其理论研究较为深刻，对实务亦有指导意义。高秉坊在《财产租赁出卖所得税之要旨》（《财政知识》，1943年第3卷第3期）中，则详分五条原因，阐述了开征财产租赁出卖所得税的意旨，清晰地说明了当时政府的宣传导向与立法目的，对于今天的研究有很高的参考价值。

除专门著述外，关于所得税的论述还散落在各税收通史的书籍中，如：殷崇浩的《南京国民政府时期的税制》（1988年）、《中国税收通史》（1991年），孙翊刚的《中国赋税史》（1996年），付志宇的《中国近代税制流变初探》（2007年），黄天华的《中国税收制度史》（2009年）等。此类著述中，关于所得税的记述所占篇幅并不多，但对了解民国时期整体税制概况不无裨益。

2. 资料汇编

最近二三十年，有关民国税制史的资料汇编中，最为著名的是国家税务总局编写的“中华民国工商税收史丛书”，该丛书由《中华民国工商税收史纲》（2001年）、《中华民国工商税收史·直接税卷》（1996年）、《中华民国工商税收史·税务管理卷》（1998年）、《中华民国工商税收史·盐税卷》（1999年）、《中华民国工商税收史·地方税卷》（2001年）、《中华民国工商税收史·货物税卷》（2001年）和《中华民国工商税收大事记》（1994年）组成。该丛书自1982年开始编写，历经十余年，至90年代后期才出版。其间，国家税务总局先后抽调各省市税务局一百余人查阅相关资料，仅史料的收集整理就用了十年的时间。同步出版的还有江苏省民国税史编写组协同第二历史档案馆完成的《中华民国工商税收史料选编》（1～5辑）。这些文献大量引用第一手资料，可以说史料丰满，叙事完整。当代学者关于民国税制的文章著作中，均使用其中的资料与数据，其在中国近代税收史的地位由此可见一斑。

其中，《中华民国工商税收史纲》以工商税收为重点，按照时经事纬的方法阐述民国税制发展变化的历史进程、税制结构与税种配置的变化、税收管理体制的演进等问题，对各税种在北京政府时期、南京国民政府前期、抗日战争时期、南京国民政府后期的重要变革作逐一说明，直观而简明地勾勒出民国主要工商税收的演变轨迹。

《中华民国工商税收史·直接税卷》以中国第二历史档案馆、有关省市地方档案馆馆藏民国档案为主，档案资料不全的，则以从各地图书馆、大专院校收集到的政府公报、法规汇编、财政税务机关出版的各种期刊、年鉴、实录、当时著名的报纸杂志、专著和我国台湾地区编辑出版的有关资料加以补充。资料分所得税篇、过分得利税篇、遗产税篇和印花税篇。该书以民国直接税从试办到逐渐成熟的过程为脉络，记述了关于直接税的法规、训令、机构与人事、稽征管理等内容。

此外，在以下一些资料汇编中，也有关于民国税收的数据资料，不过从专业性来说，其资料完整程度不如“中华民国工商税收史丛书”。这类资料有：中国第二历史档案馆编撰的《中华民国档案资料汇编》（1～5辑）（1991—1994年）、重庆市档案馆编撰的《抗日战争时期南京国民政府经济法规》（1992年）、孔庆泰编选的《国民党政府政治制度档案资料选编》（1994年）、财政部财政科研所与中国第二历史档案馆编写的《国民政府财政金融税收档案史料（1927—1937年）》（1997年）、中国第二历史档案馆编写的《中华民国史档案资料汇编》（2010年）等。

三、研究方法概览

1. 资料的搜集与整理

研究民国时期的税制，自然需要掌握大量的历史资料，对历史资料进行收集整理，也是法律史学科研究的基本要求。本书搜集的资料主要包括以下四个方面：一是税收制度史的研究。一般在通史性的著作中，都会有对民国税制的介绍，这部分内容虽然不多，但却是不可或缺的，它有助于我们了解民国税制的整体情况，知悉其在中国税制发展史上的地位。二是民国所得税的档案资料，如当时的法律文本、判例要旨等。此部分资料多见于民国政府官方公报，如国民政府公报、行政院公报、司法公报等。另外，民国时期的众多期刊对于当时的法律文本等亦有转载，可作为间接资料使用。三是关于民国税制的专著和论文。学者对民国税制的研究有两个主要时期，分别为清末到中华人民共和国成立前和20世纪80年代后，这两个时期的文献是需要重点关注的，而在中华人民共和国成立后到改革开放前这一时期，相关著作均带有较浓厚的阶级色彩，不是本书所关注的重心。四是对税制做论述的财政著作。关注的重心是税制的理论知识和我国现行税制的运行体系，这部分虽不是文献资料搜集的重点，但却是必不可少的内容。

2. 历史的分析与归纳

所得税是社会生产力发展到一定阶段的产物，现代意义上的所得税是在工业革命的背景下，随着资本主义的发展而出现的，在当代各主要资本主义国家，所得税制的发展相当完善。中国现代的所得税制度可溯源至清末，至南京国民政府后期逐步成熟完善，其发展是一个动态的过程。法律史的研究以史实为基础，但不是单纯的“就史论史”，其对历史的分析应是动态的，可运用发展、变化的观点分析所得税的发展历程，将其发展的不同阶段加以联系和比较，总结并归纳出所得税制度发展中的一般性规律和原则，以弄清其实质，揭示其发展趋势。规律决定着事物发展的必然趋向，关于“税法公平原则”对所得税的重要性，只有在动态的历史视角下进行分析归纳，才能还原其本来面目。当代中国所得税改革中出现的问题和争论，是可以追溯其历史根源的，只有在追根溯源的基础上分析所得税发展的整体历程，把关注焦点放在当代所得税改革最集中的问题上，才能提出符合中国国情的解决方法。

3. 功能比较的限定

历史遵循着一定的规律向前发展，而在不同的空间和时间上总是会有惊人的相似点。本书所述民国所得税的发展历程，时间范围为1911年至

1949年，这一段时间具体可以划分为四个阶段。通过对这四个阶段的社会背景、立法概况、征收概况和公平情况进行比较论述，可以准确地把握民国所得税制的历史沿革和发展方向，并试图总结出一些规律性的东西，供当下参考。虽然当代财政税收改革离不开对西方经验的借鉴，但不能离开历史民情，空谈“国际化”“现代化”，更不能所有改革模式都以美、英、日、德等国为蓝本。因此，本书的比较分析不是对国内外现状进行比较，而是对本国的历史阶段进行有益比较，比较的方法限定于“功能比较原则”。对法律原则、法律执行等问题进行阐述、分析，对有益经验进行提炼和论证，并不是为了寻求普适性的法律规则或最好的解决方案，而是通过比较进一步认识现行的法律制度，确定有益的法律原则。

4. 学科交叉的探索

本书以法律史为视角，从税法公平原则方面研究民国所得税，自然离不开对所得税的立法、司法、执法制度的介绍，以及有关所得税制度的产生、内容、本质、特点和作用的研究。但是，所得税制毕竟是税收制度的一个分支，而税收制度属于财政学研究的领域，这就要求作者有相关的财政学知识。如果仅从财政学角度着手，所得税的研究就一定会包括数字、图表、公式、曲线和趋势，缺少历史和法律范畴；如果仅从法律史角度对所得税进行研究，则会忽略历史变迁对财税制度的影响。因此，将法律史和财政学相结合，可以同时避免技术主义倾向和史学属性至上，能够更客观地描述民国所得税的成就，而不是为了借鉴而高估其影响或者为了批判而低估其作用。对于梳理文献、辩证考据等史学研究的基础方法来说，法律史研究在一定程度上脱离了传统史学研究的窠臼，而将法律史和其他学科相结合，则又在一定程度上拓宽了其研究视野和范围，但此种学科交叉的探索应以不牵强附会为前提，效果上应力求简约而避免草率。

四、研究框架说明

本书分为七个部分，分别为导论、所得税与公平原则的历史追溯、清末民初所得税法制的形成、南京国民政府所得税的试办、南京国民政府所得税的正式举办、南京国民政府所得税的逐步完善、结论。

“导论”部分，首先介绍研究内容及意义，再对学界关于民国所得税的研究概况进行总结评述，接着分述研究方法、研究框架、创新与不足之处。研究所得税不能就所得税谈所得税，否则会有“只见树木不见森林”之嫌。所得税是税收体系中一个具体的税种，从类型上说，属于直接税的范围。要了解民国所得税，首先要了解当时的税制体系，对直接税体系有完整的了解；其次，还要把税收体系放到整个财政体系中去，分析当时税收对国民经济体系的贡献和作用；最后，在横向分析之后，还要对中国税制从清末到中华人民共和国成立前的纵向发展脉络有个清晰的认识。以上内容都涵盖在文献搜集的范围内。

所得税改革是当代中国学界研究的热门话题，从课税模式到税率选择，从个人所得税到企业所得税，从所得税现代化到所得税国际化等，都是学者们乐此不疲讨论的内容。所得税在我国的发展并非只有三十余年的历史，当代所得税制发端于清末，经北京政府筹议，南京国民政府试办、正式开办，逐渐发展成熟。本章通过对研究思路的介绍，阐述文章的创新点。

第一章“所得税与公平原则的历史追溯”，分为所得税的历史追溯与公平原则的历史追溯两部分。税收从其起源的第一时间起，就打上了规范性和制度性的烙印，而税收的强制性、无偿性、固定性特点则决定了其必须由上升为国家统治意志的“法”来保障实施。我国的税收历史悠久，文献中可找到关于夏商周时期“贡赋”的记载；田赋、徭役、专卖、工商杂税与税收管理，通常构成各朝代完整的赋税体系。关于税收法律的记载散落在历朝历代的法律典籍中，“律”中对违反国家赋税制度的行为作出了惩罚规定，对于“赋税”制度的规定则存在于其他法律渊源中，如“令”“会典”等。所得税是社会生产力发展到一定阶段的产物，其随着工业革命的出现而产生，中国的所得税最早可溯源至清末。

“公平”一词的内涵颇多，其既是法的价值，又是法律的基本原则。

本书中所述“公平原则”为法律的基本原则之一，也是税法中最重要的原则。为避免概念混淆，这部分内容主要阐述“公平原则”的含义，论述其与相近概念的区别与联系，如公平价值与公平原则、税收的公平原则与税法的公平原则、公平与效率、公平的误区等，本书的“公平原则”专指税法的公平原则。

民国所得税发展分为三个阶段，分别为“民初所得税的形成阶段”“南京国民政府所得税的试办阶段”和“南京国民政府所得税的正式举办阶段”。民国所得税的资料包括很多内容，从立法到具体实施，从确定税率到税率变更，从稽征方式到管理改革，可谓应有尽有，统计数据更是琳琅满目。本书的写作重点在立法、税率确定的方法、征收管理等原则性问题上，较少讨论课税级距、精确税率等细节问题。

第二章就第一阶段来展开，包括清末和北京政府时期（1910 年至 1927 年）。所得税为清末民初中国引进西方税制中的新税种，因此需对所得税的产生背景作出详细的分析。北京政府的财政困难、中国民族资本经济的发展、中央地方财政的划分，都是所得税在近代中国发展的重要原因。北京政府对所得税进行了一系列的立法尝试，并成立了全国所得税处，但所得税的筹议试办结果并不理想，各界不断提出质疑，政府不断让步，最终征收的所得税寥寥无几，中央试行所得税的尝试遂以失败告终。

第三章就第二阶段来展开，为南京国民政府前期（1927 年至 1934 年）。此时期北伐战争完成，全国政权逐渐统一。孙中山先生在民生主义中明确提出通过推行直接税来达到“节制资本”的目的，以所得税和遗产税为手段，多取税源于资本家。国民政府第一次财政会议召开后，国地两税重新划分，所得税确认为将来国家之新税。为试办所得税，财政部两次修订《所得税条例（草案）》及其实施细则，但在受到广泛质疑后，为求稳妥，没有开征所得税。此时期国民党中央党部正式开征所得捐，实为党内捐款，为党员抚恤之用，与所得税性质类似但有区别。

第四章就第三阶段来展开，为抗战中前期（1934 年至 1942 年）。在此期间，所得税已经在全国范围内推广，以所得税为主的直接税体系已具雏形。所得税开征没有多久就爆发了抗日战争，所得税作为极具“伸缩性”的税种，充分发挥了筹措政府经费的功能，在国民政府的积极宣传下，征收效果颇为理想。此时期有关所得税的主要法律文件为《所得税暂行条例》和《所得税暂行条例施行细则》。由于推行时间不长，法律条文设置得过于简单，因而各类法规相互间多有交叉，未能完全分割。另外，这一时期所得税征收手续繁杂，偷漏税行为较多，财政部遂采取一系列措施，防止、减少此类行为的发生。

第五章就第四阶段来展开，为南京国民政府后期（1942 年至 1949 年）。在这一时期，《所得税法》颁布，财产租赁所得税和综合所得税得以正式开征。至 1943 年《所得税法》公布前，所得税已开征 7 年，政府积累了丰富的稽征经验，经过慎重考虑，1946 年正式颁布《所得税法》并开征综合所得税，在分类征课的基础上，对总收益课税。至此，所得税制趋于完善，基本实现了“所得多的多征，所得少的少征”的税收公平合理目标。然而，抗日战争结束后，经济形势尚未好转，内战又开始了，物价波动幅度很大，国民政府不得不频繁修订税法以适应经济极速震荡的情势。朝令夕改使商民无所适从，所得税制形式上的完备与执行中的失调相冲突，最终失去了税法的公平要义。

第六章“结论”。民国所得税制度研究于当代的启示又回到了本书的写作初衷上，即本书的写作意义是什么，可以解决什么问题。“以史为鉴可以知兴替”。通过对民国所得税历史沿革的概述、民国所得税发展特点的总结，可以提炼出一些于当今税制改革值得借鉴的内容，但此种借鉴只是就原则思想来说，不涉及具体的细节问题。本书通过对民国所得税法律制度的分析评述，认为对于“所得税”这一具体的税种来说，“税法的公平原则”应为其首要的法律原则，当代所得税制改革只有建立在“公平原则”的基础上，所得税法律制度才能得到更加有效的执行，应在此基础上建立起融收入与调节、稳定功能为一身的所得税制体系。

五、创新与不足

1. 创新之处

第一，国内目前对民国时期所得税的研究成果，首先集中在为数不多的关于近代税制改革的研究专著中，在这些专著中，所得税的研究多以一个或几个章节的篇幅存在。其次，在很多经济史（尤其是财税史）的通史专著中，对民国所得税的发展有概括性的记述。最后，也有针对民国所得税的某些问题而撰写的学术论文。虽然前人的研究成果为准确评价所得税的历史与实践提供了丰富的基础，但其数量较少。当代中国，随着经济的快速发展与税制改革的进程，所得税已成为当代税制的重要组成部分，研究当代所得税的文献也日渐丰富，但专门研究民国所得税的学术成果并不多见。本书以“民国所得税”为主题，希望能够为当时这一具体税种的研究提供有益的补充。

第二，税法的基本原则是税法基本原理的部分内容。当代学者多重视税法的实务研究，对税法基本原则的研究则缺乏全面性和系统性。公平原则作为税法的基本原则之一，在相关的税法书籍中常常被著者寥寥几笔带过，没有得到应有的重视。本书通过阐明公平原则的基本含义，将税法基本原则与民国所得税的发展联系起来，在对公平原则进行深入探讨的同时，从公平角度对民国税收法制建设状况进行研究，分析法律基本原则对法制建设的指导意义，以期能总结出相关的历史经验。希望这种将税法基本理论和具体税制建设结合起来的研究方式，能够展示出全新的学术视角，以供参考。

第三，所得税改革，是当代学界研究的热点，但对这些问题作出探讨的学者大多是纯经济学、财政学专业方向的。他们在论述我国当前的所得税改革问题时，多将我国当代的所得税改革与西方的理论、做法联系起来，就得出结论该如何改革，基本不考虑我国税收的历史情况和传统民情。法律史学科的特点在于，在正确认识中国传统法律制度文明的形成、发展和演变后，批判地继承历史上的法制文明成果，为各部门法学科提供理论指导。本书从法律史的视角研究民国所得税制度，便是希望能在历史和现实之间架起一座桥梁，使法律移植与比较法研究更加合乎国情，为当代的所得税改革提供可以借鉴的方向，这也是本书最大的创新之处。

2. 不足之处

第一，税法的公平原则贯彻得如何，除了仔细研究法律文本的内容外，还需要分析法律执行中是否能够做到客观、公允，这是本书所欠缺的。本书主要是通过对所得税制发展的每一阶段立法沿革的叙述，分析所得税法的实体公平和程序公平，对法律执行中的问题略有提及，但没有深刻论述。最明显的缺失，是缺少对当时所得税诉讼案例的系统研究。[①] 以当时的社会实际情况看，关于直接税的诉讼纠纷较多，其中亦有不少涉及所得税的诉讼案例。不过，要分析诉讼案例，只有将其较多地加以引用，并进行分类分析研究方有说服力。限于资料搜集过程的种种限制，未能对所得税诉讼案例进行完整的系统论述，留作另文讨论。

第二，有关当代中国的所得税制发展问题，在本书中未有具体涉及。本书在对民国所得税制的发展进行详细的脉络梳理后，欲探究税法最重要的“公平原则”在当时所得税立法中贯彻的情况，对其在公平方面的缺失进行剖析，试图总结出一些规律性的东西。研究的目的既然是想让符合中国国情的立法精髓对当代有所帮助，自然离不开对当下中国实行的所得税制进行分析探讨，但此部分内容范围较广，难以在本书中展开论述，故只做概况性描述。同时，进行历史比较的研究，也不宜将历史经验强行嫁接，总结出可供借鉴的思路原则即可。至于当代所得税制的发展问题，可作为笔者下一步研究的方向。

① 目前公开可查阅到的完整的所得税诉讼案例，为国民政府最高行政法院判决的上诉案件裁判，被收录到《国民政府公报》《行政院公报》《司法公报》等资料中，但数量较少，更多的所得税初审诉讼案例因档案资料对外开放受限未能完成搜集。故本书引用的所得税诉讼案例仅限于最高行政法院判决的上诉案件。

第一章　所得税与公平原则的历史追溯

第一节　所得税的历史追溯

一、财政税收的起源

税收是一个古老的历史经济范畴，其起源与财政的起源息息相关，财政的起源可以从一般经济分配谈起。人类在原始群时期，群居生活，一个群落十几人到近百人不等。由于生产力水平低下，生产工具简陋粗略，人类征服自然的能力十分有限，人只有在集体中协作生产、互相依靠，才能生存下去，人的社会性就是人类生存的基础。因此，人类的社会性始于人类的童年时期，有社会，就有存在和需要，从而引申出公共权威，原始社会的权威产生于对无法抗拒的各种自然现象的原始崇拜。这一时期，“共同的产品，除储存起来以备再生产的部分外，都根据消费的需要陆续分配”①。尽管这部分储存起来的产品仅是为了简单再生产的需要，并不是剩余产品，但其产生的原因也是一般经济分配中的强制性因素，这种强制的权威来自生存本身的要求，这与法律的起源同源。

“强制性因素”转化为“强制性分配”是在氏族公社时期。随着人类认识和改造自然能力的提高，生产工具进一步改进，生产力得到了很大提升。人类以血缘为纽带形成了基本的社会组织和经济组织——氏族，这一阶段的标志有族外婚、生产资料公有、共同劳动、产品平均分配等。氏族公社的管理，需要借助于公共权力实现指挥职能、管理职能和调节职能等。这时个人消费品分配以外的强制性分配是为了氏族成员的公共需求，包括公共工程和抵御外族入侵、再生产、公共祭祀等。

到了父系氏族社会时期、氏族社会晚期，农业、畜牧业和以金属冶炼、纺织为代表的手工业迅速发展，剩余产品增加，社会经济呈现出前所未有的繁荣局面。生产资料公有在这时已经不能适应生产力的发展要求，个体劳动不仅渐趋可能而且成为必要，生产资料私有制的出现成为必然。这时的氏族首领、宗教人员和贵族等开始专职从事社会管理活动，出现了军事民主制的雏形。私有制的加速发展使一般经济分配中的强制性分配向原始财政分配转变，二者相分离后，原始财政诞生。

一般认为财政分配的主体只能是国家，因为原始社会没有阶级、没有国家，所以也就不存在财政关系。但历史发展是逐步演进的，为便于研究，史学家将其划分成不同阶段。而公有制向私有制的转化不是一蹴而就的，并没有一个明确的时间分界点，说财政关系只能以国家为背景是不全面的。事实上，公共权力自始就有，只是发展形态不同，一般公共权威到公共权力的转变与财政的发展形态是同步的。

原始财政在掠夺邻邦财富和奴隶的军事民主制时期的雏形国家中形

① 马克思恩格斯全集：第19卷．北京：人民出版社，1963：449．

成，主要包括对军事征服部落实行的强制定期纳贡，剥削奴隶产生的剩余产品，对外族自由民的经济榨取和对公社成员的原始摊派、早期捐税和劳役地租等内容。其中，纳贡、地租、捐税等即为“税收”的原始形态，其强制性、无偿性、固定性始终未变，只不过税收作为财政的一个方面，其规范性、制度性和刚性是就国家形态来说的。国家形态是公共权力的高级形态，没有国家，也就无所谓规范性、制度性，更谈不上税收、税制，这也是税收起源与财政起源的细微差别。

“赋税是政府机器的经济基础，而不是其他任何东西。”① 国家为了维持其公共权力，就需要公民缴纳捐税。一方面，税是公民对国家应当承担的义务，公民缴纳费用以维持政府日常运转和公共权力；另一方面，国家在维持公共权力的基础上，提供多样的公共服务，保护公民的生命、财产安全。因此，纳税不单纯是纳税人对国家作出的牺牲，也可以看成是纳税人享用国家公共服务所付出的对价。国家征税就如同征兵一样，源于社会公共服务的需要，其正当依据十分明显，是由反映统治阶级意志和利益的行为规范——“法”来保障实施的。

二、税法的历史演进

当代“税法”的学理定义为：“税法是建立在一定物质生活基础之上的，由国家制定、认可和解释的，并由国家强制力保证实施的调整税收关系的规范系统。”② 税法也是一个历史范畴，是人类社会发展到一定阶段的产物，是因私有制和国家的出现而产生的。“税法”是晚近的舶来名词，是法律、财政制度中的专有术语，中国历史上关于税收有更丰富、更精细的词汇表述，相关法律记载散落在历朝历代的法律典籍中。

“税”字单独出现最早之一当为距今约 2 600 年的《道德经》：“民之饥

① 马克思恩格斯全集：第 19 卷. 北京：人民出版社，1963：32.

② 徐孟洲，徐阳光. 税法. 北京：中国人民大学出版社，2012：8.

以其上食税之多，是以饥。”① 在现在汉语里，“赋”“税”没有区别，统统称“税”，而不叫“赋”；在古代汉语里，“赋”“税”“租”这三个字的意思是相近的，但也是有区别的：“赋”是收敛钱财，“税”为收敛粮食，“租”是让别人种自己的地而收敛粮食。② 而在夏商周时期，不称“税赋”，称“贡赋”。《史记·夏本纪》载：“自虞、夏时，贡赋备矣。”这里的“贡”可以简单地理解为实物，是原始而粗糙的粮食课征。《孟子·滕文公》载：“夏后氏五十而贡，殷人七十而助，周人百亩而彻，其实皆什一也。”意思是说夏朝一夫授田五十亩，其中五亩上贡，商朝一民授田百亩，菜田三十亩，民自耕者七十亩；周代一民授田百亩，而菜田在其外；简称“贡、助、彻”法。而“贡”还有另一层意思，即“上贡”。《尚书·夏书·禹贡》中记载：“禹别九州，随山浚川，任土作贡。”即当时的冀、兖、青、徐、扬、荆、豫、梁、雍九州，按照不同的地理条件，定期上贡物品。全国又以京畿为中心，由近及远，五百里为距，分为甸、侯、绥、要、荒五服，按照道路远近等条件，既课实物，又征力役、军役。周代的“贡”则更为细致，分为“邦国之贡”和“万民之贡”。“邦国之贡”的品类分九种，是祭祀品、皮帛、宗庙之器、绣帛皮货、木材、金玉珠宝、布帛、羽毛和土特产。“万民之贡”则按照民间的九种职业“任万民”，用货贡充实国库。不难看出，这时的“贡”已经有了现代汉语“税”的部分含义，雏形的税收已经形成。《周礼》中也记载了国家赋税情况，对当时的税收管理机构“天官”“地官”系统亦有描述。

春秋战国时期是社会大动荡、大变革的时期，奴隶制逐渐向封建制转化，各诸侯国都对本国的财政税收体系进行了不同程度的变革，如鲁国的“初税亩”、魏国的“平籴法”、秦国的“废井田、开阡陌”等。赵国的《国律》、韩国的《韩符》、齐国的《七法》、楚国的《宪令》、魏国的《魏宪》等，都从立法上对各国的财税制度有所规定。

① 《道德经·七十五章》，大意是说人民之所以遭受饥荒，是因为统治者收赋税太多。

② 《汉书》：“有税有赋，税以足食，赋以足兵。”

商鞅以李悝《法经》为蓝本，改法为律，制定了秦律。秦统一各国后，不但将原有的律令推行至全国，还先后进行了几次规模较大的立法活动。其中，《田律》《仓律》《金布律》《关市律》规定了一些上报、税赋征收、关卡管理、市场课税、国家地方金库管理的制度。而《秦律杂抄》和《秦律十八种》中的《田律》《戍律》《徭律》等，对力役和军役作出了规定，并制定了极为严厉的惩罚措施。汉代的法律形式为律、令、科[①]、比，除"律"中有比较完备的财税法律外，还有"令"中的《田令》《金布令》《缗钱令》等对"律"作出了有益的补充。汉代的田赋主要包括田租、刍藁（稻草、饲料）、临时附加，人头税包括算赋、口赋、户赋、献费，兵役包括更卒、正卒、戍卒。汉代有复除（减免）制度，在一定条件下免除劳动者应缴的租税和应服的劳役，也有对应服劳役而未服的人课征代役金（更赋）的制度。

三国两晋南北朝时期，地方割据、战乱不断，却上承秦制、下启隋唐，是封建法律制度发展史上重要的过渡时期。这一时期法律形式、法典体例、重要原则、刑罚制度等都发生了重大变化，并逐步成熟完善。在赋税方面，比较有名的是北魏孝文帝颁布的《均田令》和"租调制"，在一定程度上促进了国家税负的均平。

唐在隋《开皇律》的基础上先后修订了《武德律》《贞观律》《永徽律》《开元律》。其中，《永徽律》与《疏议》合称《唐律疏议》，是我国封建法律的集大成者，在我国古代法制史上占有重要地位，是宋、元、明、清各朝立法的典范。《唐律疏议》共十二篇，其中《户婚律》对违反国家户籍制度、婚姻制度、土地制度和赋税制度的行为作出了惩罚性规定。有关国家土地、赋税制度的规定则集中在"唐令"[②] 中。唐前期在均田法的基础上颁布了"租庸调法"，其课税对象为田、户、身，纳税形式是租（粮食）、庸（正役）、调（绢棉）。唐中期以后，土地兼并严重，农民大量

---

① 也有学者认为"科"不是汉代的法律形式。张建国．"科"的变迁及其历史作用．北京大学学报（哲学社会科学版），1987（3）：119-126.

② 宋敏求．唐大诏令集．北京：中华书局，2008.

逃亡，均田制日趋瓦解，德宗时“租庸调”正式被“两税法”代替。“两税法”改变了以人丁为依据的征税基础，按照田亩征收地税，按照财产征收户税，分夏秋两季缴税，征收形态分钱币和谷粟两类。税收征纳在此时实行“以资产为宗”的原则，并且由实物形态逐渐向货币形态过渡，对此后的税制发展产生了重要影响。

宋承唐制，根据税目将田赋分为五类，分别是公田之赋、民田之赋、城郭之赋、丁口之赋和杂变之赋；徭役以职役为主、杂徭为辅，也征代役金。神宗年间，王安石变法，推出“方田均税法”，方田即每年由县长负责丈量土地事宜，按照贫瘠程度将土地分为五等，在此基础上制定税数，即“均税”。“方田均税法”在防止地主豪强隐田逃税方面起到了积极的作用，增加了国家的财政收入。此法虽然在宋徽宗年间被废除，但其丈量土地、整理地籍，为后代清丈土地的开端。

明清是我国封建社会的成熟时期，封建税制更为完善。明代废除宰相制度，中央政治分属六部，自《法经》起沿袭了一千八百余年的法典体例也随之改变，成为以六部分类的体例。《大明律》共七篇，为名例律、吏律、户律、礼律、工律、刑律、兵律。其中《户律》分为《户役》《田宅》《婚姻》《仓库》《课程》《钱债》《市廛》七卷，共九十五条，是关于违反户籍婚姻、关市钱粮制度的刑罚规定。而地租条例、户籍制度、各种税法的内容则在《大明会典》中“户部”条下，具有行政法规的性质。万历年间，首辅张居正推行“一条鞭法”，将田赋和各种名目的徭役合并为一，计亩征税，简化稽征手续。这一改革扩展了货币税的课征范围，促使有着两千年历史之久的赋役平行制向近代租税制转化，对后世产生了深远影响。清顺治年间，户部在明代万历年间的赋役则例基础上，历时十一年汇编完成《赋役全书》，为赋税征收提供了统一的标准，同时配有《鱼鳞图册》和《黄册》。康熙五十二年（1713 年）下诏：“续生人丁，永不加赋。”后又实行摊丁入地、地丁合一制度，正式结束了赋役平行的课征制度。

在以家庭为基本生产单位、自给自足的自然经济模式下，农业始终是支撑国民经济的命脉，因此，中国自古以来，田赋就是封建社会国家财政收入最重要、最基本的来源，被视为国家“正供”。除了田赋、劳役、军役之外，各项工商杂税的历史也同样悠久。自三代起，就有关市税、山泽税，汉代有牲畜税、海租、市租等，明代有矿税、酒税、茶税、契税等。其中，盐税和关税值得一提。盐税同田赋一样，是中国的一个古老税种，周代征收的山泽之赋中就包含盐课。自春秋战国时期设官掌管盐政并征收盐税后，盐税即成为一个独立税种，国家以专卖为名，行征税之实。清朝实行“引岸制盐法”，将全国分为若干引岸，盐商专卖，国家收取盐课。关税最早实为“关市之赋”，西周时在城门和国门设立“关”的管理机构和官员，开征关市之赋，其课税对象无疑是商贾，为重农抑商政策的工具，从当时征收的实际作用看，其实是一种通过税。现代意义上的国境关税，在汉代已有史料记载。① 清朝在康熙年间设立云山、宁波、漳州、澳门四个“海关”②，其中，只有澳门海关允许外国船只进港贸易，但四个港口均征收国境关税。自20世纪30年代取消了常关税、子口税、厘金税等国内税后，我国的关税就专指进口税和出口税。

虽然我国古代关于税收的法律散落在历朝历代的典籍中，但以上如此丰富的内容可以充分证明“税”这一财政制度在中国历史上始终是在法律范围内的制度，姑且套用当代的学术名词，将其称为“税法”也是贴切而符合史实的。

三、所得税起源的中外比较

近代中国运用西方租税理论创设新的税法体系的尝试，是在清末修律的背景下展开的。鸦片战争以后，大量西方思想文化传入中国，与中国数千年的封建思想文化发生激烈碰撞。这一时期，内忧外患，民族矛盾上升，政治危机加深，民族自信演化为不自信、怀疑、自我否定，并尽一切

① 孙文学．中国关税史．北京：中国财政经济出版社，2003：16.

② 清代国内水路交通要道或商品集散地设置的征税关卡被称为“钞关”或“税关”，也就是后来人们所说的“常关”；对国境设置的征税关卡，才称为“海关”。

可能效仿西方。清政府为了挽救濒临崩溃的封建统治、安抚民众并迎合西方列强的需要，不得不开展变法活动，就此引入税制改革。当时关于税制改革的讨论集中在整理旧税和创设新税两个问题上。

对于旧税的整顿主要集中在田赋、盐税、关税和厘金①上。清政府认为田赋的积弊主要存于清丈的过程中，故于19世纪50年代至90年代进行了一场清赋运动，措施包括重新登记户口、注册地契、丈量田亩等；对于浮收②被官员侵蚀以及征收无章程等弊端，大多止于就事论事，没有整顿措施。宣统元年（1909年），度支部③曾派员到全国各地清理盐务，并成立督办盐政处，欲将盐政行政权收归中央。但至清亡，整顿盐务都只是纸上谈兵，没有建树。1840年以后，中国的关税由自主管理、自主征收变成了协定关税，而且应列强要求，将海关税收入委托总税务司代收，保管于汇丰、德华、道胜等外国银行，用以代付债款。清末关于关税问题的讨论总要牵扯到“国权”，自然大部分人主张保护关税，但在关税自主权已经丧失的前提下，是“自由贸易”还是“保护主义”则只能停留在学者讨论的层面上了。厘金实为一种独特的商业税，其时已阻碍了民族工商业的健康发展，清政府在各方压力下提出“裁厘加税”，却始终没有下令裁厘。厘金在1931年才被国民政府废除，改行统税。

创设新税的探讨集中在所得税、遗产税和印花税上。清宣统二年（1910年）度支部拟具了《所得税章程草案》30条，规定分三种所得征税：一为公司所得、国家债及公司债票的利息所得；二为包括俸廉公费和各局所、学堂的薪水及行政衙门与公共机关者收入的工薪所得；三为除前两项之外的其他所得。此草案未及施行，清政府已垮台。遗产税的开征见

① 厘金因太平天国运动兴起，清政府为解决军费不足问题而创设，始于咸丰年间，分活厘（又名行厘，通过税性质）和板厘（又名坐厘，交易税性质）两种。咸丰五年（1855年）以后，逐渐推广到全国，成为一个独立的税种，并与田赋、盐税、关税并列为清末四大主要税种。

② 即“浮收勒折”，指用强迫手段额外征收。

③ 清政府在1906年发布的《宣布预备立宪谕》中指出，清理积弊，必须先从官制入手。在清政府对原有行政体制只做一些表面上、形式上的改动的原则下，户部被改为“度支部”，合并了1903年设立的财政处，负责统筹全国的财政工作，亦包括全国的税收工作。

于洋务派人士的奏章中，但仅止于建议而已。清政府对印花税却表现出了极大的兴趣，于光绪三十三年（1907 年）拟订出《印花税则十五条》，并于宣统元年（1909 年）向各省发行印花税票，但因各省反对，未能得到有效实行。

与“五大臣出洋”后清政府以仿行宪制为名的政治欺骗活动（预备立宪）不同，所得税、印花税等新税大约是清政府真心实意想推行的，因为此时的清政府迫于战争赔款和编练新军等推行新政的费用支出庞大，财政处于非常窘困的境地，创设新税无疑是增加财政收入的一个重要渠道。①

这里需要特别指出的是，当时引进西方税制的路线基本是参照日本税法，许多词语、术语都是直接用了日文，而日本的这些词汇又根源于中国的单字词，使用同义关联的双字词做了新的概念规定，就创新成一套工业化背景下更加国际化的新词语。所得税既然为西方的舶来品，其历史溯源则不在中国。

近代意义上的所得税，为英国最早开征，其在 1798 年英法战争中征收的“三级税”②，可以视为现代所得税的起源。1799 年“三级税”被废止，又采行新的所得税法，当时规定由纳税人自行申报纳税，并按比例税率征收。该税开征的目的是筹措军费，最初为临时性税种，1802 年战争结束后即被废止。然而，随着之后英国对外战争的陆续爆发，政府为筹措经费又将此税屡兴屡废，最终于 1874 年将所得税确定为英国的一个永久性法定税种。与英国开征所得税的情况类似，普鲁士于 1808 年开征所得税是为了筹措战争赔款，美国于 1861 年开征所得税是为了筹措南北战争经费。

所得税的演进有个历史过程，其起源于欧洲发达国家，各国开征所得

---

① 清末的税制改革无论在改革措施还是实际收效上都是远低于人们预期的，当时的学者和官员对于税制、税法的理解也较为肤浅，但清末毕竟是封建主义税制向近现代税制过渡的重要时期，这些理论探讨对于税收制度和税收法律的近现代化是有着推进作用的。

② 第一种是对于仆役的主人及马车、马匹的所有者的课征，第二种是对拥有钟表等贵重物品的课征，第三种是对于房屋、土地等财产所有者的课征。再依其负担额的大小，分为若干等级，分别课以不同的税率。

税都是为了解决因战争造成的财政经费不足问题。但战争只是促进所得税诞生的直接原因，其根本性的原因是生产工具的改进和社会生产力的提高。

工业革命最先起源于英国，当时的工厂手工业生产已经不能满足市场的需求，这就对生产工具的改进提出了更高的要求，一场机器生产革命应运而生，出现了一系列重大发明和技术革新。工业革命就此在拥有大批自由劳动力和巨额货币资本（殖民掠夺）的资本主义国家优先展开。从时间上看，所得税的出现恰巧是资本主义大生产蓬勃发展、工业化初步完成时期。这一时期，各国的经济重心从农业和传统的手工业向资本主义工商业转化，各国以农业为主的经济模式逐渐向以工商业为主过渡，新兴资产阶级成长，旧有的税种已经不能满足一国的财政需要，税制的相应变革便呼之欲出，所得税作为一种简便易行的税种在各资本主义发达国家先后出现。

所得税与社会生产力发展相关的另一个证明是公司所得税的开征。在各国所得税发展的早期，其课税范围仅是针对个人“所得”（包括公民收入、财产等）而言，这时所得税只是一个临时性的税种，并根据实际需要征收或停止征收。到 19 世纪末，西方主要资本主义国家完成产业革命，新兴资产阶级取得统治权，经理阶层与股东阶层分离，公司逐渐增多并被视为独立法人后，公司所得税才开始在各国全面征收。[①] 因此，公司所得税的开征是以社会生产力提高，资本主义生产方式普及，公司收入稳定为前提的。公司所得税和个人所得税一样，要求的都是较高的生产力和在此环境下有经济实力和数量规模的纳税群体，这也就解释了发展中国家所得税开征时间整体晚于发达国家的原因，同时也是中国所得税出现于清末民初封建社会瓦解、社会大变革时期的原因。

清末民初，西方文化逐渐向中国社会渗透，其中有一条明确的主线，

① 如英国在 1914～1925 年间，开始对公司征收特别税；德国于 1891 年颁布新所得税法，称自然人和法人都有纳税义务；美国的公司所得税（公司消费税）正式走上历史舞台是在 1909 年。

即西方近代民主主义思想与以儒家文化为主要思想的中国传统思想不断碰撞，而前者不断胜出，并占据后者的领域。[①] 当时传播于中国的西方财税理论中，以阿道夫·瓦格纳为代表的社会政策学派的财政理论受到国人的普遍推崇。瓦格纳提出的最有名的赋税原则——税收平等原则，是指所有公民都应该按其能力纳税，纳税的多少应与各人能力的高低成正比。平等原则作为税收公正原则的一个方面，意指国家通过税收应能够调整所得和财产分配，从而缩小社会贫富差距。从这个意义上来说，所得税实为一种不失公平之良税，既能达到增加国家财政收入的目的，又符合国人心中的儒家大同思想，甚至还能得到民众的颂扬。因此，无论是北京政府还是南京国民政府，对所得税的举办都是乐意为之的。所得税在经历了清末筹议，民国初年尝试举办后，最终于 1936 年由国民政府正式举办，渐成规模。在南京国民政府的“六法体系”（宪法类、民商法类、刑法类、民事诉讼法类、刑事诉讼法类、行政法类）中，关于所得税的法律、条例等属于行政法类的内容，如《所得税法》（1946 年）、《所得税法施行细则》（1946 年）、《所得税法免税额及课税级距调整条例》（1947 年）、《所得税纳税行住商申请登记办法》（1947 年）[②] 等。

四、当代所得税的法律体系

税法在当代中国是经济法体系中相对独立的子部门法。税法的功能可分为社会功能和规制功能两类。社会功能指税法保障统治阶级经济利益的阶级统治功能和促进国家发展的社会公共功能；规制功能指税法调整税收关系和税收行为的规范功能、具有控制效力的约束功能、对税收关系的确认功能和保护功能等。

一国的税收收入通常占财政总收入的 85%～95%，就法律保障手段

① 朱勇. 中国法制史. 北京：高等教育出版社，2013：353.

② 此四份规范性法律文件被收录到《六法全书》中。中国法规刊行社编委会. 六法全书. 上海：上海书店出版社，1991.

来说，税法的作用首先是保证国家财政收入，在完成了税收征管任务后，其可实现对社会经济运行的调节作用，促进社会成员收入再分配；税法调整的对象既然是税收关系，就应发挥对纳税人的保护和对征税人的约束作用；国家利用税收管理经济活动，实现政府职能、完善公共服务，反映了税法对经济利益的维护作用；税法自身体现的强制功能和保护功能同时要求税法对违法行为应有制裁作用。

当代中国的税法体系是一个比较庞杂的系统，包括税收实体法（增值税法、消费税法、营业税法、关税法、所得税法、财产与行为税法、资源与土地税法等）和税收程序法（税务管理、税款征收、税务代理等）。[①]按照立法层次来说，有《中华人民共和国个人所得税法》《中华人民共和国企业所得税法》《中华人民共和国税收征收管理法》等法律；有《中华人民共和国印花税暂行条例》《中华人民共和国消费税暂行条例》《中华人民共和国进出口关税条例》等单行条例；有《中华人民共和国税收征收管理法实施细则》《中华人民共和国资源税暂行条例实施细则》《中华人民共和国个人所得税法实施条例》《中华人民共和国企业所得税法实施条例》等实施细则或实施条例；还有《营业税税目注释》《消费税新增和调整税目征收范围注释》《增值税部分货物征税范围注释》《资源税若干具体问题的规定》等相关规范性文件。就中央和地方的立法权限划分来说，中央享有中央税、中央地方共享税以及地方税的立法权，而地方可以根据本地区的实际情况，制定相应的税收程序规范在本地区适用，如《陕西省地方税务局不动产建筑业营业税项目管理实施办法》《江苏省地方税务局税务行政强制实施办法》等。

按税种来分，根据其经济性质和作用大致可以分为5类。第一类是商品税，具体包括增值税、消费税、营业税和关税；第二类是所得税，具体

① 我国采取的是税法与税种法相对应的立法形式，即“一法一税”，国家一般按照单个税种立法，作为征税时具体的、具有可操作性的法律依据，且税种的开征与否一般都是由国家最高权力机关通过制定税收法律的形式加以规定的，具有稳定性和固定性。关于税收程序则采取统一立法的形式，主要规定于《中华人民共和国税收征收管理法》中。

包括企业所得税和个人所得税；第三类是资源税，具体包括资源税、土地增值税、城镇土地使用税；第四类是财产税，具体包括房产税、车船税；第五类是行为税，具体包括契税、车辆购置税、印花税、烟叶税、耕地占用税、城市维护建设税、船舶吨税。其中，由海关征收的有关税、船舶吨税、进口环节的增值税和消费税，其他税种主要由税务机关征收。因此，就“所得税”来说，无论是税种分类还是学理上的论述，都是将“个人所得税”和“企业所得税”分开进行讨论的。

企业所得税是对我国境内企业和其他取得收入的组织的生产经营所得和其他所得征收的税种。我国的企业所得税制度是在改革开放以后逐步建立起来的。20 世纪 80 年代，企业所得税制度的特征是按企业不同的经济性质分别设置税种，分为国营企业所得税、集体企业所得税、私营企业所得税、中外合资经营企业所得税和外国企业所得税，各税种适用的税率及课税级距有较大差异。20 世纪 90 年代，多类企业所得税并存的局面被打破，国家简化统一了企业所得税制，将两部涉外企业所得税法①合并为《中华人民共和国外商投资企业和外国企业所得税法》；将原来的国营企业所得税、集体企业所得税、私营企业所得税合并，统一施行《中华人民共和国企业所得税暂行条例》。此时国家分别统一了外资企业所得税和内资企业所得税，两类企业所得税均适用 33%的税率，但为吸引外资，对外资企业的优惠和减免税政策较为宽厚，后来多为学界诟病。2007 年税制改革后，《中华人民共和国企业所得税法》作为税制改革的标志于 2008 年正式施行，规定企业和其他取得收入的组织为纳税人，并将企业分为居民企业和非居民企业，适用不同的税率，如此统一和规范了内外资企业所得税的税前扣除办法和标准，并平衡了内外资企业的所得税负担和税收优惠等政策，是企业所得税制发展的一大进步。

所得税作为税收体系的重要组成部分，其特点较其他大类税收来说，

① 1980 年《中华人民共和国中外合资经营企业所得税法》和 1981 年《中华人民共和国外国企业所得税法》。

较为突出：一是所得税的税收负担较难转嫁；二是所得税的税收分配具有累进性；三是所得税的税收管理较为复杂；四是所得税的税收收入富有较大弹性。除去以上几点，企业所得税独有的特点有三：“一是课税对象是扣除了各项成本、费用开支之后的净所得；二是应税所得的计算，通常要经过一系列复杂的程序；三是征收管理往往比较复杂。”① 我国现行的企业所得税基本税率为25%，低税率为20%，实际征税时亦有适用15%税率的情况，其属中央与地方共享税，除中国铁路总公司（原铁道部）、各银行总行及海洋石油企业缴纳的税收归中央政府外，其他企业的所得税由中央政府与地方政府按60%和40%的比例分成。企业所得税可以说是所有税种中计算最为复杂的税种，涉及企业的所有收入、成本和费用以及除企业缴纳的企业所得税和准许抵扣的增值税以外的所有税金的扣除，对税收制度的缜密性要求较高。相比较而言，个人所得税的计算较为简便易行。

个人所得税是对个人（自然人）取得的各项应税所得征收的一种税。在欧美某些发达国家，个人所得税是主体税种，在财政收入中占较大比重。在中华人民共和国成立后相当长的一段时期内，我国都没有征收个人所得税。② 改革开放以后，随着对外经济交往的不断扩大，我国于1980年施行《中华人民共和国个人所得税法》，规定对在中国境内居住的个人获得的收入和虽然不在中国境内居住，但个人从中国境内取得的收入征税。个人所得税开征几年后，为稳定国家与个体工商户之间的分配关系，国务院于1986年出台了《中华人民共和国城乡个体工商业户所得税暂行条例》；为调节公民的收入水平，国务院又于1987年颁布了《中华人民共和国个人收入调节税暂行条例》。根据这两个文件，我国当时的个人所得税有三类，分别为个人所得税、城乡个体工商业户所得税和个人收入调节税。1993年，国家又将此三类所得税的法律、法规进行修改合并，自

① 瞿炎辰，徐鸣. 税法. 上海：华东理工大学出版社，2012：57.

② 1950年1月政务院公布的《全国税政实施要则》，涉及存款利息与薪给报酬所得税等与个人所得税相关的内容，1955年又拟定了《关于个人所得税的方案》，但终未能开征。

1993 年 10 月 31 日起施行修改后的《中华人民共和国个人所得税法》，基本构建起了现行个人所得税的法律框架。此后，“个人所得税法”又经历了五次修改①，现行的《中华人民共和国个人所得税法》是于 2011 年 6 月 30 日公布，自 2011 年 9 月 1 日起施行的。

现行个人所得税法的特点：一是采分类所得税制，将个人所得划分为 11 类②，分别适用不同的税率及计税方法；二是根据各类所得的特点，分别适用累进税率与比例税率；三是统一规定了费用扣除数额；四是计算方法较为简便；五是采取源泉扣缴和申报纳税两种征纳方法。个人所得税的税率及课税级距根据不同的所得类别有较大差异，在此不一一赘述。③ 与企业所得税相同，现行的个人所得税为中央与地方共享税，由中央政府与地方政府按 60%和 40%的比例分成。

五、我国所得税的发展趋势

在 2007 年以前，对企业所得税的讨论清一色地集中在“统一内外资企业所得税”④ 的问题上。2008 年，《中华人民共和国企业所得税法》正式施行以后，这一问题得到解决，企业所得税不再是税法领域研究的重点。现在国家实行的企业所得税制减轻了企业的税收负担，为企业发展创造了更加公平的环境，也提高了企业所得税的征管效率，与我国经济发展现状较为适应。当前对于企业所得税的讨论多集中在实务领域，如企业所得税的税收筹划、年度汇算清缴、合理避税、与会计准则的差异和协调

① 分别是 1999 年 8 月、2005 年 10 月、2007 年 6 月、2007 年 12 月、2011 年 6 月。至今，《中华人民共和国个人所得税法》自 1980 年 9 月 10 日第五届全国人民代表大会第三次会议通过以来，共修正 6 次。

② 分别为工资、薪金所得；个体工商户的生产、经营所得；对企事业单位的承包经营、承租经营所得；劳务报酬所得；稿酬所得；特许权使用费所得；利息、股息、红利所得；财产租赁所得；财产转让所得；偶然所得；经国务院财政部门确定征税的其他所得。

③ 瞿炎辰，徐鸣．税法．上海：华东理工大学出版社，2012：185-192.

④ 刘剑文．统一企业所得税法的必要性、改革趋势及其影响．法学杂志，2007（2）：68-74.

等，很少再涉及理论领域。2017 年《中华人民共和国企业所得税法》修正后，又实现了公益性捐赠允许结转扣除、提高科技型中小企业研发费用加计扣除比例、扩大享受企业所得税优惠小型微利企业范围等内容，较好地适应了当前经济形势的发展。总的来说，当今研究企业所得税的为小众群体，所得税的研究重心仍然在个人所得税问题上。

世界各国目前采取的个人所得税征管模式主要有三类，即分类所得税制、综合所得税制和分类综合所得税制。

在分类所得税制下，税收主管部门将个人所得按照不同的来源进行分类，同时设计出不同的征收标准，根据标准对各类所得分别计征个人所得税。如我国将个人所得划分为工资薪金所得、劳务报酬所得、财产租赁所得、偶然所得等若干类，每类分别规定不同的扣除标准，并适用不同的税率。这种征税方法的特点是对不同来源的收入征收差别比例的税额。一般来说，对利润、股息和租金收入课以较重的税，对工资收入征税则较轻，充分体现了公平原则。但这种税制的弊端也是明显的，主要体现在分类征收容易降低对纳税人的激励，产生逃税问题和降低经济效率的问题。分类所得税制最初源自英国，但目前纯粹推行这一所得税制的国家已为数不多。

在综合所得税制下，税务部门不再考虑个人收入的各项来源，而是对个人全年各项不同来源的所得，减除法定的免征金额和扣除金额，按法定累进税率综合计征个人所得税。这种所得税制充分考虑了纳税人的实际纳税能力，量能课税，比较科学。而且在这种所得税制下，除去法律中明确指出的免除项目外，个人的所有收入均应计入所得，而不论其来源渠道如何，故其税基非常宽，从而有利于政府组织财政收入。但是这种所得税制征税的手续相对复杂，对纳税人的报税能力和税务征管部门的管理稽查能力都有较高的要求。综合所得税制发源于 19 世纪中期的德国，此后日渐被美国等发达国家采用，是个人所得税制度演变的重要方向。

分类综合所得税制是分类所得税制和综合所得税制的有机结合，即规定一些来源的收入为分类征收，并相应地设定扣除标准和征收比率，对于其他收入则进行综合征税，使用统一的扣除标准和税率。此种所得税制不仅体现了“按能课税”的原则，而且其对不同性质的收入实行区别对待，兼顾了征税过程中的公平和效率。分类综合所得税制目前已被日本等国家所采用，十八届三中全会公布的《中共中央关于全面深化改革若干重大问题的决定》也提出我国要完善税收制度，逐步建立综合与分类相结合的个人所得税制。

从个人所得税制度的演变和主流国家所得税征管的实践来看，分类所得税制产生于民众报税能力不强以及征管部门稽查能力低的情形下，目前已经被大多数国家弃用，逐步演变为综合所得税制和分类综合所得税制。分类综合所得税制的最终演变方向也是综合所得税制。整体而言，经济发展程度较高、税务稽征管理水平较高的国家（地区）多采行综合所得税制；而经济发展程度不尽如人意、税务稽征管理水平有待提高的国家（地区）多采行分类所得税制或分类综合所得税制。

前已述及，我国现在实行的是分类所得税制，法律明确规定将个人所得划分为 11 类，分别适用不同的税基、税率及优惠办法等。由于我国个人所得税征收目前广泛采用的是源泉扣缴方法，因而分类所得税制的实行在方便征纳双方缴税征税的同时，还可以在一定程度上堵塞税收漏洞。同时，对不同类别的所得税实行不同的征税标准，也便于体现国家财政调控意图。但分类所得税制有一个重大缺陷，即不利于个人所得税最重要的功能——“调节收入分配差距”作用的发挥。

Wind 金融数据库公布的中国基尼系数[①]自 2001 年以来均高于 0.45，尽管近几年数值有下降趋势，但仍然超过国际公认的警戒线 0.4。虽然政府一再强调我国是一个典型的二元经济结构国家[②]，城乡差距较大，不能

① 判断收入分配公平程度的经济指标，是比例数值，在 0 和 1 之间，国际上用其来综合考察居民内部收入分配差异状况，基尼系数越小收入分配越平均，基尼系数越大收入分配越不平均，国际上通常把 0.4 作为贫富差距的警戒线，大于这一数值容易出现社会动荡。

② 指以城市工业为主的现代部门与以农村农业为主的传统部门并存，传统部门比重过大、现代部门发展不足、城乡差距十分明显的经济结构。

简单套用基尼系数的一般标准来衡量我国的收入差距，但我国居民收入差距较大、亟须调整是无可争议的。调整收入最重要的手段之一便是“税收”，综合所得税是调节收入差距的基本方式之一，而我国至今却没有实行，多为学界所诟病。因此，要在个人所得税改革上取得突破性进展，应尽快采取实质性的措施和阶段性的步骤，实现“综合与分类相结合的个人所得税制”的发展目标，将国民的各项收入最大限度地纳入综合所得税制的覆盖范围，而不是仅仅将税制改革的焦点集中在“工薪所得减除费用标准”的多少上。如此，在整体上构建有效调节收入分配差距的“综合与分类相结合”的现代个人所得税制，是我国个人所得税发展的趋势，也是最符合“公平原则”的税收征管模式。

第二节　公平原则的历史追溯

一、税法的公平价值系统

价值经常被界定为满足主体需要的积极意义或对客体的有用性。法的价值也就是法对价值主体——“人”的有用性，是法律满足人类生存需要的基本性能。这种有用性可以从两个方面来理解，分别为法对人的基本需要的满足和人对法的期望、信仰、追求。自由、平等、安全、公平、效率、秩序等为法的最根本的目的价值。其中，公平价值是自法诞生之日起就与法紧密联系在一起的历史范畴。

西方思想史上，公平概念主要渊源于古希腊的“美德”公平观。苏格拉底认为，伴随着正义[①]或正当的行为是美德，缺乏正义的就是罪恶。在

① 正义、公平和公正三者的区分颇为微妙，很难界定，“justice”一词有时被译为“正义”，有时又被译为“公平”，有时亦被译为“公正”，可把它们看成同义词。王相坤．税收公平的法价值分析．河北学刊，2007（5）：172．

柏拉图的《理想国》中，社会成员被分为政治家、武士、劳动者三个等级，需要具备智慧、勇敢、节制、正义四种美德，理想国是正义的、具有美德的国家，同时也是最为合理的国家。亚里士多德则把公平观念与法律结合在一起，把公正作为法律的内在价值，而把公平作为法律的外在价值。古希腊神话中蒙住双眼的正义女神忒弥斯，手持的器物——天平，亦象征执法的裁量公平。公平、公正为法的内在要求，从人类一直追寻公平理想目标的角度来说，公平实为法的核心价值之一，是法至高无上的价值目标。税法作为法律，亦不能例外。

税法是调整税收关系的法律规范系统，其固有职能之一是保障税收各项职能的顺利实现，但税法中的公平价值，绝不仅仅指征税公平，其有内容全面、体系完整的价值系统。

税法公平价值系统的第一层次为“本质的公平”，需要回答的是国家因何种原因征税或国家征税的合理性问题，这可以借助西方的理论。① 德国官方学派的“公需说”认为国家的职能是满足公共需要，而税收是实现国家职能和公共福利的费用；英国古典学派的“交换说”理论是以社会契约论为基础的，此学说认为，不论国家还是个人，都是独立平等的实体，国民通过纳税作为从国家得来利益的报偿，是一种交换关系；以黑格尔“国家有机体说”为基础的“义务说”认为，纳税不是对国家利益的等价支付，而是无偿的、牺牲性的支付，是每个公民应尽的义务；凯恩斯理论的“经济调节说”则认为由于存在市场失灵的情况，市场机制不能完全公平分配社会财富和对资源进行有效配置，便需要税收来调节国民经济运行。以上四种学说内容不一，但殊途同归，都为税收存在的合理性进行了有力的辩护。

税法公平价值系统的第二层次为“形式的正义”，即税法的平等价值，这主要是就法律适用来说的，公民在适用法律上一律平等，在税法上的表

① 国家税务总局税收科学研究所．西方税收理论．北京：中国财政经济出版社，1997：65-68.

现即为“在税法面前人人平等”。其基本精神是：纳税人在税收法律关系中平等地享有实体法和程序法方面的权利，主要包括税收知情权、请求保密权、申请退税权、税收救济权等；纳税人需根据税法的规定，平等地履行纳税义务；就作为征税主体的国家税务机关和财政机关而言，其对属于税法规定范围内的征税对象应予以平等征税，对违反税法的行为都应依法定程序提请司法机关处理；征税主体不可逾越法律规定，在征税过程中违法行使职权。这也是社会主义法制的基本要求。

税法公平价值系统的第三层次为“实质的正义”，即税法的征税公平，是税法公平价值系统中最重要的内容，具体指国家在税法中制定什么样的征税标准才是公平的。经济公平、政治公平、社会公平是公平关系中最主要的三个方面，此三类公平可以说均是由具体的历史条件决定的。其中，经济公平是政治公平和社会公平的基础。税法的公平价值主要体现在经济公平和社会公平两方面。

“经济公平”在税法上的表现为税收的负担公平，在此层面上，税法的公平价值通过税收的公平原则来表现。税收的负担公平指不同纳税人的税收负担应能够大体持平，反映在税收公平原则上可以分为横向公平和纵向公平两个方面。横向公平也称为税收水平公平，指收入相近、纳税能力相同的人，其税收负担也应相等。税收横向公平的要点在于税基的选择，即选用何种税基衡量纳税人的纳税能力，最能够体现税收公平。现实中，可供选择的税基有收入、支出和财产三种。从当代各国的税制实践来看，以纳税人取得的收入所得为主要税基是普遍做法。纵向公平指经济情况、纳税能力不同的人，其税收负担也应不同，即税收应差别对待不同纳税能力者。高收入者应比低收入者多纳税，税收才能起到调节社会财富分配的作用，因此，税收纵向公平的要点在于如何选取税率结构，才能更有效地体现公平原则。税率形式主要有比例税率、累退税率和累进税率三种，而累进税率为各国的主要选择。此处，横向公平指向形式正义，纵向公平则指向实质正义。

“社会公平”则建立在经济公平的基础上，其可以作为衡量社会进步的标准和尺度，社会公平在税法上强调纳税人的收入差距应在全社会可以接受的合理范围内。税收调节分配关系的最终目的，是实现税法中的社会公平价值，缓和社会矛盾。

二、税法的公平原则的含义

税法的基本原则的定义为："决定于税收分配规律和国家意志，调整税收关系的法律根本准则。"① 基本原则是税法本质属性的集中反映，应能抽象出关于所有税收关系的全部制度规范所依据的准则，指导并贯穿于税收立法、执法和司法的整个过程。税法的基本原则有很多，国内学者对这些基本原则的认识并不一致，但其中最主要的原则有五个，分别是税收法定原则、税收公平原则、税收效率原则、税收社会政策原则和税收中性原则。

公平价值是一个普适的概念范畴，与"税法的公平价值"相比，"税法的公平原则"更为明确些，表现出具体而实际的特点，和"公平价值"那种理论而抽象的特点相区别。所谓"价值"，则多了意识形态的含义，评判标准经常莫衷一是，亦难以达成共识。在展开讨论之前，应首先明确，税收"公平"既是税收的基本原则，又是税法的基本原则，但这两者是有区别的。"税收的基本原则"指税制在设计和实施过程中应遵循的基本准则，故又称"税制原则"，其可以协调税收不同职能之间的关系，也是评判税制优劣的标准；"税法的基本原则"作为最基本的准则，指导并贯穿于税收立法、执法、司法的各个环节，这些准则表达着税法，同时在法无明文规定的情况下，起到填补法律漏洞的功能。但从"税收公平原则经法律确认后，就形成了税法公平原则"这一意义上来说，二者又是不能割裂开来的，尽管它们的侧重点并不完全相同。（见图 1）

---

① 徐孟洲，徐阳光．税法．北京：中国人民大学出版社，2012：26.

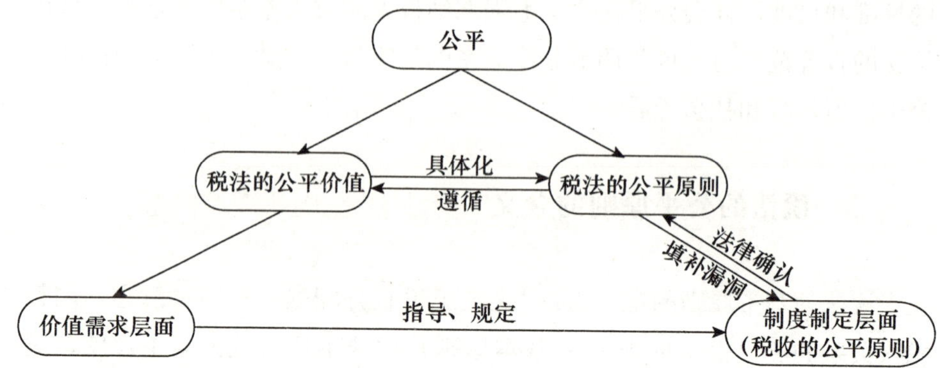

图 1　税法的公平价值、税法的公平原则、税收的公平原则三者关系示意图

关于税收原则的描述最早见于西方税收理论，提出者是 17 世纪英国的古典政治经济学家威廉·配第，其对税收“公平”思想的描述散见于著作《赋税论》中。他指出：“不管租税多么沉重，如果它对所有人都按照适当比例征收的话，则任何人都不至因负担租税而使财产有所损失，如果人们的财产都减少一半，或者增加一半，则他们仍然同样富有。”“最使人感到不满的，就是对他的课税，多于对其邻人的课税。”[①] 这里的公平，即税收对所有人，包括国王的宠臣，都不能有所偏袒，而前提是税课不能过重。首次明确归纳出税收原则的是亚当·斯密，其总结的赋税四原则是平等（公平）、确定、便利和适当。[②] 平等（公平）是最重要的原则，指所有国民都应在其可接受程度内，按照各自不同的能力，缴纳国赋，维持政府正常运转，就像按照所受利益的比例，提供管理费用一样，各国民既然处于国家的保护之下，就应按照“保护下取得收入”的比例上缴税收。近代税收原则理论的集大成者是德国社会政策学派的阿道夫·瓦格纳，其提出了著名的四项九端原则（四大项九小点）。四项原则为财政政策原则、国民经济原则、社会公正原则、税务行政原则。瓦格纳提出的公正原则与亚当·斯密提出的平等（公平）原则不同，他认为公平的租税，不应该按

① 威廉·配第．赋税论．北京：商务印书馆，1963：32.

② 亚当·斯密．国富论（下）．上海：中华书局，1936：462-465.

照各人所得收入的比例纳税，而应该根据各人的给付能力纳税，也就是财产越多，给付能力越大的，应增加纳税的比例，即实行累进税率；财产所得应比劳务所得课稍重的税，偶然所得应课更重的税。① 中国近代思想界对瓦格纳的财政理论十分偏爱，陈启修在《财政学总论》中的“现代之财政学界”一节对瓦格纳的描述是：“其所说注重财政与国民经济之关系，以国家财政与联合国及地方财政相提并论，而一以社会政策的思想，为议论之中心，故世称之为此时代财政学之代表者。”② 瓦格纳的思想于民国时期的影响由此可见一斑。

中国古代的税收公平思想在《尚书·禹贡》和《周礼》中就有所表述。《禹贡》中将田和赋各自划分为九个等级，天下九州，每一州的田和赋都有自己对应的等级。如渤海和泰山之间的青州，田是第三等，赋是第四等；荆山与衡山南面的荆州，田是第八等，赋是第三等。田级和赋级的差别规定，主要是考虑到距离远近、交通的便利情况及产品是否便于运送等，级差和贡物的不同体现了贡赋公平负担的思想。《周礼·地官司徒》中云“以土均平政”，即是要按照土地合理征收以使税赋公平的意思，具体来说，应事先对上地、中地、下地进行辨别，据以颁授田地和宅地，下地多授而上地少授；分配职事让民众工作，则应先辨别老、幼、废、疾，与应该免除徭役的人，“土均”③ 能“皆以地媺恶为轻重之法而行之，掌其禁令”。北魏的“均田制”是税负均平思想的代表，其按照百姓劳动能力的高低分配田亩并承担纳税义务，男丁比妇人授田多，而拥有奴婢和牛的百姓比不使用耕牛和不役使奴婢的百姓拥有更多的露田、桑田、麻田等。需要指出的是，中国古代的税负“均平”思想与西方财税理论中的“公平”思想，内涵是不同的，“不患寡而患不均”并不是真正意义上的“公平”，其是建立在“礼”这一规范体系基础上的，对不同阶级的差等对待是中国古代税负“均平”的前提。但从“税负均平思想事实上未能实

① 阿道夫·瓦格纳. 瓦格涅财政学提要. 上海：上海黎明书局，1931：95.

② 陈启修. 财政学总论. 上海：商务印书馆，1931：46.

③ 官名，掌平土地之政，与“以土均平政”中的“土均”意义不同。

现，却是一直被尊奉的财政指导思想”① 这一点来说，却是不能忽视的。

当代的“公平原则”在税法规范性文件中是以具体法律条文的形式存在的，应包括税法的实体公平和程序公平两个方面。税法的实体公平指税种设置的公平、税率结构的公平、课税对象选择的公平等属于实体法规范的税法各要素体现的公平；税法的程序公平指税款征收缴纳和税务稽查等纳税程序和税收管理过程中，涉及征纳双方权利义务的属于程序法规范的税法各要素体现的公平。此两部分关于“税法的公平原则”的内容是本书的写作切入点和主要观察视角。鉴于不能离开法律实践空谈法律文本，在法律执行过程中遇到的重要的涉及“公平原则”的问题，也在本书论述的范围内。

三、公平原则与效率原则辨析②

税法的基本原则有很多，如税收法定原则、税收公平原则、税收效率原则、平等纳税原则、征税简便原则等。众多的税法基本原则，反映了税法本质的不同侧面，有必要按其性质进行分类。税法原则最基本的分类为税法公德性基本原则和税法政策性基本原则。显而易见，这是以原则本身是道德取向还是政策取向为划分标准的。

税法公德性基本原则是指：“依据社会公共需要产生的，得到广大社会成员普遍认同并上升为税法根本准则层次的原则。”③ 保障财政收入原则、税收公平原则、税收法定原则、维护国家权益原则，均为税法公德性基本原则。社会公德是人类根据社会生活需要而形成的，为社会每一名成员都必须遵循的公共秩序、诚实守信、文明礼仪、救死扶伤等“基本的社会公共规则”。与之相对应的概念是“社会政策”，政策是人为制定的，是

① 何平．论中国历史上的税收负担思想．税务研究，2004（1）：78.

② 经济学上的公平与效率是很复杂的概念。保罗·萨缪尔森，威廉·诺德豪斯著．公平、效率与混合经济，北京：商务印书馆，2012．此处的公平与效率专就税法的基本原则来说。

③ 徐孟洲，徐阳光．税法．北京：中国人民大学出版社，2012：26.

国家在管理社会事务过程中为实现某种目标而作出的政治决策。税法政策性基本原则即是国家基本方针、政策在税法中的反映，是政治决策上升为税法的根本规则。相对于公德性原则来说，政策性原则不太稳定，同时也有更强的价值取向性。税收效率原则、税法宏观调控原则、税法社会政策原则，为税法政策性基本原则的主要内容。

税收效率原则的主要内容是经济效率和行政效率。税收的经济效率，顾名思义，指国家对企业和个人征税，不单是收入分配，也是资源转移，是对市场资源进行重新配置，它会促进经济效率的提高，也会导致经济效率的降低。税收的经济效率原则要求国家应尽可能保持税收中立，减少对市场经济的干预，尽可能让市场机制自行发挥有效配置资源的调节作用，同时，国家税收不应让纳税人承受应纳税额之外的其他经济损失或额外负担。税收的行政效率，即税收的征收效率，指国家设计的税收制度能在充分筹集国家财政收入的基础上，使税务费用最小化。税务费用最小化包括两个方面的内容：一是国家税收征管费用占征税额的比例应恰当合理，二是纳税人的申报费、税务代理费等纳税费用应尽可能低。税收效率原则作为税法基本原则之一，有利于在税收立法时，通过选择税种、确定税基、制定税率等途径，使税法规定明确细致、成本合理、手续简便，进而提高税收效率，减少效率损失。

前已述及，税收公平原则内容上包括经济公平中的横向公平和纵向公平两个方面，按照调整税收关系对象的不同，又可分为实体公平和程序公平。税收公平原则应贯穿于税法制定、实施的整个过程，进而使法律条文中的公平转化为税收的实质公平。

对比税收公平原则和税收效率原则，可以发现这二者是有矛盾的。税收公平原则的本意是通过税收杠杆来调节财富分配，通过对高收入者多征税、低收入者少征税、无收入者不征税的方式，调节居民所得，缩小其收入差距，从而缓和社会矛盾，保持社会稳定。这展现了政府干预的一面。而税收的效率原则，则奉行经济效率至上，政府在市场经济中应尽可能保持中立，市场应通过自身的内在机制实现资源的最优配置，税收也应是中性的。需要说明的是，二者的以上冲突在现实生活中不是完全对立的，在经济总目标一定的条件下，二者可以实现动态的统一，这也是市场经济和宏观调控在大部分时间里能够自然契合的表现。问题是在二者不能兼顾的情况下，“公平”和“效率”应如何选择。

长期以来，国内税收界的主流观点认为“效率优先，兼顾公平”是处理公平原则和效率原则关系的不二之选。这种选择本身更多的是基于我国市场经济的发展处于初级阶段的背景，但作出如此结论是欠缺考虑的。首先，税收效率原则是税法政策性基本原则的内容，税收公平原则被归到税法公德性基本原则中，在“公德”和“政策”发生冲突的时候，公德性原则理应优于政策性原则，这是良好社会秩序的基本要求，而“政策”优先于“公德”本身就是一个悖论。其次，“效率优先”意味着经济发展的目标高于一切，但片面追求效率目标而忽视公平基础，最终可能因公平缺失而使效率目标落空，甚至付出其他的经济和社会成本，对社会稳定产生负面影响。

许多国外学者持“公平优先”的观点。美国著名经济学家约瑟夫·斯蒂格利茨就曾明确指出：“判断一个良好税收体系的第一标准是公平……，第二个重要标准才是效率。”① 日本著名税法专家金子宏也认为：“支配税法全部内容的基本原则，可归纳为‘税收法律主义’和‘税收公平主义’两项，……而前者是形式的原理，后者是实质的原理。”② 从公平和效率关系的角度也能说明公平原则应优先于效率原则。一方面，公平是效率的前提，只有公平程度提高，才能更好地调动社会成员的积极性、主动性，提高经济效率；另一方面，效率反映公平，经济效率提高，生产力也会迅速发展，社会物质财富的积累上升、人民生活水平的提高，为更高层次的社会公平发展提供了经济条件，但不是提高效率，公平就会自然实现，效率需建立在公平的基础上方能减少市场经济恶性竞争，缩小贫富差距。公

① 约瑟夫·斯蒂格利茨．经济学．北京：中国人民大学出版社，1997：517.

② 金子宏．日本税法．北京：法律出版社，2004：47.

平既然是人类长期不懈追求的价值目标，就不能为了经济效率而牺牲公平原则，为了短期利益而损害长远利益。

四、公平理论的精神实质

“公平”属于历史范畴，不同时代对公平的理解是不同的。生产力发展，生产方式改变，生产关系就会发生变化，从而形成各种不同的意识和观念，公平观念也随之变化。西方先后经历了“神”的公平观、“美德”的公平观、功利主义的公平观和罗尔斯主义的公平观等。① 中国西汉时期，公平的最高理想为儒家最著名的社会“大同”思想：“大道之行也，天下为公，选贤与能，讲信修睦。故人不独亲其亲，不独子其子，使老有所终，壮有所用，幼有所长，矜、寡、孤、独、废疾者，皆有所养。”② 夜不闭户、道不拾遗、讲信修睦，是大同思想的目标，但这种看似美好的愿景却充满了理想主义色彩。事实上，中国两千多年的封建社会秩序都是建立在儒家“礼”的基础之上，儒家的观念里人既有智愚之分，社会就应该有分工，有贵贱差异。“礼者所以定亲疏、决嫌疑、别同异、明是非”，意在讲究同罪异罚，以下犯上，加重治罪；以尊犯卑，减免治罪。只有贵贱、尊卑、长幼、亲疏有别，方能建立儒家理想的社会秩序。这种形式上极不平等的公平，在当时却被认为是合理的。至近代，资产阶级革命派依然坚持“天下为公”的大同社会理想，提出“平均地权”“节制资本”的主张，这与儒家的社会秩序又有本质上的不同。根据公平的历史属性，恩格斯道明了公平的真谛：“希腊人和罗马人的公平认为奴隶制度是公平的；1789 年资产者的公平要求废除封建制度，因为据说它不公平……所以，关于永恒公平的观念不仅因时因地而变，甚至也因人而异。”③

① 周全林. 税收公平研究. 南昌：江西人民出版社，2007：18-31.

② 《礼记·礼运》，关于礼记成书时间，学界仍有争论，有学者认为此书虽称春秋时期成书，但实际为汉人著述，本书采此说。

③ 马克思恩格斯选集：第 3 卷. 北京：人民出版社，1995：212.

公平也是具有相对性的，某个人或某个群体认为是公平的秩序，在另一个人或其他群体看来可能恰恰是不公平的，统治阶级和被统治阶级的关系最能反映这一点。奴隶社会中，奴隶是奴隶主的个人财产，是“物”，不享有法律行为主体地位，可被自由买卖，奴隶主强迫奴隶劳动而不支付报酬，在奴隶主阶级看来这些是公平的，因为他们在这种社会制度中享受到了利益；而此时的奴隶甚至连支配自己身体的自由都没有，恶劣的生存环境使他们很少想到自己“应得的”东西，奴隶主对所有奴隶“一视同仁”也许就是公平的。封建社会中，农民享受到了比奴隶更多的自由和生活资料，生产力发展更让被统治阶级认为这种社会秩序比之前的更为公平进步，却忽视了占有生产资料的地主阶级对其的剥削。“均贫富，等贵贱”虽然历来是农民起义的口号，但朝代的更迭从未带来生产关系本质的变化。资产阶级在展现了“自由、平等、博爱”的公平观后，世界仿佛进入崭新的发展阶段，但此时统治阶级与被统治阶级的对立并没有消除，也就谈不上绝对的公平。在公平的相对性上，马克思认为应以公平是否推动了社会的发展为标准，以社会生产力的提高为根本准则。

公平的历史性和相对性说明，公平的实质，归根结底是人与人的利益关系问题。“所谓公平，从根本上讲就是人与人的利益关系及建立在人与人利益关系之上的原则、制度、做法、行为等均合乎社会发展之义。”① 公平的理想状态其实就是一种社会利益的均衡状态，这种均衡状态会对社会基本结构产生重要影响，并能促进生产力的提高和社会的发展。

既然公平的实质是利益均衡，那么就应明确国家税收要如何调节收入分配才被认为是公平的。几十年前，我国经历了一段吃“大锅饭”的时期，企业经营效益与工资总额脱节，无论企业是盈利还是亏损，工资总额都是固定的；工人无论工作效率如何，都不会影响个人工资分配。这种绝对的“平均主义”严重压抑着人们的主动性、创造性、积极性，已被实践证明是错误的，因此，“平均”实为公平的误区，收入分配和财产分配的

① 戴文礼．公平论．北京：中国社会科学出版社，1997：42.

均等并不意味着公平。在市场经济条件下，公平主要指获取收入机会的均等，在机会“公平”[①] 的条件下，再按照个人能力与勤劳程度进行充分竞争。尽管竞争结果有差异，但也是可以被人们接受的。税收对收入分配的调节只能是在一个合理的限度内尽量缩小收入差距，而不是抹杀所有收入差距。那么，究竟税收对收入进行何种程度的再分配才是实质“公平”的呢？即使没有完全确定的标准，也有两个原则可以供人们遵循：一是税收的再分配应摒弃绝对的平均，在适当范围内调节收入，使收入差距趋向于合理，经过再分配调整后的收入格局依然能够体现出效率价值；二是税收对收入的调节既然是对效率的修正，就应该实现其调整社会关系的功能，不能使社会贫富差距过大，形成巨大的社会张力，对社会稳定产生不良影响。

综上所述，公平的实质是利益的均衡状态，但不是平均主义；在公平和效率二者的关系中，“公平优先、兼顾效率”是适当的选择；公平是法的价值，也是法的基本原则。“税法的公平原则”内容是本书的写作切入点，主要包括税法的实体公平和程序公平两个方面；本书对于法律执行中的重要“公平原则”问题也有所涉及。

① 但这种“公平”也是见仁见智的，对其的判断与界定总会掺杂一些价值观的东西进去，如各人“获取收入机会”在现实中其实并不会完全一样，每个人对机会均等的判断标准也不同，事实上也做不到绝对的公平。

第二章　公平的缺失：清末民初所得税的形成（1910 年—1927 年）[①]

在民国所得税制度沿革的分期问题上，朱偰认为应分成酝酿时期［清末创办所得税之议到民国二十五年（1936 年）］和正式开办时期［民国二十五年（1936 年）以后］[②]；杨昭智则认为应划分为“为筹款而议办所得税时期”（清末至 1927 年）、“为裁厘抵补而倡办所得税时期”（1928 年至 1933 年）和“为改革税制而开办所得税时期”（1934 年至 1946 年）[③]。两种分期方法都有一定道理，但杨昭智先生的三期分期法对所得税制度沿革

---

① 此处的时间分期以 1910 为起点，标志是清政府度支部拟具的《所得税章程草案》。但早在 1902 年，梁启超在其所著的《中国改革财政私案》一文中，就提出了逐步设立所得税等新税种的建议。宣统年间，考察日本的宪政大臣李家驹也提出了一个包括增加财产税、营业税、家屋税等收益税和所得税、兵役税、特别税等直接税的，具有资本主义性质的税制改革方案。

② 朱偰．所得税发达史．南京：正中书局，1947：126.

③ 杨昭智．中国所得税．上海：商务印书馆，1947：30-37.

有更为清晰的梳理。考虑到第三阶段“为改革税制而开办所得税时期”（1934 年至 1946 年）的时间跨度较长，本书在借鉴杨昭智先生的三期分期法的基础上，将第三阶段拆分为“所得税的正式举办时期”（1934 年至 1942 年）和“所得税的逐步完善时期”（1942 年至 1948 年）两部分。另外，为了在时间上有所衔接，分期年代略有变化；为了展示所得税发展与中国近代政权更迭的关系，在分期名称上也稍有改动。

第一节　清末民初所得税的形成背景

一、政府财政困难与新税构想

清代前期税制结构与之前的封建王朝大同小异，在以家庭为基本生产单位、自给自足的自然经济模式下，农业是一国之本，田赋首先是历朝历代的“国家正供”，是封建社会国家财政收入最重要、最基本的来源；其次是盐税、关税等古老税种。清前期国家的岁入比较稳定，财政规模也不大，尽量实行量入为出原则。如果遇到战事、工程、赈灾等大宗支出，则可动用积储，另辅以商人的“报效金”和卖官鬻爵的“捐纳”额来补充国库。直到乾隆时期，财政都能长时期维持一定的赋额，国库积储白银量也足以备不时之需。清政府财政状况急转直下是在嘉庆道光年间。在这一时期，英国首开鸦片贸易，中国对外贸易由顺差转为逆差，道光六年（1826 年）之后的 20 年中国白银外流达 2 亿～3 亿两。① 自 1840 年鸦片战争之后，列强不断发动侵略战争，每次战争均以清政府的屈辱妥协而告终，与资本主义各国签订的不平等条约中更有数额惊人的赔款。

清政府对外既需要开放通商口岸，又需要大量战争赔款，财政状况日

① 黄天华．中国税收制度史．北京：中国财政经济出版社，2009：382.

益恶化。在鸦片战争之后的10年中，平均每年亏空数为白银900万两以上。[①] 咸丰元年（1851年）又爆发太平天国运动，太平军所到之处，清政府赋税收入全无，在镇压太平军的同时还要应付捻军、回民等农民革命运动，军费支出庞大。仅太平军起事之初，从各省调兵防堵围剿，先后拨给湘、粤、桂三省的军需和鄂、赣、黔三省的防堵办理费，用银就达1 800余万两[②]，清政府入不敷出已成定势，其财政陷入空前的危机中。时任刑部侍郎的雷以諴试行捐厘之法，奏请在江苏各州县仿行劝办，后发展为全国性的筹饷措施，厘金由此产生，并迅速成为清政府财政收入的主要组成部分。然而，厘金因其重复征收的特点和腐败的征管制度等弊端，被视为近代史上最大的恶税。清政府虽然认识到厘金的危害，但在财政赤字非常严重的情况下，终究没有裁撤厘金。在当时有关引进西方税种的议论中，仿行印花税[③]代替厘金几乎成为一种思潮。御史陈璧以“赔款累累、财政奇绌”为由，上书朝廷请求开征“不病商、不扰民”的印花税。与印花税同属直接税系统的所得税，也在这时被考察日本的宪政大臣李家驹列入资本主义性质税制改革方案中，逐渐受到清政府的重视，所得税由此产生。清政府在考虑引进新税种时，收入职能是首要考虑因素，新税均为“补国之用”，这便是中国所得税形成的背景。

清亡之后，北洋时期北京政府的财政状况较清政府尤劣，其支出主要有两个方面：是赔款和外债，主要指不平等条约中需继续偿还的各项赔款和“善后大借款”[④] 等外债；二是军事费用，包括二次革命、护国战争、各种大小规模的内战[⑤]耗费及日常军事开支。这两项开支占每年中央岁出

① 周育民. 晚清财政与社会变迁. 上海：上海人民出版社，2000：67.

② 刘锦藻. 清朝续文献通考·国用考·用额. 杭州：浙江古籍出版社，2000：8232.

③ 印花税是对经济活动和交往中设立、领受具有法律效力的凭证的行为所征收的一种税。该税因具有税负轻、税源广、手续简、成本低的特点而被近代学者视为“良税”。印花税同所得税一样，终清之世未能实施，但其从清末开始，便得到了比所得税更为广泛的关注。

④ “善后大借款”是指民国二年（1913年），北京政府以偿还所欠外债和赔款，履行对逊清皇室的优待条件等善后改革为名，向国际银行团借贷的长期巨额借款。由英、法、德、俄、日五国银行团和北洋政府代表于1913年4月26日在北京签订《善后借款合同》21款和附件6号，借款总额2 500万英镑。1915—1939年间，中国偿还银行团的金额数倍于借款金额。

⑤ 如1916年粤桂战争、1920年直皖战争、1922年和1924年两次直奉战争等。

的比例高达70%～80%。①

然而，中央的岁入情况并不乐观，北京政府的财政收入主要由四个部分组成，分别是田赋、关税、盐税和各省解款。在军阀连年混战的社会背景下，农村自然经济遭到破坏，田赋在财政收入中的重要性已逐渐下降，占中央岁入30%有余的田赋和货物税，除在纸面上抵充各省代付国家支出项目外，均被地方政府截留。关税方面，辛亥革命以后，英国为首的“债权”国，以南北政府对立为借口，提出确保海关中立，保护各国“债权”的要求，北京政府予以响应，成立了“海关调查联合委员会”，决定将海关税收收入委托总税务司代收，保管于汇丰、德华、道胜等外国银行，用以代付债款。盐税则用来担保“善后大借款”，同样存于外国银行，并规定非经稽核所洋会办会同签字，不得提用。关盐两税扣除外债本息后是有余款的，关税称“关余”，盐税称“盐余”，不过这两部分余款，北洋政府可用的却不多。据杨荫溥先生的统计，在1917年至1926年间，关盐两税的收入为16亿6 000万两左右，北京政府可用的只有3亿6 000多万两。② 北京政府成立之初，中央财政全靠外债维持，民国二年（1913年），部分省份解款恢复，但随着地方割据日趋严重，各省实际解款数额逐年减少，后来事实上已不复存在。

故此，北京政府的财政始终处于拮据的境地。为救财政之危，北京政府在承袭清制的基础上，依然采取整顿旧税、创设新税的方法，对清末未及实行的新税，在重新修改后，付诸实施。所得税作为新税系统的重要组成部分，在推行过程中屡受阻力，但政府仍不遗余力地试办，说明当时中央对所得税“故收入较他税为多”的预期是很高的。

二、工商业发展与税制转型

前已述及，世界各国举办所得税几乎都是为了弥补战争造成的国家经

① 杨荫溥．民国财政史．北京：中国财政经济出版社，1985：13．

② 同①9．

费不足，但仅有政府的强烈愿景是不够的，所得税的实行必须以生产力的发展、生产方式的变革为前提。很难想象在田赋占一国收入70%以上的条件下，政府能够顺利推行所得税，所得税开征的重要前提是丰富的纳税源的产生，资本主义经济的发展是推动所得税制发展的根本原因。

中国的资本主义萌芽可追溯至明朝中晚期，其代表是江浙地区的丝织业、陕西南部的锻铁业、江西景德镇的制瓷业等。鸦片战争爆发以后，中国资本主义经济的正常发展轨迹被西方列强的侵略所破坏，中国的社会经济结构发生了改变。中国近代资本主义不是自主形成的，而是在外国资本主义入侵和影响下，被动发展变化而产生的。19 世纪 70 年代，中国资本主义近代企业产生，因为有清政府的洋务派参与其中，企业在组织形式上曾有官办、官督商办、官商合办和商办四种，其中官督商办企业在这一时期的地位最为重要。在“实业救国”思潮影响下，近代航运业首先兴起，煤矿业、纺织业等相继发展，逐渐形成一批竞争型的企业，这类企业规模较大，由清政府创办，与国外资本有一定的竞争性；与之相对的是由私人创办的依附性企业，这些企业主要以国外市场或外国在华企业为依托，如缫丝、榨油、小型的机器工业企业等。随着大量企业的出现，新式金融资本也应运而生，截至 1911 年，中国本国的银行历年共设 30 家，保险公司 14 家，投资公司 1 家。① 从 19 世纪 70 年代到清末的这段时期，虽然民族资本主义经常受到外国侵略势力的打击②，中国新式商业作为外国在华商业资本的重要补充还是得到了长足的发展，中国近代工业在清末民初已经初具规模。

在连年战乱的社会背景下，北京政府时期的民族资本主义发展受到了阻力。一方面，军阀战争破坏了市场和交通运输秩序，贸易的正常开展受

① 杜恂诚. 民族资本主义与旧中国政府：1840—1937. 上海：上海社会科学院出版社，2009：71.

② 主要包括强占、骗买和借款控制三个方面。如日本借 1905 年《朴次茅斯合约》将抚顺、烟台煤矿夺取强占；英国于 1900 年将开平煤矿骗买；1903 年日本用借款做套锁，将汉冶萍公司（汉阳铁厂、大冶铁矿和江西萍乡煤矿）归于日本权力之下。

到影响；另一方面，军队有时还抢劫工厂和商民，干扰了社会的正常秩序，有的工商企业甚至在战乱中寻求洋人的保护。不过，中国民族资本主义工商业却没有在这种环境下停滞不前，其不但没有萧条和萎缩，反而以更加强劲的势头发展。1840 年到 1911 年间，中国历年所设创办资本额在 1 万元以上的工矿企业共约 953 家，创办资本额总计 2.04 亿元；而 1912 年到 1927 年间，中国历年所设创办资本额在 1 万元以上的工矿企业共约 1 984 家，创办资本额总计 4.59 亿元①，其发展速度和规模都比前一时期有了很大的提升。

所得税是社会经济发展到一定阶段，于一国资本主义经济蓬勃发展时才出现的。清末民初这段时间，中国的经济重心由单纯的农业开始向资本主义工商业转变，变革后的社会经济结构使基本的经济群体和税基都发生了变化，经济基础条件已经具备，相应的税制变革也呼之欲出。清宣统三年（1911 年），政府的岁入预算原案中，田赋为 4 810.13 万两，占总岁入 29 696.19 万两的 16%②，其他岁入门类为盐课茶税、关税、正杂各税、厘捐、官业收入③、捐输各款、公债和杂收入。从各岁入门类的数额及其占总岁入的比例可以看出：首先，田赋的比例较清前期有所下降，厘捐、官业收入两项清前期并不存在的岁入门类占总岁入的比例高达 30%，可以说清政府此时的财政税收结构已经发生了重大变化，农业税的主体地位受到冲击；其次，一些具有营业税、消费税、产销税等性质的税目则被归入杂税门类④，杂税杂捐各省本不一，又管理混乱，结果合理的税收与清政府的随意摊派结合在一起，变成了扰民的苛捐杂税，现行的税制体系已经不能适应经济发展的内在要求。

随着财政危机的加深和现行税制问题的凸显，无论是政府还是民间有

① 杜恂诚．民族资本主义与旧中国政府：1840—1937．上海：上海社会科学院出版社，2009：106.

② 贾士毅．民国财政史．上海：商务印书馆，1917：26.

③ 主要包括政府财政向企业投资所形成的官股获取之股息、红利收入等。

④ 对清后期杂税杂捐的详释，见朱偰．中国财政问题．上海：商务印书馆，1934：58-61.

识之士都在积极探索“整顿旧税”和“创办新税”。中国近代民主思想的传播渗透到了经济领域，西方财税知识的引入促使创办新税的主要内容为直接引进西方国家的一些税种，即所谓“各国通行税目”。所得税为“最优之良税”，自然为其中之一。这一时期，伴随资本主义经济的发展，利润、薪给、利息、地租等各种所得初具规模，征收所得税的经济条件由此逐渐成熟，使所得税的开征成为可能。

因此，中国近代所得税的出现表面上看是作为“创办新税”的一个方面来解决政府财政困难的，但仅有政府的需求是不够的，所得税的产生与一国的经济状况有着密切的联系，有一定经济实力和数量规模的纳税群体是其内在要求。清末民初的中国，民族资本主义经济蓬勃发展，为所得税等新税种的出现提供了客观条件，也是所得税在近代中国诞生的根本原因。

三、国地两税划分与财政体制

所得税为直接引进西方之税种，对于这种创设的“新税”，中央政府的国家意志凸现出来，其兴趣浓厚还有一个重要的原因，就是在国家与地方财政分权的问题上，国家欲将各类新税统一划归中央财政掌管，这也为所得税的筹议发展提供了有利的条件。

中国封建王朝的财政是高度集权于中央的，直至清朝前期，地方政府除了在“田赋”项下可以坐支少许的行政办公经费外，收入几乎都要上交中央，除非中央批准，否则地方是无权动用税收的。到了清朝后期，地方因镇压太平天国运动而财源匮乏，封建集权的财税管理模式已经不能适应当时的实际情况，故清政府被迫放权地方，认可了许多地方新设立的财政机构，并允许各省自行开征厘金、房捐、屠宰税等捐税和附加。自此，中央财权逐渐转移到各省督抚手中，原有的财政体系发生了很大变化，实际上地方部分财政自理已成事实，各省就地筹款的弊端也同时显现出来。

1905 年，立宪之议遍布全国，而财务公开是宪政的重要标志之一，清理财政则是财务公开的第一个必要步骤。鉴于国家财政状况较为混乱，财政体制已经名实不符，在划分国家税与地方税的基础上举办西方预决算的呼声渐高，这成为清理财政的重要内容。事实上，虽然国地两税划分的主张早已提出，但清政府在宣统之前，清理财政的重心都在整顿各省外销款上，直到确认各整顿措施均不能解决政府财政巨额亏空后，清政府才开始重视国地两税的划分，以摆脱中央财政与地方财政纠结的困境，同时清除各省税种设立、征收及使用中缺少统一规章的弊端。

清政府正式筹拟国地两税划分是在光绪三十四年（1908 年），拟定的筹备立宪计划中，有奏请颁布国家税、地方税章程以及准备用三年时间办理国地两税划分事宜。同年年底，度支部于颁布《清理财政章程》后，又草拟了一个解释文件①，提出国地两税的划分方法。大意是，将内销款项做国家税、外销款项做地方税的方法不尽合理，不论是内销款还是外销款，正款还是杂款，只要是做国家行政之用的，便为国家税，做地方行政之用的，则为地方税。如此划分标准，极为模糊。西方税制虽然简洁明了，但中国彼时并没有西方税制架构中"国家"和"地方"的概念，更没有明确划分中央财政和地方财政的界限，因此分税的标准难以统一，各省在实际操作中也无法根据如此模糊的划分标准具体落实。然而歧义已经产生，各省也只好依据本省情事，各取所需。

由此产生的结果是，各省清理财政局对分税标准的主张并不统一②，但均未得到度支部的认可。不仅如此，因借鉴的税制理论源自日本财税系统，而对其省府厅州县的地方行政层级理解不同，以致清理财政局与咨议局在税种划分、确定税目的问题上也有相当尖锐的矛盾。因此，虽然宣统二年（1910 年）各省的清理财政工作已基本完成，但直至清亡，统一的分税标准也并未产生。

北京政府建立之初，地方自治的呼声很高，江苏省都督程德全首先提

① 清理财政章程讲义．清末铅印本：7.

② 如陕西主张以税款用途来区分两税，广西则将标准分为"以收入为划分税项的标准"和"以支出为划分税项的标准"两类，二者大不相同。

出“江苏暂行地方自治”与实施地方财政的议决案，时任财政总长的熊希龄完全赞成江苏地方自治与实行地方财政的措施，并通电全国。表面上看，中央支持程氏国地财政划分的方案是为了给江苏省筹款，实质上，北京政府成立之初，财政几乎全靠外债维持，中央迫切想把财政大权重新收入麾下，由此开始了统一中央财政和税收征管的努力。

1921 年 10 月，财政调查委员会拟订了《国家税地方税法（草案）》及《国税厅官制（草案）》，修改后，北京政府于 1913 年 11 月正式颁布了《划分国家税地方税法（草案）》。该草案将田赋、盐课、关税、印花税、常关税、统卷、厘金、矿税、契税、牙税、当税、牙捐、当捐、烟税、酒税、茶税、渔业税等 19 类现行税种和登录税、通行税、遗产税、营业税、所得税、出产税、纸币发行税 7 类将来增设之税种列为国家税；将田赋附加税、地捐、商税、牲畜税、油捐及酱油捐、船捐、杂货捐、房捐、肉捐等 20 类现行税种和房屋税、国家不课税之营业税、国家不课税之消费税、营业附加税、所得附加税 5 类将来增设之税种列为地方税。① 从中可以很明显地看出，田赋等主要税目几乎全归中央所有，地方拥有的只是各项附加税及杂捐等，可分得的税收较少，远低于各省的预期。此草案推行后，各省乃消极抵制，不予合作。1914 年 5 月，财政部以未收实效为由，将国家税、地方税名目取消，改由财政部与各省单独协商解款中央数额，北京政府的第一次国地两税划分遂无功而返。

1916 年 8 月，众议院建议恢复 1913 年的国地收支划分方案，故从 1917 年至 1921 年间，国地两税划分方式依然按照《划分国家税地方税法（草案）》办理。中央税收主要包括田赋、关税、常关税、盐课、印花税和烟酒税 6 类。起初，各省区实解数虽远小于其认解数，但解款与专款尚能维持。到 1922 年，除仅有 13 省区报告抵拨中央军饷等项外，其余各省区竟然不再向中央解款，至此，中央财权微弱至极，政府威信尽失。1923 年 10 月曹锟就职总统后，颁布了《中华民国宪法》，其中第 23 条将“关

① 国家税务总局. 中华民国工商税收史纲. 北京：中国财政经济出版社，2001：51-53.

税、盐税、印花税、烟酒税、其他消费税及全国税率应行划一之租税”定为国家税；第 25 条将“田税、契税及其他省税”归为地方税。[①] 其将国地两税体系划分为中央、省、县三级的做法，比 1913 年的国地两税划分层级稍有进步，更加适合中国国情。从宪法的文本内容来说，其不失为一部资产阶级民主宪法，但却被“贿选”的事实所累，最终未能施行。北京政府第二次国地两税划分尝试虽然又以失败告终，但其将所得税划分为国税的意图无形中推动了所得税的发展。

第二节　清末民初所得税的形成过程

一、初成体系的所得税立法尝试

1. 清末《所得税章程草案》

宣统二年（1910 年），清政府度支部参照外国税制引进所得税，拟具了《所得税章程草案》30 条，其主要规定所得分三种征税：一为公司所得、国家债及公司债票的利息，采比例税制，税率 2%；二为俸廉公费和各局所、学堂的薪水及从事行政衙门与公共机关者的工薪，采累进制，500 元为起征点，500 元以上分 8 级进行全额累进，税率 1%～6%；三为不属于前两种之所得，税率及计算方法同第二类。[②] 度支部将《所得税章程草案》送交资政院审议，但议而未决。不久，辛亥革命爆发，清政府覆亡，所得税制的引进也无果而终，但这却是所得税第一次被官方提出，在我国所得税史上具有非凡的意义。

2. 北京政府《所得税条例》

1912 年 5 月，财政总长熊希龄向参议院报告其财政施政方针，大意

① 国民政府司法部. 司法公报，1923（184）：3-5.

② 国家税务总局. 中华民国工商税收史纲. 北京：中国财政经济出版社，2001：112.

是说，前清已有“国家破产之兆”，而民国初兴，“财政更加分裂”，对此，其提出八项解决办法，其中第四条是：“改革税制：将通过税改为营业税，为裁厘加税做好准备；改革田赋；开征契税和酒税；推行印花税、所得税等新税。”① 自熊希龄后，历任财政总长的施政方针中也多有“推行所得税”的提法。北京政府最终于1914年1月明令公布《所得税条例》27条，其可称为中国近代史上第一个所得税法规，系根据清宣统年间度支部奏定的《所得税章程草案》改定而成，内容亦多袭用，以日本所得税法为蓝本。

《所得税条例》前几条规定了课税对象和课税范围。课税对象采属地主义，无论本国人或外国人，只要在民国内地产生了所得，就需要依照条例规定缴纳所得税。课税所得分为三类；一为法人之所得，二为除国债外公债及社债之利息所得，三是不属于前两项之所得，课征范围十分广泛。

税率的选择上，第一、二类所得，适用比例税率，法人所得课税20‰，公债、社债之利息课税15‰；第三类所得，适用超级累进税率，500元以下者免征，从501元起，税率以5‰起课，并以5‰累进，当所得额到50万元时，已增课至50‰，之后，每增加10万元，增课5‰，没有最高限度之规定。

所得税的征收程序上，第一类法人之所得，应由纳税义务人于每事业年度末，将损益计算书和所得额报告主管官署；第二类所得由发行公债、社债的团体或公司于给付利息之前，报告主管官署；第三类所得应由纳税人于每年2月预计全年之所得额，报告主管官署，2月以后，若有新所得发生，则随时预计全年所得额，报告主管官署。

除课税范围、税率、申报程序外，《所得税条例》还规定了所得额之计算方法、免税事项、调查委员会之调查程序、审查委员会之审查程序以及纳税期限等，内容较为详细，唯其条文中缺少罚则规定，是最大的疏漏。

① 国家税务总局．中华民国工商税收大事记．北京：中国财政经济出版社，1994：4.

3. 其他章则制订

《所得税条例》公布后，由于征课范围过广，手续过繁，在推行中困难重重，财政部于 1915 年 1 月通知各省，令《所得税条例》缓期举办，并在给大总统的报告中指出，要将普通民众的所得税同时征收，事实上恐怕难以办到，建议分为数期，逐渐推广。同年 8 月财政部遂呈准公布《所得税第一期施行细则》16 条，先就征课范围中选择数种，拟分期推行，但最终因政局紊乱，滇黔事起，未能施行。当时被《所得税第一期施行细则》列入征课范围的有：当商、银钱商、盐商及由官特许或注册之公司、行栈；议员岁费、官公吏俸给、年金、给予金及从事各业者（律师，工程师，医生，药剂师，公司、大商号经纪人）之薪给。

1920 年 5 月，财政部公布《所得税筹备处简章》，规定设三股办事。

8 月，财政部部令公布《所得税筹备处办事细则》。

9 月，财政部发布通告，定于 1921 年 1 月开始施行 1914 年公布的《所得税条例》，所得税专款存储，充作振兴教育与提倡实业费用。

10 月，财政部通令废止 1915 年 8 月呈准的《所得税第一期施行细则》。

1921 年 1 月，财政部公布《所得税条例施行细则》，对薪给的范围、总分店纳税、退税等作出了具体规定，并同时公布《所得税调查及审查委员会议事规程》《所得税征收规则》等文件。其中《所得税征收规则》规定法人所得由所得税征收官署查定征收。公债、社债、官公吏的俸薪、从事各业的薪给、存放款的利息等均由发息、发薪及经理放款收款机关依率代扣，汇缴财政部。田地、池沼的所得由田赋带征。对督征制度、延纳处分及扣押财产等也作了详细规定。《所得税款储拨章程》规定所得税款除征收、奖励各费外，以七成拨作教育经费，三成拨作实业经费。《所得税分别先后征收税目》规定官公吏的俸薪及注册的公司、银行、工厂及由官特许的商号、行栈、银号、钱庄和资本额在 2 万元以上的商店先行开征。公债和社债的利息、从事各业的薪给、存款放款的利息、已课征所得税的公司股利以及田地池沼的所得、个人一般所得等，暂缓课征，但各省商会仍坚持反对，实际课征者只有官俸所得税一项。

同月，大总统徐世昌批准财政部所拟《征收所得税考成条例》，规定：考核分按季考核（即“按结考核”）与按年考核两种，参加考核人员包括督征官、经征官、分征官以及警察厅长、道尹、县知事和代扣机关会计等。根据条例奖惩官员。

4月，财政部拟定《金库经理所得税款章程》。

6月，财政部拟定《官俸所得减额之退还税款办法》，规定实领俸给较原报的所得年额减至五分之一时，应由扣缴机关送请督征机关更正，并规定了退款的具体手续。

除中央公布的法律法规外，地方也公布了一些法令法规。如1920年12月，北京所得税处为做全国之榜样，先行公布《官俸所得税征收程序》，规定在京各机关会计人员，按照各职员全年薪俸数额，计算出其全年应纳之税额后，按12个月平均，以每月应缴纳税款逐月编制专表，送交北京所得税处；并规定北京官俸所得税自1921年1月开始征收，在薪俸发放3日以内，将税款解缴金库。

另山西省公署于1920年12月修正《征收所得税简章》，规定免税额为500元，官俸所得采超额累进制，501元至5万元，为5‰至35‰，法人所得按比例征20‰，法人自行申报，官俸按年统计分月征收。1925年12月，山西省公署又制定《山西省征收所得税简明办法》，规定官俸一年在500元以下者，普通商号资本额不满4万元者免征，钱号、钱庄、金店、银楼资本额不满3万元者缓征。税率采用超额累进制，最低为5%，最高为30%，纳税人在限期内将税款交所在县的征收机关。清末民初所得税筹议阶段各项章则详见表1。

表1　　清末民初所得税筹议阶段各项章则一览表

章则名称	拟定机关	公布时间	废止时间
《所得税章程草案》	度支部	1910（审议时间）	未公布
《所得税条例》	财政部	1914.1（1921.1施行）	1922.1
《所得税第一期施行细则》	财政部	1915.8	1920.10
《所得税筹备处简章》	财政部	1920.5	1922.1

续前表

章则名称	拟定机关	公布时间	废止时间
《所得税筹备处办事细则》	财政部	1920.8	1922.1
《所得税条例施行细则》	财政部	1921.1	1922.1
《所得税征收规则》	财政部	1921.1	1922.1
《所得税调查及审查委员会议事规程》	财政部	1921.1	1922.1
《所得税款储拨章程》	财政部	1921.1	1922.1
《所得税分别先后征收税目》	财政部	1921.1	1922.1
《征收所得税考成条例》	财政部	1921.1	1922.1
《金库经理所得税款章程》	财政部	1921.4	1922.1
《官俸所得减额之退还税款办法》	财政部	1921.6	1922.1

二、乏善可陈的所得税征收成效

南京临时政府成立时，设立了财政部，主管全国的财政税收工作。袁世凯担任大总统后，北京政府参议院议决公布《财政部官制》，规定继续由财政部统管全国财政，下设赋税司管理租税等事务。其后又陆续设置了盐务署、烟酒税署、印花税处、所得税处等负责各种税收的征收管理事宜。此外，与财政部并列的还有税务处，但其只负责指挥监督海关总税务司，掌管与海关有关的各项事务。各省起初在都督府下设财政司，管理一省财政事务。1914 年 5 月，北京政府撤销各省国税厅筹备处和财政司后，全省的财政收支和赋税工作即由财政厅接办。此外，各省还设有厘金或统捐总局、烟酒公卖局、印花税分处等，掌管地方之相关税务事宜。县级税务机构则比较杂乱，设置不尽相同，名称也不统一。

1920 年 7 月 5 日财政部设立所得税筹备处，项骧担任主任，开始筹划相关事宜；9 月 18 日，财政部派孔祥榕暂代所得税筹备处总办；同年 12 月，财政部附设北京所得税处，先在北京开征所得税，以期北京能够作为全国之纳税表率，并派孔祥榕兼任处长。1921 年 5 月，北京政府又派孔祥榕为所得税处总办；可惜，由于所得税在推行中困难重重，无论是全国所得税处，还是北京所得税处，都是昙花一现，同年 12 月 27 日北京政府财政部就裁撤了税务征收检查处、财政金融讨论会和全国所得税处，同时裁汰冗员 400 余人。

与北京政府大力推行所得税的努力相对的，是乏善可陈的所得税征收情况，“民国七年（1918 年），七月间估计第一期所得税施行后，每年约可收七八百万元。”[①]“民国九年（1920 年）八月间估计所得税制办后，每年约可收五百万元。”[②] 民国十年（1921 年），财政部公布所得税施行细则后，“所得税各省自认额计浙省四十万元、鄂省二十五万元、江苏山东亦各认若干。”[③] 但说来说去，这些对于政府来说并不算多的收入税额还仅仅是“预估”，仅仅是“认缴”。实际情况是，因各省议会及商会等反对办理所得税，各省观望者居多，1921 年实收所得税仅官俸所得税一项，金额只有 10 311.67 元，且基本为京官薪俸扣缴者。[④] 鉴于此种情况，财政部遂将所得税筹备处划归赋税司第六科办理，但军阀混战迭起，政府毫无威信，中央所得税征收之事陷入停顿状态，所得税在北京政府期间的筹议活动就此画上了句号。

第三节　清末民初所得税形成中“公平”的缺失

1912 年 9 月，财政总长周学熙向参议院报告其财政施政方针，指出当时财政紊乱的原因有四：一是财政系统不明，中央和地方财政划分未明确；二是财权不统一，各地的藩司、盐使、关道及各税局，均有征收的权力；三是在旧有税收不足供应的前提下，巧立名目，苛索于民，税目乃千百种；四是负担不均，百姓小民苦于苛索，但巨商富室竟然没有丝毫贡

---

① 胡毓杰. 我国创办所得税之理论与实施. 财政建设学会，1937：20.

② 同①：21.

③ 同①：21.

④ 国家税务总局. 中华民国工商税收史：直接税卷. 北京：中国财政经济出版社，1996：12.

献。对于第四条，周学熙指出应采用西方的经济思想，改变过去仅对生产或消费物器征税的单一办法，将税收制度“集注于富力之分配”，开征印花税、所得税、遗产税等新税种，并同时理清地方与中央的财权关系，实行复税制，务使租税普及，负担公平。① 当时财政部创办所得税的理由亦有四：“一曰合于税法平均之原则，二曰合于赋税普及之原则，三曰合于赋税伸缩之原则，四曰合于赋税能得多额之原则。”② 在此背景下，北京政府进行了一系列立法活动，其公布的《所得税条例》，被视为中国所得税法的开端，为此后所得税的实行奠定了法律基础。然而，北京政府筹议所得税的结果并不理想，归根结底，当初创办所得税的“公平”理想是美好的，但实际上，因为缺乏实现公平的社会环境，“公平”最终只成为北京政府推行所得税的说辞而已。

一、实体公平之缺失

1. 税率选择

北京政府在所得税施行前一个月曾指出，所得税制度自英国创办之后，东西各国已经次第施行，毫无流弊，各国学者及政治家均认为其为良好税源，而《所得税条例》中所定税率，不过千分之几，较各国初办时税率差至数倍，且我国所得有免税之点，多所得者有累进之条，对特别之收入者还免其课税，实在足以济社会财产之平，也深合租税公平之原则。③ 实际上，就千分之几的征税标准来说，所得税负担确实不高，但税率的选择，却是一个系统的设计，需要整体上协调，才称得上合理。

税率的学术定义是税法规定的课税金额与课税对象之间的比例，最常用的表示方法有比例税率、定额税率和累进税率。在所得税的征税设计

---

① 国家税务总局．中华民国工商税收大事记．北京：中国财政经济出版社，1994：6.

② 朱偰．所得税发达史．南京：正中书局，1947：127.

③ 北京政府，训令第四百五十三号，民国九年（1920年）十月七日，转自教育公报，1920，7（12）：20-21.

上，一般采取比例税率和累进税率两种，而累进税率为多数国家认可。有学者认为，累进税率和所得税，实为密不可分的关系，若不采用累进税率，则所得税公平负担的优点，就很难充分发挥。[①] 民国初年《所得税条例》将所得分为“法人之所得、公债及社债之利息、不属于前两项之所得”三类，完全为仿效日本征收所得税法规确定的课税种类，但税率较日本低。不过在税率的适用上，《所得税条例》将“法人所得、公债及社债之利息所得”规定采比例税率，将“不属于前两项之所得”规定采超额累进税率，似乎没有什么合理性，有学者评价其为“此实负担不公平之缺点”[②]。理由是所得税制度的精华，应是有产阶级多纳税，无产阶级少纳税，以此来调和所得负担的公平，而所得税计算的边际效应对富者来说作用不大（这点不同于贫者），可以尽可能征其比较多的税额，但《所得税条例》如此区分税率的不同，事实上没有达到“富者较贫者负担为多”的效果。

再者，所得税的公平原则要求“勤劳所得”和“非勤劳所得”[③] 应实行差别税率，而对“非勤劳所得”规定较高的税率。而《所得税条例》只将所得分为“法人之所得、公债及社债之利息、不属于前两项之所得”三类，而个人所得属于第三类，如此立法，太过笼统，无法区分勤劳所得和财产所得而实行差别税率，实有悖于税法公平原则。

2. 征税起点

《所得税条例》规定，所得在500元以下者，免征所得税。对此，徐沧水认为500元的免税额实在过低，毕竟物价昂贵而人民生计艰难，人民之收入并未有很大改善，况且以中国传承已久的大家族制度，一人之勤劳所得，要“俾供仰事俯蓄及一家数口之生活”的，实为多数，“若对于所得较少者，强使其负担，则脱税之弊，自所不免”，故免税额应以1 000元为宜。[④] 按照

① 士浩．所得税施行之必要及其应注意之点．东方杂志，1920，17（21）．

② 徐沧水．所得税条例改正问题．银行周报，1920，4（39）．

③ 如资本性所得、财产性所得、经营性所得及其他所得等。

④ 同②．

徐氏的理解，所得税实为租税系统中最为复杂的种类，在征课时必须慎重再三，对于北京政府所得税立法的规定，不公平之处甚多。其实大家并不反对征收所得税，只是要求政府在立法上对所得税制度进行改善。

同时，亦有学者认为《所得税分别先后征收税目》对于普通商号资本在 2 万元以上的，方始课征，不免限制过宽。国内普通商号在数十年以前开业的较多，其开业时资本均甚微小，每年的盈利除股东红利外，余款常提作厚成（公积金），一般并不增加股额，如果以资本 2 万元作为征税起点，不尽合理，宜改为资本 5 000 元以上，皆需纳税。① 其中的逻辑在于，所得税的征收，是以盈余多寡为标准来计算，并不是以股本（资本）大小为标准来核定，那么在对其征税范围进行划定时，完全可以将限制提高，故 5 000 以上股本之商号，都应有纳税义务。

提高最低免税额度，排除了更多收入微薄的小商小民；降低股本起点征税，则无疑会将更多的普通商号划入纳税范围。按照这个建议，最终形成的局面是“拥有资本者多纳税，没有资本者少纳税或不纳税”，这里暗含着时人对所得税调节贫富差距标准的认识，也是人们对号称“公平良税”之所得税认可并寄予厚望的重要原因。

二、程序公平之缺失

1. 课税方法

所得税的课税方法主要有源泉扣缴和自行申报②两种。前者是就各项所得之源头分别课税，后者是就全体所得一并课税。源泉扣缴法对所得来源掌控较为容易，操作简便，可以有效控制逃税。缺点是既从源头课税，就难以适用累进税率，如果将每项所得分别课以比例税率，则不同纳税主体所得税总额和应纳税所得之间的比例将会千差万别③；而如果将各项所

① 李一秋．施行所得税之管见．银行周报，1927，11（46）．

② 亦称为课源法和申报法（自缴法）。

③ 此处还应考虑免征税额的存在及不同种类所得实行不同税率等多种情况。

得课以累进税率，则其不公平之处，仍然难以减少。将纳税者的全部所得作为一个整体来看，源泉扣缴法往往无法体现普遍公平，相反，自行申报法则因为其可以将全部应纳税所得统一适用累进税率，从而比源泉扣缴法更能体现税制设计的公平优良。

《所得税条例》中将所得税课税定为自行申报法，按总额课税，实行累进制税率原本符合公平原则之要义，却也遭到了异议。马寅初就主张实行源泉扣缴法，他认为英美等国正是因为采用了简便易行的源泉扣缴法，其所得税的征收才取得了成功。源泉扣缴法的优点是所得必须经过代收机关，才能转入纳税人的手中，由代收机关收取税款，就避免了隐匿行为；简易的纳税模式还免去了调查盘诘的烦琐，减少手续费，使人民不生厌恶之情，且“国帑不致耗糜”，而我国财政若想像英美财政一样有伸缩力，非采用源泉扣缴法不可。① 当然，自行申报法虽然比源泉扣缴法更具有公平性，但其对税收征管技术也有较高要求，在民国初年采用源泉扣缴法也许更为现实，但如此绝对之结论，未免有失偏颇，这也反映了当时的学者对于所得税制度认识的局限性。

除此之外，所得税在举办之前，还应先将征收发放和办事手续规定清楚，这样所得税征收机关有据可依，纳税者亦会有所遵循，但所得税既“登记法未行”，又“难得详细之调查”②，其于程序上的缺失可见一斑。

2. 征税口径

北京政府在《废止四年所得税第一期施行细则之通令》中有言，各省财政厅长应将“所得税规定之轻征、征查之平允、用途之严正、范围之审慎，并无查账之纷扰，且不碍小贩细民生计诸要端”③ 会商警察教育实业各厅长，并广向士绅商会宣示，以释新税推行之疑虑，而启舆论，是为尤要。而实际上，在所得税征收的程序上，除了《所得税条例》中没有罚则

① 马寅初. 吾国之财政适合于对外宣战否//马寅初演讲集：第三集. 北京：北京晨报社，1926：23.

② 晏才杰. 租税论. 北京：北京新华学社，1922：236.

③ 实业杂志，1920 (36)：14.

规定外，财政部门并没有做到“无查账之纷扰”。

当所得税于 1921 年 1 月开始征收后，有商会认为，所得税号称是有裨益于国家财政的良税却招来各界的非议，原因在于新税推行的条件是不扰民、不轩轾，人民必须是心悦诚服地自愿纳税，而社会背景复杂，又夹杂着殖民势力的中国，能否将所得税办好，还需要讨论商榷。无锡县商会提出在所得税征收环节中的一项重要问题就是账册应顺从多数商家的旧式记账法，对于在申报时因困难无法提交资产负债表、损益计算书、财产目录表等会计资料的，应准予商家提供其他可以证明其所得额的账簿文件，以之为纳税依据，断不能强迫苛求，使旧式商人为难。①

政府之所以要纳税人提供财产目录等新式表册，无非是因为新式会计较为清楚明白，而旧式记账方式纷乱如麻，无法核查翔实，为所得税征收提供准确依据。所得税作为外来西方税种，按照西式规矩缴税看似是应当的，但让所有商家进行统一改革是需要过程的，不可能一蹴而就。新式会计需改进，看上去在所得税征收过程中是不碍于大局的细节问题，但实际上并非如此，有学者当时详细撰文记述旧式会计与新式会计的不同，以及在施行所得税过程中旧式会计必须改进的方面，主要包括“损益计算书和资产负债表的编制、统驭账簿的设置、资本支出和收益支出的划分、资本的确定”② 等问题，纷繁复杂且尤为重要。

当时亦有学者指出，要解决会计记账之问题，政府除了要劝导商人改良会计制度对征税机关和纳税人双方皆有便利外，还可以效法上海市商会举办“会计学”补习班，或安排专人协助商家处理账目等，也许会受到事半功倍的效果③。但据当时的社会环境来看，北京政府举办所得税就是为了“启发税源”，施行所得税过程中已有不少耗费，再要花费人力、物力协助所有商家解决会计问题是不大可能的，而商家若没有能力自己解决，则不免草草应付，甚至抵制所得税的征收。

① 孟昭．书锡商会所得税意见后．钱业月报，1921，17（2）．

② 谢寿熊．施行所得税钱业会计必需改进之几点．钱业月报，1921，17（1）．

③ 孟昭．书锡商会所得税意见后．钱业月报，1921，17（2）．

在民国初年，北京政府为将西方财政理论及制度系统引进中国，特招一批财政专业的留学生到政府部门工作，可是财政部门对纳税人西式财务的要求，使税务征收管理和实业界的实际情况严重不匹配，纳税人和征收机关处在了不对等的位置上。《所得税条例》中要求纳税义务人主动申报全年所得额，事后又对纳税人的申报进行调查核实的规定，对应着旧式记账申报和新式会计核查的不同标准，在实际征收运行中容易成为程序公平的疏漏点。

三、执行公平之缺失

1. 征税种类

《所得税分别先后征收税目》公布后，预计每年可收入税款 400 万元左右。然而自 1921 年 1 月开征以后，其五项先行课税主体中之公司、银行、工厂、商号、行栈、银号、钱庄、金店银楼以及普通商店等群起反对，不肯照章纳税，虽经政府屡次设法沟通，始终难得各方面之谅解，实际征收者仅官俸所得税一项，且只在京内及鄂皖苏京兆等地开征。不过时值政府经费枯竭，各机关欠薪累累，税源既不稳定，税款就无从谈起。有学者指出，当时我国初行所得税，在税率不重的前提下，从小范围入手征税是不错的选择，但推广中应首先向“生利者”（如公司商号等类）征收，其次再推及官吏和个人，方为允当。① 本来官吏对于国家新税之推行，有提倡之义务，似乎应该首先纳税，但官吏并非生产盈利者，当时服务于国家之人，所拿到的官俸十分微薄，养廉已属不易，只因为对其征税较为容易，就让其首先缴纳所得税，并不恰当。

就征收官俸所得税的效果来看，平均每月收税不过一千余元，而全国所得税处经费，每月却需四五千元②，征收费超过税款数倍，因此所得税

① 李一秋．施行所得税之管见．银行周报，1927，11（46）．

② 佚名．裁厘后应推行营业税所得税之研究．中外经济周刊，1926（158）．

开征只一年有余，全国所得税处便遭裁撤。其实，就《所得税分别先后征收税目》本身的规定来看，将官公吏俸给和公司、商号、银号、钱庄、金店、银楼等营业所得一同纳入“先行征收税目”还是较为合理的，而实际中仅征收“官俸所得”，与法律文本出入较大，且并无法理上之依据，征收的直接原因只是各界反对，官俸所得却是政府可以直接控制的税源，扣缴征税简便易行。如此的税务课征方式只能说是政府在特定环境下的无奈之举，但因为太欠缺公平的前提最终草草收场。

2. 税款用途

自《所得税分别先后征收税目》公布后，北京政府强调“各省区军民长官，尤应同力合作，督属推行，取之于民用之于民，一切收有成数，尽先拨作振兴教育提倡实业之用。”① 其将开征所得税最重要的理由归为“所得税收入关系教育前途至为重要”，在政府日益发展支出逐渐繁多，经费短缺的背景下，政府财力不济，不能满足振兴教育、提倡实业的要求，只能靠所得税来“孳培邦本”。但对于政府所得税款七成用于教育，三成用于实业的承诺，各省议会、商会及社会团体并不买账，认为政府信誉丧失殆尽，税款用途无法保证。其中，最具代表性的是全国商会联合会向财政部提出的八项实施条件：“所得税不公正之处，切实改正；废除一切恶税，实行保护工商政策后，施行所得税；对于所得税之用途，予人民以监察之权；登录税完备、警察制度改良，社会精密统计后，施行所得税；不得以所得税为借款之担保；政府施行之所得税，编入合法预算；政府裁减军费、节省政费以后，否则人民不承认所得税；所得税应通过合法之国会。”②

彼时人民群众不信任政府的症结在于“民间产业幼稚，其能缴纳所得税者，实不多观，其月得百元以上之薪俸者，一县一镇之中，为数寥若晨星。一以政府对人民向以欺骗为能事，财政部所开出之空头支票，是其一

① 北京政府，训令第四百六十六号，民国九年（1920 年）十月二十一日，转自教育公报，1920，7（12）：23-24.

② 国家税务总局. 中华民国工商税收史纲. 北京：中国财政经济出版社，2001：115-116.

例。政府既无以示信于民，一旦所得税成立，非以之抵借款项，即以之供军阀之挥霍，人民何苦而负此重担耶?”① 纳税人既无知情权，又无法保护自身的合法权益，同时无法确定自身为支持国家作出的纳税贡献，是否与其所享受的处于国家保护之下的收入相匹配，公平原则中的“受益”②程度是否合理便无法体现。这也是纳税人不愿配合所得税的施行，遂至缓办之声不断，形成反对浪潮的重要原因。

3. 中央与地方

北京政府于1922年1月裁撤全国所得税处以后，便不再征收所得税，但是各省的情况却并不如是。

1925年12月，山西省公署制定《山西省征收所得税简明办法》，规定纳税人在限期内将税款交所在县的征收机关。本来，北京政府在划分中央地方财权的时候，将所得税这种“将来之新税”纳入了中央收入，各省不配合所得税之试办，应只是不愿将税收上缴中央，还是有省份愿意征收税款做地方经费之用的。

安徽省财政厅于民国十五年（1926年），将停顿数年全国未行之所得税，责令安徽实业界首先尝试，遭到了激烈的抵制。安徽全省实业公会称其“誓死不能承受”，原因有二：一是训令有云，所得税关系“维持教育实业”之大事，但教育关乎国体，并非一省一家之事，未闻全国其他省份施行，何以皖省施行；二是征收事宜应按照《所得税分别先后征收税目》办理，则凡属特许之商号、行栈、银号、钱庄、金店、银楼及资本在2万元以上的商店皆应纳税，何以他项特许商业不征税，独责令实业缴税。故“所得税既系国税之一，非各省一律通行，皖省不能居其首；非各业一致征收，实业不能当其先。”③ 地方如此征收所得税的做法，违反了税法公

① 马寅初. 吾国之财政适合于对外宣战否//马寅初演讲集：第三集. 北京：北京晨报社，1926：22.

② “受益原则”为公平原则的体现，指纳税人应按照从政府所提供的公共服务中获得受益的程度及大小来分担税收。

③ 佚名. 皖省实业反对征收所得税. 银行周报，1926：10（15）.

平原则上的"普遍征税"[①] 标准，不公平之处不需累述。

在北京政府最初试行所得税的时候，部分省份认缴，大部分省份及社会团体反对，反对的理由是政府没有信誉，不能保证税款用于教育、实业，且中央将所得税定为国家税，于地方没有帮助，极不公平；而安徽省试图征收所得税时，商会反对的理由却是原本由国家征收的中央税，地方如何能先行征收，原来预备用于全国教育事业的财政来源，如何单独让一省实业承受，这时的中央政府仿佛又重新树立了威信。虽然这些理由都很正当，但前后似乎饶有矛盾之处，从中可以看出纳税人、中央和地方三者之间耐人寻味的博弈。而除中央之外，无论各方的论据如何充分，论点都只有一个，就是"所得税应暂缓施行"。

北京政府关于所得税的立法文件，不公平之处颇多；在立法之外，中央和地方于所得税征收中毫无根据的"任性而为"或"无奈之举"更是偏离了公平的中心。当然，除去这些，清末民初所得税筹议试办失败的原因还有"政局不稳，政治混乱；实业不发达，经济组织落后；民众抵触赋税，社会了解新税不够；财税体制不合理，利益分配不均"[②] 等。对于几乎是完全仿效日本所得税的立法内容来说，舶来的法律除了不适合直接使用外，也面临着新税法必定会被质疑的命运。彼时流行的说法是需要在废除厘金等一切恶税之后，所得税才能顺利推行，盖当时的所得税只是在原有税种基础上增加的新税种，徒然增加民众的负担而已。所得税号称优良公平之税种，却受到民众的抵制，与税收系统的整体不协调有着莫大的关系。虽然所得税的筹议试办并不成功，但总体来说，北京政府在中国封建税制向西方税制的转变上，仍然作出了有益的尝试，其对改进近代中国税制起到了开创作用。

① 指为供给一国之财政支出而科取于人民的租税负担，应令其普及于全国，决不能令一部分人单独负担，除基于特殊原因的免税外，人人均有纳税义务，不应有特权。普遍征税也是"法律面前人人平等"的平等价值观在税法中的直接体现，反映了税法的形式正义。

② 曾耀辉．民国时期所得税制研究．南昌：江西财经大学，2012：33-36.

第三章　公平的改进：南京国民政府所得税的试办（1927 年—1934 年）

此章撰写所得税发展的第二阶段，主要为北京政府之后的南京国民政府前期。需要指出的是，学界公认南京政府前期为 1927 年 4 月 18 日至 1937 年 7 月，从以蒋介石为首的国民党在南京重新建立国民政府开始，到抗日战争全面爆发止；而此处的时间范围，是从国民政府在南京成立至 1934 年。1934 年为全国第二次财政会议召开的时间，从此时开始，国民政府筹划正式举办所得税，所得税始在全国范围内正式推行，故所得税发展的历史分期与国民政府前期、后期的时间分界点有所区别。

第一节　南京国民政府所得税的试办背景

一、国民政府成立背景与财政概况

1925 年 1 月 7 日，广州国民政府成立，随后，经第二次东征、南征后，广东全省遂告统一。次年 11 月，国民党中央政治会议决定迁国民政府和中央党部到武汉。1927 年 2 月 21 日，武汉国民政府正式开始运作。1927 年 4 月 18 日，南京国民政府成立。1927 年 8 月 25 日，武汉国民政府迁往南京，并入南京国民政府。1928 年 12 月，张学良“东北易帜”，宣称遵守三民主义，东北地区接受国民政府管辖。至此，革命军北伐结束，南京国民政府基本完成统一，成为领导全国的中央政权，并正式获得国际承认为中华民国政府。

国民政府前期财政的首要特点，就是财政支出的不断膨胀和财政赤字的日趋增大。自 1927 年到 1935 年，在物价指数变动不超过 20%的基础上，国民政府岁出数由 1.5 亿元增加到了 13.4 亿元，膨胀了十几倍；而相对应的，国民政府除债款以外的岁入数在 0.8 亿元到 6.4 亿元之间波动，财政赤字比例最严重时达到 60%以上，财政亏损额主要靠发行公债和借款援助等来弥补。①

国民政府的财政收入中，税收占绝对重要的位置，在许多年度中，税收占岁入实收数的百分比高达 95%左右，以至于税收以外的其他收入，几乎无关轻重。税项收入中，关税、盐税、统税②为三大主要税源，一般情况下，关税收入占全部税收的半数以上，有些年度甚至高达 60%～

① 杨荫溥．民国财政史．北京：中国财政经济出版社，1985：43.

② 统税是对卷烟、麦粉、棉纱、火柴、水泥等主要民族工业厂商所征收的货物出厂税，为国民政府借口补偿废除厘金的损失所创立的一种新税。

70％；盐税居第二位，其实收数常占税收 20％～30％；统税为第三位，比例为 10％～20％。[①] 此时期地方政府的财政主要靠田赋、营业税、契税等税收为主要收入。作为国民政府经济支柱的关、盐、统三税无例外的都具有“间接税”的性质。从形式上看，此类税收是由生产或贩卖这些指定商品的厂家缴纳，但实际上厂家缴纳的税收具有代垫性质，税负最后都要被加入到商品销售价格中，全部转嫁给消费者。一国财政若以间接税为支撑，则其财政的大部分负担将转嫁于人民群众身上，税制结构甚为不合理，故国民政府前期一直着手税制的进一步改革，为建立直接税体系奠定了基础。

除税收外，公债为国民政府第二大收入种类，1927 年至 1931 年间，国民政府发行内债总额 10.6 亿元，较北京政府 15 年间发行的 6.2 亿元内债，还多出 71％，内债收入经常占全部债款收入的 80％～90％，实为调节国民政府财政收入的重要工具。[②] 除此之外，国民政府前期向各资本主义国家续借的新外债多达 14 种，估计这些外债折合成法币，约为 18 亿元左右。

国民政府的支出，绝大部分都是军务费和债务费，二者合计，通常占岁出 70％以上。财政状况的不理想，对应着国民经济的日趋衰退。此时西方资本主义国家的经济情况更糟，1929 年爆发的空前的经济危机，造成资本主义世界工业生产下降 40％以上，世界贸易总额减少 2/3。为了迅速摆脱和转嫁经济危机，西方国家开始向中国大量倾销商品，大规模输出资本，广泛占据主要原材料产地，使中国工业的生存和发展，受到了很大的威胁。全国主要工业营业额，大幅下降，许多工厂停闭、改组或减产；农产品同样因为倾销而价格惨跌，农业生产也受到严重破坏，国民经济整体持续下滑。国民政府的财政经济危机，同时激化了英、美、日等资本主义国家之间的矛盾，最终美国对中国的干预加强，美国的经济援助在国民政府的财政中逐渐占据了左右全局的地位。为了转嫁危机和垄断世界金

① 杨荫溥．民国财政史．北京：中国财政经济出版社，1985：47.

② 同①：60.

融，1934 年 6 月，美国国会通过“白银收购法案”，高价购银使白银价格不断上涨，直接导致中国大量白银外流，金融紧缩、工商凋敝、经济萧条。再加上当时中国的货币多种多样，货币制度较为混乱，已经成为经济发展的阻碍，如此，国民政府最终废除银本位，在 1935 年 11 月实施法币政策，使币制现代化，以达到财政金融的统一。

总体来说，国民政府前期的财政依然没有摆脱入不敷出的境地，为发展经济，国民政府采取了统一财政、整顿税收、巩固金融、发展交通、开发煤铁等经济建设方针，为其后来推行的财政经济政策奠定了基础，同时为发展资本主义提供了有利条件，为建立国家垄断资本主义开辟了道路。其在国家财政改革方面强调“统一财政、集中财权”，从而改革旧制，推进财税体制的近代化。

二、国地两税重新划分与税制改革

1926 年 1 月，国民党第二次全国代表大会通过了财政决议案，这项重大理财方针主要有 9 项内容，其中，关于税收的要点如下：“国民党宜改善现有之国家财政制度，……改善国家之租税制度；应以坚决之态度，将所有之各种收入集于政府之财政部，其他一切国家及军事费用均由国库支出；须将国家及地方之各种税项之收入及支出详细划分清楚；地方预算应呈缴国民政府，国民政府可以决定其支出与收入，并得限制其税项之征收，若有不敷时，以国家款项资助之；当决定收入预算时，国民政府应注意‘非税项之收入’，因税项为人民之负担，实不宜加重也，此‘非税项之收入’，如物质及天然之富源、山林之利益、铁路及水道之收入、国家之工业及专利品之利息、邮政电报之盈余等、造币及国家之不动产——国家所不需之产业，均可施之日用；预算若有不敷时，与其增加税收，实不如发行国内公债，以政府将来增加之收入归还之。”①

① 国家税务总局. 中华民国工商税收史纲. 北京：中国财政经济出版社，2001：137.

1927年1月，国民党二届三中全会召开，分析了北京政府期间各省财政困难的原因之后，指出“今欲扫除此种种恶因”，在财政上应：“集中各省财政管理权于国民政府财政部征收，凡百捐税均由财政部集中负责，取消一切苛征杂税，以统一收支；均摊捐税，使贫富各就其力，以纾国家负担，间接税、直接税之征收须不偏不倚，地税须改良，田赋附加需铲除，以抒农民之疾苦。”① 之后，1928年7月召开的第一次全国财政会议，1929年3月，国民党第三次全国代表大会通过的《关于政治报告的决议案》，1931年12月，第四届第一次中执全会《关于改善财政制度的决议案》，1934年第二次全国财政会议等，都重申了第一次、第二次全国代表大会所制定的方针政策。国民政府前期的财政税收工作，基本上都是按照“统一财政、集中财权”的基本方针来贯彻执行的。

在国民经济问题上，由于北京政府的前车之鉴，国民政府很早就认识到中央必须加强对地方的控制，方能掌握财政大权；实行集中统一的理财方针，方能奠定支撑政权的经济基础。在税收方面，其收回了关盐两税的主权，并修订海关税则，同时采取改革盐税、创立新税、废除厘金、建立地方税体系等一系列财政措施。这些税制改革，起初只是在国民党能够控制的地区内进行，随着国民政府政权控制力的增强，又陆续向全国其他地区推进。

国民政府成立伊始，其税收仍沿用北京政府的旧制继续征收，代理财政部部长的古应芬遂起草《国民政府财政部划分国家收入地方收入暂行标准案》（以下简称《暂行标准》），于1927年7月14日经国民党中央执行委员会通过。《暂行标准》将所得税、遗产税、交易所税、公司及商标注册税、出产税、出厂税、其他合于国家性质的收入等将来新收入划为国家收入；并规定财政部得禁止地方征收与国家收入性质重复的税项；国家税和地方税划分后，中央地方应各自整顿，不得添设附加税。此为国民政府第一次划分国家税与地方税。

1928年1月，宋子文继任财政部部长后，力推财政统一，并重新拟

① 国家税务总局．中华民国工商税收史纲．北京：中国财政经济出版社，2001：138.

定了《划分国家收入地方收入标准案》（以下简称《标准案》），于当年 11 月 22 日，经国民政府批准，公布施行。《标准案》定所得税、遗产税两项为将来之中央收入，地方将来之收入为营业税、市地税、所得税的附加税 3 项；同时又强调地方税收性质与国家税收重复时，禁止其征收，只有所得税可以征附加税，但不得超过征税的 20%；新税收实行时，应即时废止旧税收与之性质相抵触的部分，并即行归并性质相同的税捐。① 新《标准案》的重点为中央借此收回地方控制的国税管理权，但也在某种意义上给予了地方财政的独立地位，使之自成系统，中央得监督地方之财政。

此时期税制改革的重要事件为 1931 年实行的全国裁厘运动，之前国民政府在 1927 年秋和 1928 年冬也进行过两次裁厘，但均未成功。此次在全国政局相对稳定后，国民政府宣布废除厘金制度以减轻人民负担，而谋工商业之振兴，同时举办“统税”代替厘金，使民国时期的税制结构开始出现新的格局。

国民政府前期，中央对地方的控制力逐渐增强，中央在统一全国财政方面做了不遗余力地尝试，通过国民政府前期近十年的财政体制改革，全国整体经济状况、财政秩序较北京政府时期有了较大的改观。在税制改革方面，形成了资本主义近代税制的雏形，中央地方税收自成系统，为举办直接税创造了良好的环境。

三、节制资本思想基础与经济发展

国民党建立累进征收的直接税的治税思想，最初是由孙中山提出的。孙先生将“三民主义”思想中的民生主义中的“民生”，定义为“人民的生活，社会的生存，国民的生计，群众的生命”②。国民党政府奉“三民主义”为其基本纲领，“民生主义”则为治国的经济纲领。民生主义有两个

① 国家税务总局. 中华民国工商税收大事记. 北京：中国财政经济出版社，1994：149.

② 民生主义第一讲//孙中山全集：上册. 上海：三民公司，1927：254.

要点：一是平均地权，二是节制资本。平均地权指：私人所有土地由地主估价呈报政府后，国家照价征税，上涨部分则完全归为公有，国家于必要时依报价收买土地。节制资本则指：将私人资本限于一定范围内，防止私人资本操作国计民生，从而实现资本国有，也就是说，要通过国家权力使大资本归于国家所有的同时对私人资本垄断进行限制。限制私人资本的方法有二：一是规定私人资本不得超出一定的范围；二是采取“直接征税”的办法。

通过分析欧美国家的经济进步，孙中山指出：“直接征税，是最近进化出来的社会经济方法，用这种方法，行累进税率，可以多征资本家的所得税和遗产税，这样，国家的财源就多是由资本家而来，多取之而不为虐，旧税法，只是钱粮和关税两种，如此一来，国家的财源则完全取之于一般贫民，资本家对于国家，只享权利，不尽义务，是很不公平的……多征资本家的所得税和遗产税，可以发展全国的交通和运输事业，以及改良工人的生活和工厂的工作等。”① 纵观欧美各国，正是因为实行了直接税，加大了税源，才更有财力改良种种社会事业。需要指出的是，将所得税作为节制资本的重要手段完全是看到了欧美各国税收结构的特点，当时德国政府的岁入，由所得税和遗产税而来的，占到 60％～80％；英国政府此种收入，在欧战开始的时候，也占到 58％；美国实行所得税较晚，但在 1918 年，所得税收入也约有 40 亿美元。以欧美发达国家的直接税比例为标准，所得税若能在中国推行，其在“节制资本”方面的作用将是其他税收望尘莫及的，这反映了国民政府对所得税的实行效果有着较高的期许。

“节制资本”的前提是“资本”的存在和发展。中国的民族资本主义，自十九世纪六七十年代产生以来，从 1895 年至 1913 年间有了初步的发展，1914 年至 1919 年进一步发展，1920 年至 1936 年间继续曲折发展。②自国民政府成立到 1930 年，民族四大工业工厂数都有不同程度的增加，工厂利润普遍丰厚，民族工业出现兴旺发展的局面。而自 1931 年至 1935 年，

① 民生主义第一讲//孙中山全集：上册．上海：三民公司，1927：271．

② 孔繁浩．二十至三十年代中国民族资本主义工业的曲折发展．上海师范大学学报，1987（4）：56．

受西方国家经济危机的影响，出现物价下跌、购买力降低、销售停滞等原因造成了大量工厂停工减产的现象。从 1935 年末至 1937 年上半年，中国民族工业又恢复了活跃的局面。不过，民族资本主义在当时的国民经济中所占的比例始终较小，资本主义现代工业产值只占工农业总产值的 10%左右。

直接税为孙中山用税收手段实现其社会理想的重要策略，国民政府对于直接税的公平优良，亦十分推崇，国民党第二次全国代表大会通过的《关于财政的议决案》中指出："在现在国家之税收情况下，国民党以直接税项为最公平之征收。"然而，直接税毕竟为引进西方之税制体系，不是国家税收的主体，因此"国民党仍请国民政府尽力推广间接税项（如货物税等），因间接税项之征收方法实简单而易为，且又容易管理，而人民亦鲜知有此负担。"① 此番叙述同时也道出了当政者眼中所得税等直接税的"缺点"：由于其直接负担于纳税人身上，税负不能转嫁，公开征税，使人民"易"知有此负担，效果恐不理想。这一层意思，暗含了国人对西方引进税制的态度，更符合租税理论所称"旧税即良税"的概念，大意是说人民已经习惯了长期缴纳的旧有赋税，即使它是负担沉重的恶税；对于新税总是抱着怀疑及抗拒的态度，即使它是负担轻微的良税。因此，所得税等直接税的举办，实宜循序渐进，稳步推行，国民政府改革税制的节奏也正是照此进行的。

第二节　南京国民政府所得税的试办历程

一、未及施行的所得税征收条例

1.《所得捐征收条例》

1927 年，在国民政府拟议举办所得税的同时，国民党中央党部为筹

① 国家税务总局. 中华民国工商税收史纲. 北京：中国财政经济出版社，2001：141.

备党员抚恤金，决定举办公务员所得捐。同年6月，国民党第二届中央第一百零一次常务会议通过修正的《所得捐征收条例》6条。条例规定：(1)对国民政府各机关工作人员的薪俸收入征收所得捐；(2)征收机关在中央为中央党部秘书处会计科，在地方为省、市、县各级党部，地方各级党部征收后，捐款层解中央党部秘书处会计科核收；(3)每月薪俸在50元以下者不征，自51元至800元分8级按超额累进征收，税率最低为1%，最高位为8%。[①] 此项公务员所得捐，经国民党中央常务委员会决议，自1928年4月份起征收。

1929年5月16日，国民党第三届中央第十二次常务会议，通过《所得捐征收细则》17条，详细介绍了各机关及各级党部征收所得捐的具体手续；规定征收上来的所得捐，除江苏省党部外，应由各该地中央银行汇来，如该地中央银行尚未成立，得由中国或交通银行汇解，其汇费在解款内扣除；又补充规定免税事项，提出“办公费及交际费、津贴旅费、救济抚恤费”，概不征收所得捐；对于所得捐的用途，强调除经中央常务会议议决，准予将所得捐移用外，各级党部概不得移作他用；同时对各主管官员新旧交替、各级党部会计更替、各职员离职的交接与征收程序作了细致的规定。

国民政府的公务员所得捐，与北京政府的“官俸所得税”有相通之处，不过官俸所得税是国家税收，与其他税款用途口径一致；所得捐却专供国民党员抚恤之用。时人有评：“党部征收之所得捐，性质颇有类似(所得税)。然仅及于极少数之公务员，富商巨贾之所得，则反逍遥法外。不独国民负担，未保均衡，即国税收入，亦因而损失甚巨。”[②] 党员抚恤，应属国民党党内事务，即使募集也只应限于党员中，但机关公务人员并非全部是党员，如此直接扣缴所得捐，实为强行摊派。所得捐既不是国家法定税收，从执行伊始便遭到非议。

---

① 国家税务总局．中华民国工商税收大事记．北京：中国财政经济出版社，1994：119.

② 向默安．各国所得税累进率之比较．民鸣月刊，1929：2 (3).

1936 年 7 月，国民政府正式公布《所得税暂行条例》，公务员所得捐因与薪给报酬所得税性质相似，遂停止征收。严格来说，所得捐实为国民党的党内“捐款”，其只是性质上类似于所得税，却不是真正的所得税，但鉴于其和所得税的密切关系，宜将其纳入所得税的范围一并论述，也更加全面。

2.《所得税条例（草案）》及其施行细则

1928 年 7 月，国民政府召开第一次全国财政会议，财政部拟定《所得税条例（草案）》及其施行细则，提交大会讨论，议决可适时开办所得税，将来施行时，应交所得税委员会核议。

《所得税条例（草案）》共 28 条，纵观其内容，与 1914 年北京政府《所得税条例》出入不大，例如课税对象依然采属地主义；课税所得依然分为法人之所得、除国债外公债及社债之利息、不属于前两项之所得三类；“田地池沼之所得依前三年间所得之平均额估计之”等计算所得额之方法亦大部相同等。其改动之处如下：对于第三类“不属于前两项之所得”，将免税起点由 500 元提高到 1 000 元；将所得免纳所得税的事项由 6 项增至 7 项，新加入“警官遇地方宣布戒严时所得之俸给”为免税事项；对于第三类所得，在原条例“须于一切收入之总额内减除由已课所得税之法人分配之利益，第二类之利息及经营各种事业所需之经费、各种公课，以其余额为所得额”之外，又补充了“如其余额不及二千元，得再扣除负债利息、人寿保险、扶养家族等费，但所扣除者不得超过其余额三分之一”的规定等。全文依然没有罚则规定。

《所得税施行细则（草案）》中，详细解释了第三类所得的范围，共有 7 项：“甲为经营农工商业利益之所得；乙为土地房产之所得：丙为股票及债务利息之所得；丁为资本红利之所得；戊为各项薪给报酬之所得；己为国家及地方官吏俸给年金及给予金之所得；庚为不属于前列各项之所得。”① 并规定“己”项所得应由所管机关按照预算定额将各员应纳税额报告主管官署，其余所得应由所得者按照预定格式填报主管官署。

① 南京全国财政会议秘书处．全国财政会议日刊，1928（4）：12.

《所得税施行细则（草案）》后附的“所得税推行步骤”中，指出在举办所得税之前还应先将办理所得税之一切步骤明白规定，让各征收所得税机关有所依据，纳税者有所遵循。由此，提出了所得税的推行步骤，并仿照北京政府《所得税分别先后征收税目》，将各项所得亦划分为先行课税、暂缓课税及从缓课税三种，内容稍有不同。先行课税者包括：凡依律注册之公司、银行、工厂；由官特许之商号、行栈；银号、钱庄、金店、银楼；普通商号资本在 5 000 元以上者。暂缓课税者包括：凡官吏之俸给公费年金及其他受公家给予金之所得；公债社债之利息；从事各业者之薪给；由不课所得税之法人分配之利益。从缓课税者包括：田地池沼之所得；个人一般之所得。对于“先行课税者”的施行应分三步办理，为股本之登记、盈余之登记、所得税之征收，并详细介绍了以上三步骤的登记及课税办法。

从《所得税条例（草案）》及施行细则的内容来看，其与北京政府时期的所得税法律文本大部相似，少有不同。国民政府前期的社会环境较之北京政府，已有较大不同，但 1928 年《所得税条例（草案）》却因袭 1914 年《所得税条例》，而 1914 年《所得税条例》是按照清末度支部《所得税章程草案》改定而成，因此法律与现实的脱节，在此可见一斑。从这个角度看，似乎也可以说明从清末到国民政府前期的几十年间，中国在接受西洋税制方面几乎没有什么进展，只是单纯、被动地接受，还谈不上因地制宜、兼收并蓄。

3. 修正《所得税条例（草案）》及其施行细则

鉴于 1928 年《所得税条例（草案）》与现实的脱节，财政部于 1929 年 1 月将其及施行细则重新修正，修正重点在所得税的课税范围和税率方面：首先，将原条例课税所得第一类“法人所得”改为全额累进税率，以赢利占资本总额百分比为纳税标准，规定全年赢利不及资本总额 10%者免税，10%至 15%者课税 10‰，15%至 25%者课税 15‰，25%至 35%者课税 20‰，35%以上者，赢利每增 10%，课税递增 5‰。其次，将第二类“除国债外公债及社债之利息”改为“国债地方公债及公司债之利息”，将国债纳入征收范围之内，课税比例依旧为 15‰。最后，将第三类“不属于前两项之所得”免税起点由 1 000 元提高到 2 000 元，全年所得总额为 2 001至 10 000 元者，课税 5‰；10 001 至 20 000 元者，课税 10‰；20 001 至 30 000 元者，课税 15‰，30 001 至 50 000 元者，课税 20‰，50 001 至 100 000 元者，课税 25‰；自 100 001 元起，每增加 5 万元，对于其增加额，递增课税 5‰，并没有最高税率之限制。

在计算所得额的方法上，原条例规定第三类所得“于一切收入之总额内减除由已课所得税之法人分配之利益，第二类之利息及经营各种事业所需之经费、各种公课等”的所得额，若“不及二千元时，得再扣除负债利息、人寿保险、扶养家族等费”。但“以其收入之金额为所得额的议员岁费、官吏之俸给、公费、年金及其他给予金、从事各业者之薪给、放款或存款之利息、各种不动产之收益、不课所得税之法人分配之利益”和“依前三年间所得之平均额估计之田地池沼之所得”两种却不享受扣减优待。此次修订不仅将扣减起点由 2 000 元改为 6 000 元，还将扣减优待推广至上列所有三项所得额，“但所扣除者，不得超过其余额三分之一”的规定未变。

除课税范围、税率、免税起点和扣减起点这几项规定有改动外，条例中关于免税事项、征收手续等其他内容，基本没有变动。《所得税条例（草案）》修正后，财政部续将《所得税施行细则（草案）》进行修正，但变化亦不大。

《所得税条例（草案）》（修正）与《所得税施行细则（草案）》（修正）于 1930 年经裁厘会议讨论通过，但并未施行。南京国民政府所得税试办阶段各项章则详见表 2。

表 2　　南京国民政府所得税试办阶段各项章则一览表

章则名称	拟定机关	公布时间	废止时间
《所得捐征收条例》	中央党部	1928.4（施行时间）	1936.7
《所得捐征收细则》	中央党部	1929.5	1936.7
《所得税条例（草案）》	财政部	1928.7（拟定时间）	未施行
《所得税施行细则（草案）》	财政部	1928.7（拟定时间）	未施行
《所得税条例（草案）》（修正）	财政部	1929.1（修正时间）	未施行
《所得税施行细则（草案）》（修正）	财政部	1929.1（修正时间）	未施行

二、中央党部的所得捐征收成果

鉴于北京政府以财政部总揽全国度支，同时又设税务处等“特种官署”导致财政管理不相统属的财政混乱现象，南京国民政府成立伊始，就希望通过国家立法，使税务、币制各要政完全统辖于财政部。直隶于国民政府的财政部于 1927 年 5 月成立，“管理全国库藏、税收、公债、钱币、会计、政府专卖金银暨一切财政收支事项，并监督所辖各机关及公共团体之财政。”① 1928 年 10 月，国民政府北伐完成，宣布从“军政时代”进入“训政时代”，实行“五权分立”，财政部遂改隶行政院，为管理全国财政事务的最高机关。

财政部刚成立的五年间，部内组织改组频繁，继孙科、宋子文之后，孔祥熙担任财政部长，将财政部的组织设置定为：一厅（参事厅），一处（秘书处），三署（关务署，盐务署、税务署），六司（总务司、赋税司、公债司、钱币司、国库司、会计司）。② 其中，“税务署内设总务、主计、卷烟税、棉纱矿产税、麦粉火柴水泥税、印花烟酒税六科，分管掌理全国统税及印花、烟酒、矿产税等；赋税司内设三科，管理关税、盐税、直接税、货物税以外的赋税征收、管理、监督、调查统计及整理旧税推行新税等。”③

地方财政管理机构分为两类，一是各省设财政厅，各县设财政科，分别负责各辖区内的各项税收征管、预决算编制及财政收支等事项；二是财政特派员、盐运使、统税局、印花烟酒税局等中央派出处理国家税收的机构。其中，财政特派员的职责是：指导所管区域内的中央税收机关、保管中央税款、支援及汇解国库款项、稽核及册报一切中央税捐的账目和各税捐情况等。经过国民政府全面整顿税制，改革税务，统一征收机关，全国

① 国民政府财政部组织法（修正），1927 年 11 月公布. 转自江苏财政汇报，1927（1）：54-62.

② 其中，盐务署于 1937 年 4 月改组为盐政司，会计司于 1937 年 7 月改组为会计处。

③ 陆仰渊，方庆秋. 民国社会经济史. 北京：中国经济出版社，1991：224.

各地税务机构重叠、各省滥施税政并擅自截留中央税款的状况有所改善，各项税收渐次集中于财政部。

国民政府于 1936 年 10 月之前并未开征所得税，也就没有具体设置所得税的征收管理机构，《所得税条例（草案）》（修正）及其实施细则中只笼统地规定："所得税主管官署为财政部委托之各官署"；"调查所得委员会之设置由主管官署查照条例第十三条详请财政部核定"；"（所得税）审查委员会以征收官吏及调查所得委员各半数组织之"。

此时期实际只开征"所得捐"一项。从 1928 年 4 月起算，公务员所得捐共实施 9 年，每月收入 17 万元左右，每年约合 200 万①。所得捐系由国民党中央党部举办，故国民政府及国民政府直辖各机关的所得捐，由中央党部秘书处会计科直辖征收；省政府及省政府直辖各机关的所得捐，由省党部会计科征收，汇解中央党部；县政府及县政府直辖各机关的所得捐，由县党部会计科征收，汇解县党部，由县党部解至省党部，再由省党部转解至中央党部。

第三节　南京国民政府所得税试办中"公平"的改进

民生主义中"节制资本"的思想，将所得税的必要性又上升到一个新的高度。然而，国民政府初期，学界对直接税中"所得税"的论述，却不外乎老生常谈。对于所得税的优点，代表性的观点有："在现今各国赋税制度中，求一吻合公平原则的赋税，只有所得税；求一伸缩性很大，能应政府缓急之需的赋税，也只有所得税；求一适宜今日民主精神的赋税，更只有所得税。"② 然而，说来说去，也无外乎这三条而已，理由也无非是：所得税纳税标准，可以视个人纯收入之大小而定；依国家财政以量入为出

① 国家税务总局．中华民国工商税收史：直接税卷．北京：中国财政经济出版社，1996：14.

② 马金鳌．英国模范税制所得税的优点．国闻周报，1930，7（18）.

的原则，能够随环境的需要而增减其税率；依节制资本思想原则，为调节贫富差距最理想之公允税负等，没有出现更有新意的观点。在立法方面，南京国民政府对北京政府关于所得税立法的不公平之处予以了改进，对所得税的相关法律进行了补充完善。

一、形式公平之改进

1. 个人所得改定计算法

《所得税条例（草案）》最大的亮点为在计算所得额的方法上，首次明确所得额不足 2 000 元时，得扣除负债利息、人寿保险、扶养家族之费用三项，剩余为应纳税所得额。如此考虑到纳税人家庭之情事，实为寻求最良善完美之租税的必要组成部分。有扶养责任和没有扶养责任的国民，其经济负担自然有所不同，应对有扶养责任的国民实行相应的税收宽免政策，并考虑到负债利息、人寿保险事宜，实为公平价值的体现；将人生不可或缺之费用，一并计算扣除，也给予了人民自谋生活安全的机会。《所得税条例（草案）》（修正）又将 2 000 元标准提高至 6 000 元，显然扩大了扣除必要费用的范围，对于普通民众来说，应是更加公平合理的改动。但是，条例中只规定“但所扣除者，不得超过其余额三分之一”，对于扣除所得额的具体标准，则没有可参照的明确规定，是为所得税计算方法中的瑕疵。

2. 国债所得一律征税

1914 年北京政府《所得税条例》，将课税所得分为三类，明确第二类是“除国债外公债及社债之所得”，也就是说将国债所得排出了征税范围。联想到北京政府此时的财政困难，不难看出如此规定意在奖励当时人民踊跃购买国债，以拓宽政府财政来源。而实际上，国债与普通地方公债、公司债等并没有多大分别。国民政府前期，国债的信用提升，数量也显著增加，有学者指出国债大部分流入到了资产阶级手中。① 如此一来，在“节

① 贾士毅. 财政部修正所得税条例草案之要旨. 经济学季刊，1931，2（2）.

制资本”思想的指导下，国债更应当和普通公债一样，一律按利息的大小征税。而《所得税条例（草案）》（修正）规定国债和地方公债及公司债之利息一样，一律按15‰来课税，则较之前版本的《所得税条例（草案）》更为公正平允。

3. 课税起点酌量提高

在免税起点的选择上，北京政府《所得税条例》定于500元以下者免税，在当时尚属有争议的问题。经过十几年的发展，人民生活水平提高，物价上涨，购买力增强，理应提高免税额。《所得税条例（草案）》将免税起点提高至1 000元，依然有人觉得力不从心，认为即使收入在七八百元甚至1 000元以上的，仍然会感到条例的苛刻。如果一味恪守旧例，却抛开世情不谈，则所得税与其他苛捐杂税就没有了区别。① 因此，为了维护一般下级人民生活之健全，端正征税起点之提高，《所得税条例（草案）》（修正）又将免税起点提高至2 000元，如此一来，则一方面可以免除下级阶级纳税的痛苦，另一方面也可以调和贫富阶级负担的不均。

4. 法人所得改累进税制

在税率选择上，累进税率较比例税率应是能够更好地体现税收负担的公平，实现富者多纳税、贫者少纳税的目标。就法人所得一项，北京政府《所得税条例》统一采取20‰的比例税率，导致贫富抽税不均，《所得税条例（草案）》将其改为累进税率，看起来和“节制资本”的精神较为符合。但细究起来，按照“赢利占资本总额百分比”的程度确定税率的等级，则似乎没有什么合理的依据。举个例子来说，甲公司资本为50万元，假定赢利10万元，依照条例规定，须课以15‰税率；乙公司资本为100万，同样赢利10万，则需课以10‰税率。一样的赢利数额，却有两种税率，资本额小的公司较资本额大的公司，反而要纳更多的税，又脱离了“节制资本”的目的。再者，以当时公司条例的规定，任何有限公司，只要收足资本总额1/4，公司即可成立，如此制定累进税

① 毛起鹇. 中国所得税问题. 经济学季刊，1933，4（2）.

率的标准，容易引起各企业资本报告之虚伪，促成商事上善意第三人信用之误投。① 如果仅以当时我国公司制度不发达为理由，就以赢利资本率确定征税额，则在公平缺失之外，又为纳税人偷逃税款制造了理由。

总的来说，国民政府《所得税条例（草案）》和《所得税条例（草案）》（修正）围绕着“个人所得改定计算法、国债所得一律征税、课税起点酌量提高、法人所得改累进税制”四个方面进行了修正，以期更好地实现所得税“课税之公平，负担之公允”。这些改进要旨，从形式上看很符合当时人们对“节制资本”思想的理解，改动既定，即引起社会上一片赞扬之声。对于国债所得征税、课税起点提高这两点来说，修正无疑是更加合理的；但个人所得计算法的变化和法人所得改累进税制这两点，在形式公平的背后，隐藏着程序公平和实质公平缺失的瑕疵，却没有引起学者的普遍注意，这大约和此时期所得税并没有正式举办有关。检验法律文本的须是法律实践，只有法律推广施行，才能认识到法律文本中隐含的漏洞。从国民政府成立伊始就对所得税的立法予以关注的情况看，其是想按照财政计划的要求，尽快推行所得税，但却受到了外界的质疑，最终决定缓办所得税。

二、实质公平之质疑

1. 行政性质之困难

1929 年，财政部部长孙科聘请美国财政金融专家甘末尔等 13 人，组成“甘末尔设计委员会”，以顾问形式研究中国重要财政事宜，供政府咨询参考之用。同年 9 月，甘末尔等提出《所得税说帖》，认为中国不宜采行所得税。之后，该委员会又提交《税收政策意见书》，指出中国不可实行一般所得税，亦不可实行特殊或部分所得税，理由是：“一部分基于所得之性质、一部分基于中国私人账目之现状、而主要部分则以行政性质为

① 胡叔仁. 施行所得税之我见. 钱业月报，1928，8 (6).

根据。一俟他国视为适于所得税之条件亦已见于中国，则中国当然可以实行所得税，不过初时仍须为局部的及试验的而已。”① 此意见提出后，国民政府准备开征所得税，欲将其作为裁厘后一项抵补的计划随即被搁置。

甘末尔所说的“行政性质”包括两部分内容：一是政权未完全统一，北伐战争虽已完成，但全国的形势依然不稳定；二是“法治之超越”，指中国当时有许多特权阶层，凌驾于法律之上，“法律面前人人平等”只能是一句口号，现实中恐怕做不到，而这些特权阶层正是所得税的重要征税对象，他们或者对所得税的推行制造阻力，或者不会按照法律要求纳税，由此产生的后果是“节制资本”的目的不能达到，反而负担都压于小民身上，贫富阶级的负担既不公允，自然与所得税的“公平”要求背道而驰。“行政性质上之困难”，被甘氏认定为推行所得税的“主要”问题，可见当时外国专家眼中的中国，法治情况实在不容乐观。

2. 经济组织之缺乏

一国是否适合实行所得税，要看其是否为民主政治，工业是否发达②，这也是当时大多数学者的观点。不过，工业究竟要发达到何种程度，才适于推行所得税，又是两种截然不同的标准，一种看法是我国经济组织欠发达，不适于推行所得税；一种是我国已有资本主义经济组织，完全可以推行所得税。甘氏的看法是前者的代表，其认为中国尚处在农业社会，工商业不发达，资本不集中，大企业、富人均不多，不具备所得税施行的条件；并且人民贫穷，大多数人不够纳所得税之资格；再者人口也不集中，征收困难，费用亦巨。甘氏的顾虑，无外乎民力不充，则所得税恐沦为苛细民脂的有害税种，进一步加重小民负担。所有上述情况，虽为中国整体经济的真实写照，却不是所得税完全不能推行的客观理由。

其实，当时已有若干商业区域有规模不小的工商业经济组织，所得税完全可以用局部方法逐渐推行，若先行在城市推行，则人口不集中的问题

① 财政部甘末尔设计委员会．税收政策意见书．财政公报，1930（38）．

② 毛起鹏．中国所得税问题．经济学季刊，1933，4（2）．

也不会成为推行的阻力。《所得税施行细则（草案）》的“所得税推行步骤”中，就指出我国历来没有征收所得税的传统，此次政府的筹议举办实属倡始性质，因此应从小范围着手，税率亦不可过重，等收到成效后再行推广。具体来说，应首先向公司商号等“生利者”征收，再推及于官吏及个人，是为公允而易行。将“先行课税者”办理完善，所得税有基础以后，再推及于暂缓课税者，并应避免派员检查账簿，以免除骚扰的弊端。

稳当步骤，渐进施行，向发达的地区、富裕的阶级先行征税，并不违反“公平原则”，因为公平并不是简单意义上的平均，所得税的局部推行可以限制贫富阶级收入的差距，更符合“节制资本”的要求。

3. 会计知识之不足

会计制度与所得税制度有密切的联系，然而旧式会计与所得税查账的冲突，自北京政府时期已经是突出的问题，历经十余年，情况并没有多大的改善。在旧式会计模式下，账册不完全，科目不确定，一切会计程序并不遵循良好的会计原理，以致结算困难，具体表现在决算全凭盘估、不准确，折旧计算方法不适当，存货估价没有固定标准，现金数额与实际不符，盈余分配不统一等。以上种种缺点最终导致企业财政状况表达不适当，无法正确计算损益数。① 应纳税所得额既不确定，所得税款亦无法确知。

“所得额”若不能通过统一的口径，得出确定的金额，则又会滋生种种逃税的弊端。譬如利润丰富的公司或商号，可以通过多计算固定资产折旧和坏账损失，同时低估存货价值，从而为企业隐藏利润；反之，有些企业从账簿上看营业发达，实际已经受有亏损或经营困难。如此一来，应纳税款的确定实在欠缺公平的实务基础，会为所得税的施行带来种种困难，这也是甘氏认为所得税不适于推行的重要理由。

其实，所得税的计算问题同其他税种一样，都存在隐匿瞒报以及逃税的可能，即使在当今会计制度发达的西方国家，偷逃税款依然是现实存在

① 潘序伦，李文杰．所得税原理及实务．上海：商务印书馆，1937：289-293.

的问题。会计制度越发达，避税的方式也越多，征税的困难始终存在，只不过没有改进的旧式会计制度和西方先进税种的衔接更为勉强，显得落后且不具备公允前提。私人会计知识不足的问题，可以通过各企业单独改良会计制度或各同业公会推行统一的会计制度来解决，在所得税施行后，依然可以逐步推进改良步骤。事实上，当时已经有部分银行、公司采用了新式会计，所得税的建设不能仅因为国人的会计学水平有限就止步不前。

4. 重复课税之嫌疑

除甘氏的意见之外，多数学者皆对所得税持肯定的态度，亦有不少学者认为，问题的要点不是所得税应课与否的问题，而是应课何种所得税的问题。当时的所得税，可分为一般所得税和个别所得税两种[①]，从税法的公平原则来看，一般所得税明显优于个别所得税，但时人对所得税的质疑却包括"中国短期内并不具备实行一般所得税的条件"，相较来说，当时中国适宜推行个别所得税。理由是一般所得税需对一切资产、企业及勤劳所得征税，有重复课税的嫌疑，因为对于资产课税，已有田赋、财产税等；对于企业之所得课税，已有营业税、牌照税、印花税等；而勤劳所得，虽有劳心劳力的区别，但付出劳力的工人，为大多数且多贫苦，挣钱养家已属不易，难有余力再纳所得税。相反，个别所得税可大多取之于富民，达到"节制资本"的目的[②]。

一般所得税与其他税种并存是否为重复课税，要将所得税放入当时的

---

① 学者周伯棣将所得税分为三类：一为综合所得税，又名一般所得税，乃对全体所得课税，故亦称从名税，即以个人为单位，特对"个人之综合所得"课之以税（北京政府 1914 年《所得税条例》即采一般所得税制）；二为分类所得税，亦称个别所得税，乃分析一般所得为若干类，对各类所得，课以不同之税率，其性质为对物税，不为对人税；三为特种所得税，分超额税和补充税两类，以专门补充综合所得税和分类所得税的不足为目的。周伯棣．租税论．桂林：文化供应社，1922：108-109.

晏氏提出的所得税形态分类在当时具有代表性，但时间较早，与当今所得税征管模式分为分类所得税制、综合所得税制和分类综合所得税制的划分方法略有不同。南京国民政府正式举办所得税之后，学界公认所得税征管模式的分类与当今的模式基本相同。为避免混淆，此处使用"一般所得税"和"个别所得税"的提法，以示区别。

② 徐祖绳．比较租税．上海：商务印书馆，1930：271.

税制系统中去看，由于民国时期税制不断变化改进，其税收体系不是一成不变的。在西方税制嫁接于本土税制的过程中，财政学者对于税收的结构分类，看法也不尽相同，以下列出著名学者兼国民政府财政部常务次长贾士毅①的观点。

在贾氏的分类中，直接税项下包含所得税、收益税、行为税三类（详见图 2），显然为过渡时期的税制结构，因为收益税系统是所得税系统的过渡环节，最终所得税系统应取代收益税系统。一般公民（不包括商人、

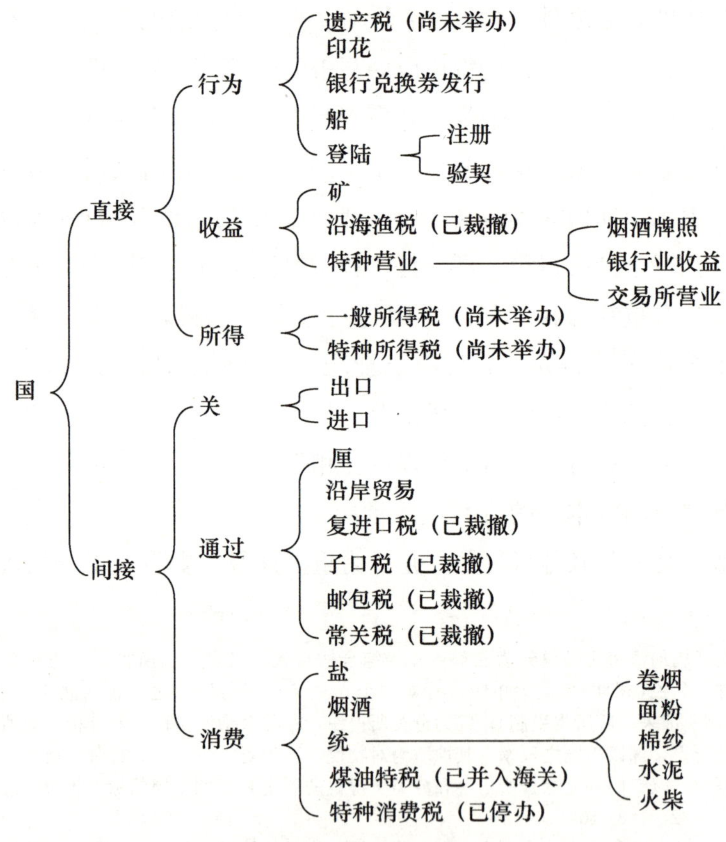

图 2　国民政府初期之国税系统

① 贾士毅. 民国续财政史（二）. 上海：商务印书馆，1933：3-4.

农民）除缴纳消费税外，几乎没有其他的直接税负担，当时中国既有的收益税系统，尚无主体税（对人税）。有学者认为应该先健全收益税系统，再逐步渐进过渡至所得税系统，但如此一来，势必耗费许多时间，收益税系统刚健全，又要改革至所得税系统，徒然耗费精力，与整体税制系统的改革亦不协调。其实，因为各种税收的性质并不相同，不论是一般所得税还是个别所得税，与其他税种之间并没有重复课税的问题，即使在税制系统改良的过程中，偶有“重复课税”的现象，对矫正税收的不公平也是有益的。

一般所得税既没有“重复课税”，问题又回到了究竟是实行一般所得税还是个别所得税的选择上。毋庸置疑，对各项所得总括课税的一般所得税较个别所得税更为公平，但后者虽不完全，却更能适合中国国情。因为个别所得税符合所得税局部、稳妥推行的要求，从这个角度说，个别所得税一样体现了公平的本质，也更符合时代的要求。

除去以上四点外，对所得税的质疑还包括：全国各地经济状况千差万别，如何统一规定生活最低限度额；农村没落，经济破产，小民间接税负担已过重，恐无力负担所得税；自由职业者（医生、律师、音乐家等）之收益，缺乏统计，不易监督；中国治外法权尚未完全收回，无法使在华外人一律纳税；租借为国家行政权不能到达区域，亦无法使租借内华人一并纳税等。这些担忧，均暗含着对推行所得税条件不能公允的担忧，这与所得税“优良之公平税种”的特质有着密切的联系。当时大多数人认为，如果要等上述困难均解决后才施行所得税，则所得税的推行将遥遥无期，可以先在局部地区试行所得税。事实上，与其坐等问题的解决，不如通过推行新税制来倒逼整体环境的改善；不必强行要求公民自觉提高纳税意识，而可以通过公平征税环境培养公民的纳税意识与社会责任感。

遗憾的是，国民政府初期所得税试办而未果，尤其是在《甘末尔税收政策意见书》后，近5年不再提及举办所得税。这种情况在某种程度上是源于政府对推行新税、改革税制的慎重考虑，但同时说明，此时的国民政府已经不同往昔的北京政府一般，对新税带来的财政收益有着不顾一切的渴望。这里应注意一点，《甘末尔税收政策意见书》提出时，全国最重要的裁厘运动并未开始，税收结构未有多大改变；至1934年，裁厘运动已经小有成效之后，为弥补裁厘损失，国民政府方于1934年着手创办直接税，1936年开征所得税，如此循序渐进的推行步骤，也说明国民政府对财政方针政策的谨慎。其后，国民政府于1939年创办过分得利税；1940年将印花税并入直接税，并设立直接税处；同年7月实行遗产税法；1942年又将营业税并入直接税；1943年设立直接税署，自此形成了完整的直接税体系。① 而所得税在国民政府后期进入了其在民国时代发展的黄金时期。

① 黄天华. 中国税收制度史. 北京：中国财政经济出版社，2009：459-460.

第四章　公平的争议：南京国民政府所得税的正式举办（1934年—1942年）

此章撰写所得税发展的第三阶段，主要为抗战前中期。1934年5月，国民政府财政部在南京召开第二次全国财政会议，根据会议精神，财政部赋税司司长高秉坊等人，着手筹划举办所得税事宜，所得税自此进入正式举办阶段，逐渐向全国推广。

第一节　南京国民政府所得税的举办背景

一、抗日战争与战时财政案

1937年卢沟桥事变，中日战争爆发，蒋介石发表了著名的“庐山谈话”，南京国民政府开始正式抵抗日本侵略者的进攻。同年 11 月，国民政府迁都重庆，政府机构前后移往武汉、重庆。同时，为适应战时经济需要，国民政府建立起了战时财政经济体制。1938 年 3 月，国民党在武汉召开了临时全国代表大会，会上通过了《抗战建国纲领》和《非常时期经济案》，并将其作为国民政府的战时施政方针。该纲领共 32 条，其中关于税收的是第 20 条：“推行战时税制，彻底改革财务行政。”①

1939 年 1 月，国民党召开五届五中全会，会议通过了“第二期战时财政金融计划案”。该案对抗战一年半以来的第一期财政金融设施做了回顾，认为在战区日广、战费需用浩繁、支出陡增而税收日形短绌的情况下，战时财政采用了多种措施。主要为采取了以整顿旧税为主的政策，如扩张海关转口税、推广统税区域，颁行非常时期印花税征收办法、举办土烟丝税、增加土酒税并扩充所得税课税范围等。在地方财政方面，对战区省份，大力补助；后方各省则督促调整地方税务，划分国地收支，有困难的省份中央酌予协济。在财务行政方面，则厉行会计独立制度，划分稽征与经征权限，调整战区财政机关、实行税务督察办法，改进人事管理、训练专门人才。第二期计划包括财政计划和金融计划。其中财政计划为：(1) 调节国库收支，筹定弥补亏短办法，提出战时财政以量出为入为原则，以适应战争需要，达到抗战胜利和夯实建国财基的目的。在旧税不能维持常态，新税又不能任意推行的情况下，预算亏短之数，用募集捐款和借债来解决。(2) 整理旧税、推行新税，应在国计民生双方兼顾、有钱出钱的原则下，厘定税则，责成人民量力输将。并且，除继续整顿旧税外，还逐渐举办新税，凡奢侈品的消费与战时过分利得均应课重税，借以扩充税源、平衡国民负担。具体办法为：实行非常时期过分利得税；实行遗产税；筹办战时消费税；改进后方各省烟酒税及矿产税；取消后方抽收的货物通过税；保持战区海关行政；增加食盐生产，极力调剂运销，保障战时盐政，食重于税。(3) 厘订旧债还本办法，发行新债。(4) 改进财务行政制

① 郭飞平．中国民国经济史．北京：人民出版社，1994：139.

度，包括：实施公库法规；加强财务人员训练；妥善制订战区内税务稽征办法。（5）调整地方财政。在中央的监督指挥下，自为筹划，节省浮费，整理税收，采取自给自足的途径，以减轻中央负担。①

已经实行的措施，在战时收到了一定的效果，计划案中的规定，成为国民政府制定和调整战时财经战略政策的依据。1941 年，国民党五届八中全会通过“战时三年计划案”。其中财政实施要点为：（1）财政与金融互相配合，开发经济，培养税源，以适应抗战建国的需要；（2）本着普遍及公平的原则，推进并扩充直接税，充实国税的主要体系；（3）推广改进现行间接税并选择大宗日用品，施行专卖制度；（4）省财政应由中央负责统筹调剂，县财政应与省财政划分，力求自给，促进地方自治的完成。②其中，直接税推进扩充的重点为所得税，国民政府对所得税的征收做了大量的宣传工作。

二、推行新税与加强宣传

不论所得税制如何“公平优良”，对于人民来说也是一种新税，需要纳税人承担税收压力。在广大商民看来，其只不过是历次改税加税中的税项而已。因此，人民对其接受与否，舆论是否有利新税的开展，是财政部前期工作的重点。国民政府为了让直接税中最主要的税种——所得税的征收顺利进行，于所得税开征前后，做了大量的宣传工作，以期获得人民对新税的支持和拥护。其中，以财政部部长孔祥熙和直接税处主任高秉坊的演讲与报告最具代表性。

孔祥熙在许多场合都做过关于推行直接税的演讲，其直言：原来政府之目的，不在税收之多少，而在厉行税制之革新，纳税人应仰体政府轻赋薄征之意思，忠实不欺，以表现其爱国救国之真诚也。③ 高秉坊在《举办

① 国家税务总局．中华民国工商税收大事记．北京：中国财政经济出版社，1994：245.

② 同①：263.

③ 孔祥熙谈政府开征所得税之本意．经济旬刊，1936，7（2-3）.

所得税告全国公民书》中写道：所得税之所以为良税，就是因为这种税，只向有所得的征收，没有进益的不收。换言之，人民做事经商赚了钱的才纳税，赚得多的多纳，赚不到的不纳，人民所纳的钱，国家完全知道，这些税款完全是为了国家。我们要建设新国家，要排除外来的压迫，要人民都能安居乐业，就不能不采用各国一致认为良好的所得税，以备推进伟大事业的需要。希望全国人民，共同了解，一致拥护。[①]

除了中央的宣传外，国民党地方党部及宣传机构也对所得税政策进行了宣讲解释。不光所得税，在直接税体系的扩大过程中，政府也同样很重视宣传工作。《一时营利事业所得税稽征办法》及其修正办法公布后，所得税处便随即召集各业住商开会，“向商民讲明征课一时营利事业所得税之意义及政策精神，让商民认识到一时营利商与住商存在税负失平，如再让其逃漏，显属不公，征课一时营利事业所得税，正是为了保护住商利益，使其负担趋于公平。”[②] 如此宣传，颇能抓住一般商民的普遍心理。

抗日战争全面展开后，主要港口被封锁，交通严重阻滞，工农业生产遭到破坏，物资供需失调，商人乘机抬价，致使物价暴涨。而随着战区扩大，沦陷区人民大量西迁，后方大中城市人口倍增，房屋供不应求。前方战士浴血抗战，战区人民流离失所，而后方商人、房主则坐享战争带来的巨额利益。[③] 因此，为平抑物价，打击投机倒把，国民政府于 1939 年 1 月 1 日开征过分利得税。过分利得税开征过程并不顺利，各地工商业者认为过分利得税与所得税性质相似，既然已经征收了所得税，那么在其基础上进一步征收过分利得税，实际是税上加税，实不公允，纷纷请求缓征。财政部直接税处为进一步做好宣传工作，于 1940 年 6 月训令各省直接税办事处，指出：政府顺应社会舆论，创行非常时期过分利得税，意义重大，为此，特编《施行非常时期过分利得税在社会经济上之意义》宣传手册，

① 高秉坊．举办所得税告全国公民书．绸缪月刊，1937，3（7）．

② 国家税务总局．中华民国工商税收史：直接税卷．北京：中国财政经济出版社，1996：62．

③ 同②：177．

阐述本税实施意义，以及税法对于商民的宽恤，而于实际税率与纳税负担一点，剖析尤详，用资宣传，使商民了解本税负单，并不为重。上述宣传手册经转发至各县商会后，由征收机关派员组织学习，并举实例演算，让商民弄清计算方法，确知税负并不过重。经过一段时间的宣传，各地请求缓免之声稍有缓和。①

这些宣传方式，可以让人民更直接地了解所得税等直接税的优点及其对国家的作用，消除商民心中的疑虑，为战时迅速筹款起到了重要的作用。

第二节　南京国民政府所得税的举办历程

一、层级分明的国家立法体制

1. 中央立法程序②

所谓立法，有广义和狭义之分。狭义上的立法，仅指立法机关依照立法程序议决法律案；而广义上的立法，则还包括行政机关颁行条例章程，自治团体订立公约规则等。谢振民在其《中华民国立法史》一书中，分"制定约法时期、制定宪法时期、增修约法时期、审议宪法时期、法统分裂时期、恢复法统时期、废弃法统时期、递嬗党治时期、实施训政时期、宪政开始时期"共十章来叙述中华民国的立法历程。③ 一般来讲，民国时期中 1928 年至 1937 年的这段时间，是国民政府立法成就最为辉煌的时期。1927 年，南京国民政府成立，结束了军阀割据混战的局面。1928 年

---

① 国家税务总局．中华民国工商税收史：直接税卷．北京：中国财政经济出版社，1996：196.

② 从本书篇章体例来讲，此节内容亦可放入"公平的改进：南京国民政府所得税的试办"一章，放在此处叙述，主要是与下文"立法院通过之《所得税暂行条例（草案）》"一节相衔接。

③ 谢振民，张知本．中华民国立法史．北京：中国政法大学出版社，2000.

10月26日，国民政府发表宣言称，军政时期结束，训政时期开始，并于同年正式成立立法院，实行五院制。相对于并不成功的清末修律和动荡不已的民国初年及北洋政府立法而言，国民政府在此时期取得较高立法成就的一个重要原因，在于其首次确立了较为完整的立法体制，并建立了完备的法律部门，有关法律概念、原则和规范以成文法法典的形式，罗列有序，结构严谨，层次分明。[①] 而在1937年抗日战争以后，国民政府的立法活动则更多的具有战时立法的非常态性。

总体来说，国民政府的中央立法主体分为两大类，分别是“制定法律的立法主体”（立法院、中央政治会议、国民党全国代表大会）和“行政院、监察院、考试院、司法院以及院以下各部会为主的次级立法主体”。卞琳在其《南京国民政府训政前期立法体制研究》（1928—1937）一书中，称立法院为法定层面的专任立法主体，中央政治会议为国家立法活动的实际控制主体。中央政治会议（也曾改称中央政治委员会）为国民党中央执行委员会最高政治指导机关，其一方面代表人民行使政权，另一方面立法原则、施政方针、军政大计、财政计划等也皆须经其讨论及议决。因此，此时立法院虽然是国民政府“最高”立法机关，但受到党内机关的严格控制与约束，实际上几乎没有独立的立法权。而国民党全国代表大会为党内最高权力机关，其所作决策本不属于法律，但有时党的权力组织又会直接行使立法之实，故国民党全国代表大会等国民党最高权力机关实际为立法政策的决定主体。[②] 抛开对国民党立法体制的评议不谈，在1928年10月3日公布的《国民政府组织法》中，立法院的正式定义为国民政府的最高立法机关，有议决法律案、预算案、大赦案、宣战案、媾和案、条约案及其他重要国际事项的职权。行政院为国民政府最高行政机关。[③] 监察院为

① 卞琳．南京国民政府训政前期立法体制研究（1928—1937）．北京：法律出版社，2012：2.

② 关于此方面的论述，详见：卞琳．南京国民政府训政前期立法体制研究（1928—1937），北京：法律出版社，2012：41-57.

③ 1928年12月20日《行政院组织法》规定：行政院以内政、外交、军政、财政、农矿、工商、教育、交通、铁道、卫生各部及建设、蒙藏、侨务、劳工、禁烟五委员会组织之。其后，行政院下属各部、各委员会及署的设置又不断更改，并不固定。

国民政府最高监察机关，依法律行使弹劾、审计两项职权。考试院为国民政府最高考试机关，掌理考选、铨叙事宜，所有公务员均须依法律，经考试院考选、铨叙方得任用。司法院为国民政府最高司法机关，掌理司法审判、司法行政、官吏惩戒及行政审判之职权。总体来说，立法院的立法程序至少在制度上是比较完备的，分为立法议案的提出、法律案原则的决定、法律案的审议、法律案的表决、法律的公布与施行五个环节。①

关于立法议案的提出。1928 年 3 月 1 日，国民政府公布《立法程序法》，其第 5 条规定：中央政治会议委员、国民政府、国民政府所属各部院及各省市政府，可提出法律案于中央政治会议。又依同年 10 月 3 日《国民政府组织法》第 20 条、第 35 条、第 39 条、第 46 条，以及 10 月 20 日《立法院组织法》第 15 条、第 22 条各条规定，行政、司法、考试、监察各院，各得关于其主管事项，提出法律案于立法院，并得在未经议决以前，随时提出修正案，或撤回原案。立法委员提出法律案，须有 5 人以上连署。1932 年 6 月 23 日，中央第二十五次常务会议通过《立法程序纲领》，规定国民政府及五院均有法律提案权，国民政府直辖机关得呈由国民政府核提法律案，各院之各部会及行政院直辖之省市政府，均得呈由各院核提法律案。1933 年 4 月 20 日中央第六十七次常务会议又将《立法程序纲领》修正，增加“中央政治会议”为有法律提案权之机关，又将原定立法院得自提法律案，改为立法院委员得依法提出法律案。

关于法律案原则的决定。训政时期，中央政治会议为全国实行训政之最高指导机关，按照 1928 年 12 月 25 日中央第一百七十九次常务会议所通过的该会议暂行条例，“立法原则”为中央政治会议讨论及议决的事项之一。因此，凡法律案的提出，事实上均须先由中央政治会议议决其原则，再交立法院审议。此立法原则的议决，为立法院立法的必经程序。除中央政治会议自行提出的法律案由其自定原则外，国民政府、各院或立法委员提出的法律案应由各该机关拟定法案原则草案送请中央政治会议决

① 此处仅指普通立法程序，并不包括宪法制定程序。

定。各部会、省市政府及五院以外国民政府直辖机关提出的法律案，则由各移送提案机关审定法案原则草案送交中央政治会议决定。立法院对于中央政治会议所定之原则，不得变更。但立法院有意见时，可以向中央政治会议陈述意见。除秘密政治、军事、外交等法案外，中央政治会议得将各种法律案之原则，先行发交立法院审议，再做最后决定。

关于法律案的审议。立法院审议法律案依照“三读”程序进行，“读会”的详细程序在国民政府《参议院议事细则》第四章第二节、《众议院规则》第六章第二节及《立法院议事规则》第五章第三节中均有规定。第一读会于朗读议案标题后，得由提案者说明旨趣，即就大体讨论。如为议员或立法委员提出之案，则议决应否开二读会；否则，应交委员会审查，委员会报告后，立法院再决定是否二读。二读会于一读会次日召开，必要时，也可与一读会同时召开。若议案被议决无须开二读会，则即行作废。二读会时逐条朗读议案条文并进行讨论，可提修正案，其修正之条项及文字得交原审查委员会整理。三读会于二读会翌日或同日召开，议决全案，除发现有互相抵触事项，或与其他法律抵触，可提起修正动议外，只得为文字上的修正。

关于法律案的表决。法律案经过三读会程序审查后，即可由立法院会议进行讨论表决。表决权专属于立法委员，其他各院院长及所属各部部长、各委员会会长虽可列席会议，陈述意见，但不得参与表决。1928 年《立法程序法》规定，国民政府接到中央执行委员会所交中央政治会议议决之法律案，得于 10 日之公布期内，请求中央政治会议复议，但以一次为限。但 1932 年《立法程序纲领》，又修正为由中央政治会议以议决案发交立法院依据修正之，至此，立法院之立法，不再适用复议程序。

关于法律的公布与施行。① 法律案经立法院通过后，由国民政府公布，国民政府主席署名，立法院院长副署，方为生效。公布期限法律上没

① 严格来讲，法律一经公布，其立法程序就已结束，施行并不属于立法程序的阶段。此处为论述完整，遂将此问题列出。

有规定，但国民政府的法律公布与实施日期并非完全一致，有的法律规定公布之日起施行，而有的法律则规定若干时间后该法才实施。

以上为国民政府训政时期立法院的立法程序。总体来说，“南京国民政府时期的制度规定虽然多变，各政权机关之间的关系和各自权限始终处于一种不确定状态，但其关于有权制定法律、发布命令的立法主体的规定大体没有根本变化。”① 法律是由立法院经过立法程序制定并公布的法律规范，而行政院、监察院、考试院、司法院以及各自下属部、委员会等均有权发布规范性法律文件，这些法律文件统称为“命令”。命令的制定主体范围较广，表现形式众多，名目也十分繁杂，如条例②、规程、章程、规则、通则、细则、简则、准则、大纲、纲领、标准、办法、须知、程序、注意事项等达十余种，其内容覆盖范围、社会影响力超过了法律。实际上，行政院等四院既可以行使完整立法权，自己拟定并公布命令，也可以在拟定、审议后交国民政府公布命令。

因此，就国民政府的所得税立法体系来说，包括通过立法院立法程序的法律③，和行政院下财政部、财政委员会、经济委员会等制定的“命令”④。这些“命令”的立法权，既包括行政院下属财政部及相关委员会从拟定到公布的完整立法权，也包括仅行使拟定权而由行政院行使表决权，并由国民政府予以公布的部分立法权。

2. 立法院通过之《所得税暂行条例（草案）》

《所得税暂行条例（草案）》为1935年提出，在其提出将近一年后，1936年6月24日，国民党中央政治会议议决创办所得税原则八项。主要内容为：(1) 所得税为中央税；(2) 营利事业所得税、薪给报酬所得税、

---

① 卞琳．南京国民政府训政前期立法体制研究（1928—1937）．北京：法律出版社，2012：57.

② “条例”究竟是“法律”还是“命令”，见下文“立法院通过之《所得税暂行条例（草案）》”一节内容。

③ 如《所得税暂行条例》（1936年）、《所得税法》（1943年）等。

④ 如《所得税暂行条例施行细则》（1936年）、《所得税审查委员会组织规程》（1937年）、《所得税事务处暂行组织章程》（1937年）等。

证券存款利息所得税为先行举办的三类税项；（3）税率采累进制；（4）规定免税范围及免税额；（5）确定征收程序为申报、调查、审核等三步骤。此原则经国民党中央政治委员会修正核定后，财政部即将所得税原条例草案在此原则基础上分别加以修正，后又呈行政院转立法院审议。

不过，立法院对《所得税暂行条例（草案）》的审议却并不顺利。1936年7月7日，立法院召开其第六十七次例会，到会委员有马寅初等63人，主席孙科、秘书长梁寒操病假，由秘书陈海澄代为主持讨论事项。① 当时关于所得税暂行条例的讨论，先由陈长蘅报告审查经过，大意是：国家为平衡国民负担，特创办所得税，并将其列入1936年年度预算，总额为500万元。最初列入征收范围的，仅营利事业所得和薪给报酬所得两类税收，经审查认为范围过于狭窄，拟扩充，增加利息所得税收。并且估计，如果办理得当，该项税收即可达2 000万元，如此一来，每年至少可收所得税2 500万～3 000万元。此为征税范围，而对于税率一项，报告则称第一类营利事业所得原定3 000元为起征点，但若以3 000元为起征点，则可纳入征收范围的营利事业则不足半数；第二类薪给报酬所得原草案定于50元以内免税，现改为30元免税；而关于第三类利息所得，为财产所得的一部分，因房屋、地产及农业所得，已有土地法规定，且有房捐一说，故未列入征收范围。

对于财政委员会报告的这些内容，各委员发生激烈争辩，如张志韩发言认为，所得税的确为良税，但现实状况为农村破产、百业凋敝、商店倒闭等，百姓家有妻孥，负担颇重，仅薪金所得一项，就不应该如此苛细。而萧淑宇认为，营利事业所得的规定，似乎不能照所得税征收，因为并未事先除去其开支，究竟盈亏与否，并不能确定。杨公达提出立法应站在民众立场，须要注意总理提倡之民生主义，不应草率错误。故林彬、史维焕、衡挺生等主张将草案再付审查，而狄膺、刘振东则认为税率为中央规定，创办所得税原则也有所限制，再行审查无益。刘振东亦表示，如需变

① 一月以来党国大事纪：立法院第六十七次例会. 大道（南京），1936，6（4）.

更以上事项，须再向中央建议。由于各委员发生了激烈争辩，由主席以“重付审查”事宜表决，最终以 48 人多数议决由财政委员会会同经济委员会重付审查，并定于 7 月 9 日下午 3 时，再行召开临时院会审议该案。

1936 年 7 月 9 日，立法院召开第六十八次会议，经财政、经济两委员会及委员吕志伊、林彬、罗鼎、程中行、杨公达报告审查《所得税暂行条例（草案）》后，经决议照审查修正案修正通过。[①]

由以上过程可知，《所得税暂行条例》有原草案和审查修正草案[②]，其最初提交立法院审议时，并未得到委员们一致认可，至再行审议后，方为通过。[③] 从中可以看出，国民政府的立法程序相对完善，在实际操作中也能够得到执行。该案通过后[④]，国民政府于同年（1936 年）7 月 21 日公布《所得税暂行条例》22 条。

需要补充说明的是，对于“条例”这一法律形式究竟是法律还是命令的问题，在国民政府时期有一个转换过程。1928 年《立法程序法》中第 2 条、第 4 条中规定，国民政府为执行法律或基于法律的委托得制定施行法律之规则，此项规则，概称条例，而条例不得与法律相抵触。1929 年的《法规制定标准法》第 3 条规定，凡条例章程或规则等之制定，应根据法律。这里明确了条例本身是一种实施性立法，是为了保障法律的实施而制定的，其位阶低于法律。而《法规制定标准法》于 1943 年 6 月 4 日修正公布后，第 3 条成了：“法律得按其规定事项之性质，定名为法或条例。”[⑤] 至此，条例始具法律地位。

---

① 斛泉. 立法院通过所得税条例案经过. 东方杂志，1936，33（15）.

② 两份草案中间亦有其他草案。斛泉在《立法院通过所得税条例案经过》［东方杂志，1936，33（15）］一文中记录，在立法院第六十七次会议中，委员程中行曾质疑，原草案与审查修正案所定税率相比，修正案似较原草案税率为高，非立法院立场所应有。陈长蘅答曰，原草案系初稿，而财政部审查时，希望本院暑假前通过，所以二次送来的草案，并未经行政院转送手续，未列入文书，实际上所得税定率，较财政部二次所送者为轻。

③ 从中亦可看出确如委员刘振东所言，在“中央原则”已定的情况下，再行审议的作用有限。国民政府“党内立法权”与“政府立法权”的并存关系，可从中一瞥端倪。

④ 对于委员所争论问题的结论，见下文“《所得税暂行条例》”一节内容。

⑤ 浙江教育行政月刊，1943（6-7）.

对于《所得税暂行条例》来说，按照上述定义，其性质仍然属于“命令”，但其又是经过立法院审议的。一般情况下，如果条例草案经过了立法院的立法程序，应被认为是法律的范畴。因此，按照《所得税暂行条例》的立法程序来看，其形式应为“法律”无疑。而“条例”这一法律形式在国民政府时期，实际运用上确实是比较模糊的，其究竟属于哪个范畴难以一概而论。

二、内容完备的所得税法律体系

1.《所得税暂行条例》①

前已述及，国民政府于1936年7月21日公布《所得税暂行条例》22条，而行政院于同年8月22日以院令公布《所得税暂行条例施行细则》49条。在中国酝酿筹议20余年的所得税，于1936年10月1日正式进入实施阶段，至1937年全部开征。

《所得税暂行条例》共分六章，包括总则、税率、所得额之计算及报告、调查及审查、罚则、附则六个部分，征管模式采分类制。

三类所得被纳入课税范围：一为营利事业所得，分公司、商号、行栈、工厂或个人资本在2 000元以上营利之所得（甲项）；官商合办营利事业之所得（乙项）；属于一时营利事业之所得（丙项）。二为公务人员、自由职业者及其他从事各业者薪给报酬之所得。三为公债、公司债、股票及存款利息之所得。

免税范围包括：第一类所得中不以营利为目的之法人所得；第二类所得中每月平均不及30元者，军警官佐、士兵及公务员因公伤亡之恤金，小学教员之薪给，残废者、劳工及无力生活者之恤金、养老金及赡养费；第三类所得中各级政府机关存款，公务员及劳工之法定储蓄金，教育、慈善机关或团体之基金存款，以及教育储金每年所得息金未达100元者。

---

① 国民政府内政部. 内政公报，1936，9（8）.

税率方面，第一类甲乙项营利事业所得税采全额累进制，所得合资本实额满5%未满10%者，课税30‰；满10%未满15%者，课税40‰；满15%未满20%者，课税60‰；满20%未满25%者，课税80‰；25%以上者，一律课税100‰。第一类丙项一时营利所得能按资本额计算的，依前项税率课税，不能按资本额计算的，依其所得额课税，采超额累进制，所得在100元以上未满1 000元者，课税30‰；1 000元以上未满2 500元者，课税40‰；2 500元以上未满5 000元者，课税60‰；5 000元以上的，每增加1 000元，递加课税10‰，以200‰为最高税率。

第二类薪给报酬所得税，采超额累进制，每月平均所得自30元至60元者，每10元课税5分；超过60元至100元者，其超过额每10元课税1角；超过100元至200元者，其超过额每10元课税2角……所得超过700元至800元时，其超过额每10元课税1.2元；每月平均所得超过800元时，每超过100元，每10元增课2角，至每10元课税2元为最高限度。第三类证券存款所得税税率，采比例制，无论所得多少，均按照50‰课征。

计算所得额的方法是：第一类所得，以其纯益额计算缴税；第二类所得，按月平均计算缴税，其所得无定期或一时所得者，以各该月之所得额计算缴税；第三类所得，以每次或结算时付给之利息计算缴税。

所得税的征课方法为：第一类甲乙项营利事业所得税，采申报法，丙项一时营利事业所得税，有支付所得机关的，采课源法，无支付机关的，采申报法；第二类公务人员薪给所得采课源法，自由职业者及其他从事各业者自营业务之所得采申报法，由雇主支付的，采课源法；第三类证券存款所得税，一律采课源法。

所得税的调查和审查程序为，主管征收机关可决定各类所得额及应纳税额，纳税义务者如有不服，可请求主管征收机关重新调查。复查后，纳税义务者应立即依法纳税。纳税义务者若仍不服，可申请审查委员会审查决定，若对审查委员会的决定不服，可提起行政诉愿或诉讼，并规定了审查委员会的构成、人数及任期。

《所得税暂行条例》第一次增加了罚则，规定对不依期限报告者、怠于报告者、隐匿不报者、为虚伪之报告者进行相应的罚款，情节重大者，得并科一年以下有期徒刑或拘役。对于纳税义务者或扣缴所得税者，不依期限缴纳税款的，亦须处罚。

2.《所得税暂行条例施行细则》①

在课税范围方面，所得税兼采住所主义及经济所属主义，凡在中华民国境内居住的人民，其所得只要在国内支付的，均应征收所得税。《所得税暂行条例施行细则》中又明确了驻中华民国境内各国外交官的所得，免于征税；在中华民国境内居住未满一年的外国人，其所得来源不为中国境内的，免予征税；此两项免税规定，以各外国对中华民国有同一待遇者为限适用之。对于第一类营利事业所得，《所得税暂行条例施行细则》第5条规定本店在中华民国国外，分支店、营业所在国内或分支店、营业所在国外而本店在国内者，无论其资本是否与本店互为划分，均就其在中华民国境内营业盈利之部分计算其所得额。若本店及其分支店、营业所同在中华民国境内，而其资本互为划分者，应分别计算其所得额，分别课税。第16条规定，薪给报酬所得，指公务员之俸给、薪金、岁费、奖金、退职金、养老金及其他职务上所得之给予金；自由职业者及其他从事各业者因职业及工作上所受之薪给、年金、报酬及其他金钱之给与。

《所得税暂行条例施行细则》解释了“资本”及“法定储蓄金”的含义：资本者谓照公司组织实在缴足之股金，或其他组织实际投入之本金，有公积金者，得按其总额的1/3并入资本计算；法定储蓄金则仅指政府法令规定的储金。

所得额的计算方面，第一类所得应就其收入总额内减除营业期间实际开支、呆账、折旧、盘存消耗、公课及依法令所规定之公积金，以其余额为纯益额（所得额）；计算自由职业者及其他从事各业者之所得，应先扣除业务所房租、业务使用人薪给报酬、业务上必需之舟车旅费、其他业务

① 国民政府实业部．实业部公报，1936（296）．

上直接必需之费用，并规定了房租及舟车旅费的扣除最高比例。

除去以上内容，《所得税暂行条例施行细则》主要是对所得税纳税程序的规定。其中，对所得结算期间的规定为，第一类甲乙两项营利事业所得，依各业习惯，每年结算一次；第二类薪给报酬所得，以星期计者，每月按四星期的时间计算课税，以月计者，若不足一月，则按照其所得之实际数计算课税。对于所得税的征管，规定所得税税款应由财政部的主管征收机关，委托国家银行或邮政储金汇业局征收，当地若无上述机关，得指定其他银行商号或处所，代为经收。另有所得税的登记、申报，调查、复查、审查及诉愿、税款缴纳、补税、退税、奖惩等方面的详细规定，如规定能够按照法定手续，在法定期限内完成扣缴职责的扣缴者，应照其扣缴之数额，由当地主管征收机关给予 5‰的奖励金，但此奖励金于政府机关并不适用等。

3. 其他章则制订

财政部于 1936 年 9 月 29 日颁发《第三类证券存款利息所得税征收须知》9 条，规定了公债的范围、扣缴手续，并附罚则。9 月 30 日，财政部训令各省（市）财政厅、局，规定每届公债息票到期付息时，均应扣缴所得税，并令将地方发行的公债造单俱报。10 月 31 日，所得税事务处鉴于自收税款流弊甚多，决定实行稽征分开，与国库局、中央银行业务局订立《收解所得税款暂行办法》14 条，规定所得税由纳税人向中央银行或其委托机关缴纳，订明代收、汇解等手续。

1937 年 2 月 17 日，所得税事务处颁发《各省市办事处接管第二类公务人员薪给报酬所得税办法》，除海关、邮局、邮政储金汇业局、铁路局、海军舰队及附属机关、空军部队及附属机关等按本办法办理外，其余均划交各省、市办事处接管。3 月 9 日，所得税事务处将《审核所得税暂行条例第 2 条第 3 款各目存款利息免税标准》，下发各省、市办事处实行。3 月 31 日，财政部公布《所得税审查委员会组织规程》。4 月 14 日，《所得税事务处暂行组织规程》由财政部公布，其中规定所得税事务处应设置三个科，各科的职掌与人数得到明确；另公布《各省（市）所得税稽征局暂行组织章程》。5 月 31 日，财政部颁发《第一类营利事业所得税征收须知》26 条（附《折旧率计算表》及《工业制品成本计算表》），主要内容为对资本额、公积金内容的补充解释，对计算营利事业所得额有关内容的解释，所得额的确定方法，资产估价方法等；《第二类薪给报酬所得税征收须知》（附《第二类所得每月纳税额计算表》），主要内容为税额的计算与报缴细则；《第三类证券存款利息所得税征收须知》23 条（附教育储金免税申请书格式）。7 月 8 日，所得税事务处颁发《所得税罚锾暂行办法》《所得税奖励金暂行办法》。《所得税罚锾暂行办法》规定：所得税征收机关处纳税人罚锾时应作出处分书，受罚人如逾期限抗不交纳应移送警察机关依法执行。《所得税奖励金暂行办法》规定：凡能按时依法完成代扣代缴任务者，可申请发给奖励金，此项奖励金每半年发给一次。

1938 年 3 月 17 日，财政部颁发《第一类营业事业课征临时补充办法》，对本店或分店在沦陷区的计税和资本额的核定等，作出了具体规定。10 月 28 日，国民政府公布《非常时期过分利得税条例》，自当年 7 月 1 日起实行。① 该条例规定，营利事业资本在 2 000 元以上其利得超过资本 15%以及财产租赁利得超过财产价额 12%者，一律课征非常时期过分利得税，税率采超额累进制自 10%至 50%。

1939 年 1 月 17 日，财政部颁布《一时营利事业所得税报缴办法》，对在战争时期投机倒卖、牟取暴利的一时营利商征收所得税。4 月 3 日，财政部厘订游击区、作战区、接近战地区域内的征税办法三项，电请各有关省办理。7 月 11 日，财政部发出通令，存款利息所得税的 1%代扣手续费返还存户办法，在抗战结束以前继续施行。9 月 12 日，行政院院令公布《非常时期过分利得税条例施行细则》。12 月 2 日，财政部所得税事务处颁发《修正一时营利事业所得税稽征办法》，规定一时营利事业者应取具纳税保证，保证商号除对一时营利事业者有报告、通知缴税并负有扣缴税

① 《非常时期过分利得税条例》原定于 1938 年 7 月 1 日起征，但重庆市商会认为此条例系于 1938 年 10 月 28 日公布，却要从 7 月 1 日征收，追溯既往有困难。后财政部将起征日期报经行政院批准于 1939 年 3 月通令推迟半年，改自 1939 年 1 月 1 日起征。

款等责任外，凡完成扣缴任务的，税局可根据规定给予 5‰的奖励金。12 月 23 日，所得税事务处制发《第二类公务人员薪酬所得税稽征办法》。

1940 年 4 月 25 日，所得税事务处根据战区的实际情况，颁布《战区及邻近战区所得税稽征机关暂行处理办法》，规定对因战事不能行使职权的所得税办事处得呈准撤销，但仍保留办事处名义改为直辖区分处，指定邻近省处监督指挥。并对直辖区分处有关稽征、审核、表报等事项作出了具体规定。5 月 22 日，财政部令发《各省区所得税机关审理诉愿案件暂行规程》，规定诉愿人应先向省所得税处提起诉愿，如再不服时，方可向财政部提起再诉愿。6 月 15 日，财政部为统一公债、库券的利息所得税扣缴手续，特制定《中央公债库券利息所得税款缴报办法》，规定中央债券利息所得税统由中央银行国库局代为扣缴，并令饬所得税川康办事处遵照执行。9 月 22 日，直接税处发布《第二类自由职业者及其他从事各业者薪给报酬所得税稽征办法》，对自缴及扣缴单位的登记、申报、调查、审查、缴纳等各项程序做了具体规定。11 月 6 日，司法行政部、财政部联合公布《司法机关依所得税暂行条例科罚充奖规则》，规定以罚金的三成充赏告发人。南京国民政府所得税正式举办阶段各项章则详见表 3。

表 3　　南京国民政府所得税正式举办阶段各项章则一览表

章则名称	拟定机关	公布时间	废止时间
《所得税暂行条例》	财政部	1936.7（1936.10 施行）	1943.2
《所得税暂行条例施行细则》	财政部	1936.8（1936.10 施行）	1943.2
《收解所得税款暂行办法》	财政部	1936.10（部令核准备案）	不详①
《所得税审查委员会组织规程》	财政部	1937.3	不详
《所得税事务处暂行组织章程》	财政部	1937.4	不详
《各省市所得税稽征局暂行组织章程》	财政部	1937.4	不详
《第一类营利事业所得税征收须知》	财政部	1937.5	不详

① 此处“不详”指尚未发现有明确的文件废止前述章则，亦未有明确的文件指明替代前述章则。

续前表

章则名称	拟定机关	公布时间	废止时间
《第二类薪给报酬所得税征收须知》	财政部	1937.5	不详
《第三类证券存款所得税征收须知》	财政部	1937.5	不详
《所得税罚锾暂行办法》	财政部	1937.7	不详
《所得税奖励金暂行办法》	财政部	1937.7	不详
《所得税退税暂行办法》	财政部	1938.5	不详
《非常时期过分利得税条例》	财政部	1938.10	1943.2
《所得税退税暂行办法》(修正)	财政部	1939.1	不详
《非常时期过分利得税条例施行细则》	财政部	1939.9	1943.2
《各省区所得税机关审理诉愿案件暂行规程》	财政部	1940.5	不详

三、收效良好的所得税征收成果

1. 征管机构

财政部于 1936 年 7 月 1 日成立直接税筹备处，由高秉坊担任主任，正式筹划所得税开征事宜。同年 10 月 1 日，所得税在部分地区开征后，为集中事权并明确责任，又将直接税筹备处[①]改为所得税事务处，各省（或直辖市）分设办事处；各地重点县成立区分处；区分处以下，再酌设查征所。在各省未设置办事处以前，暂由财政部派委员组织办事处，主持征税事务。

自 1936 年 10 月 1 日，财政部设置所得税事务处后，同月，驻上海办事处成立，财政部抓紧筹备各省办事处。后“正式委派之各省办事处委员，记有（1936 年）12 月 13 日苏皖（兼辖南京市）、鲁豫（兼辖青岛及威海卫）、浙赣、广东、湖北、湖南、川康滇黔、陕甘宁青新办事处及 12

---

① 直接税筹备处原为筹划所得税及遗产税两税事宜，但此时遗产税工作处于停顿状态，故更名。1940 年遗产税始开征，又续办利得税，兼办印花税，故所得税事务处名称已不再适用。同年 5 月 15 日，财政部又将所得税事务处改为直接税处。6 月 1 日，高秉坊任直接税代理处长，各省所得税办事处改为直接税局。

月 21 日之福建办事处。除冀察、平津、绥远、山西、广西等省市，因种种特殊原因，延至翌年 3 月始正式发表，同时并将鲁豫浙赣陕五省单独设立办事处外，全国大半省份之筹设所得税机构皆产生在西安事变一周之内。"① 政府需先有政权，才能掌握财权，西安事变无论如何也是国民政府面临的严峻考验，而所得税各省办事处的成立及各处委员的派出，均能在此情况下有条不紊地开展，也实在是值得一提的事迹。至 1938 年，全国共有省处 24 处，区分处 86 处。②

1937 年 4 月 14 日，财政部公布了《所得税事务处暂行组织章程》，明确规定了全国所得税事务处的机构设置及相应职责。所得税事务处下应设三科：第一科负责各类所得税的调查、征收、审核及免税、退税、补税等事项；第二科负责税款的计算、登账、稽核及一切会计、统计等事项；第三科则负责所属机关设置、人事调动、考绩及本处收发、保管、印信典守、公报编辑、庶务、出纳及其他事项。事务处设处长（主任）一人，综理全处事务并指挥监督所属机关及职员；设副处长（副主任）一人辅助处长处理处务；设秘书二人，办理机要文电、综核稿件及一切交办事件；设审议二人，主要职责为草拟各种章则及审核纳税人争议事项；设科长三人，负责办理各科主管事项；设视察二人，分别派往各省市考察所得税的推行状况、征收成绩及查办事项；设专门委员四人，派充或聘任办理本处特种问题的研究事项；设科员 30～40 人、助理员 8～12 人分别办理各科事务。③

各省市分设所得税事务处④，实际情况为，有一省市单独设置的，也有两省市合并设置的，根据事务的繁简程度而定。省市办事处的主管长官称为委员，此委员并非指定的省市官员，只是财政部事务处高级长官之

① 高秉坊. 中国直接税史实. 财政部直接税处经济研究室，1943：28.

② 饶廉江. 我国所得税之征收. 直接税月报，1941，1（10）.

③ 国民政府财政部. 财政公报，1937（110）.

④ 财政部的全国所得税事务处与省市设立的所得税事务处均称"所得税事务处"，为区别，称前者为部处，后者为省处。

一，随时可调至部处工作，亦可调至其他各省处任职。而财政部所得税事务处的主任、副主任，亦可与省处委员互调。故此，部处与省处，成为一体，彼此情形，互相谙熟。再加上省处主任年终必须进行轮调，对于省与省之间的税务开展、技术改进、减少弊端，均大有裨益。

省市办事处下的区分处，所辖县数量不等。区分处设主任一人，但其并不是指定的处所官员，身份仍为省市处中合格的高级税务员，应在年终轮调，如因为业务或人手关系，必须连任，则不能超过 3 年。值得注意的是，省市处及区分处的工作人员，除文案人员外，任税务会计等职务的均是合格的高级税务员，由部处统一管理，各省市处没有用人的权力。①

2. 征收流程

从《所得税暂行条例》和《所得税暂行条例施行细则》中梳理所得税征收程序为：首先，申报人或扣缴人需在规定日期内，按照相关要求填具各种表册，报告当地征收机关；其次，对于第一类营利事业纳税人，当地主管征收机关应进行调查，核定其应纳税额；最后，调查、审核程序完成，所得税款入库。

各类所得税的申报日期为：第一类甲乙两项营利事业所得额，应由纳税义务人于每年结算后 3 个月内，依规定格式报告于主管征收机关；第一类丙项一时营利事业应于结算后 1 个月内申报。第二类公务人员薪给报酬之所得，应由扣缴人按月填具所得额报告表，连同扣缴清单报缴当地征收机关；自由职业者或从事其他各业者设有业务所的，应于结算日起 20 日内将所得额报告表连同收支计算表一并申报并缴纳税款，无营业所或固定雇主的，应就各该月之所得，于结算日起 15 日内申报，并缴纳税款。第三类证券存款利息之所得，既全部采用课源法即扣缴法征收，扣缴人就应于付给利息后 1 个月内填具所得额报告表，连同扣缴清单报告当地征收机关。②

---

① 高秉坊. 中国直接税史实. 财政部直接税处经济研究室，1943：59.

② 国家税务总局. 中华民国工商税收史：税务管理卷. 北京：中国财政经济出版社，1998：257-258.

无论是采取申报法还是扣缴法缴纳所得税，向主管机关报告都是必不可少的环节，而调查主要适用于第一类营利事业纳税人，这是因为其他各类所得税主要采“课源法”，申报、缴税往往同时办理，较少需要调查。调查的主体工作为查账。查账之前，调查人员得搜集以前年度当地物价指数、利率、汇水的升降等资料，供查账时参考；并整理好以往年度各营利事业的纳税资料，用以核对账表，统计上年度的征课资料作为调查本年所得额之用。调查人员根据这些事先准备好的资料，进行分析比对，提出可疑点后，再实地查账。具体来讲，在核定税额时，征收机关在接到纳税人的申报后，先由审核员对商户报送的财产目录、损益计算书、资产负债表进行分析审查，并提出问题或疑点，交调查人员调查后，提出报告和查定税额，再交审核人员最后确定，通知纳税人缴纳。

纳税人若对调查机关决定的纳税额不服，可请当地主管机关重新调查，主管机关接到此请求后，则须派另一名税务员前往复查；如经过审核，认为申报人申报不实，且申报人拒绝提供相关账簿表册的，主管机关可“迳行决定”其所得额和应纳税额。如纳税人对此复查之结果仍有不服，可申请审查委员会决定之，并依其决定补税或退税。若纳税人对审查委员会决定之结果，依然不服，则可向财政部提起行政诉愿。如对行政诉愿还不服，则可向行政法院提起再诉愿，此为最后一道救济程序。①

不同种类的所得税，税款入库期限不同。第一类甲乙两项营利事业所得税，依各业每年之结算期一次性缴纳，时间为每年 3 月 1 日至 5 月末，或 8 月 1 日至 10 月末；而丙项一时营利事业所得税，则应于结算申报时缴纳。第二类薪给报酬所得税为按月缴纳。第三类证券存款所得税应于息金结算申报时缴纳。

需要特别提出的是，国民政府实行的是经征与经收分开的征管制度，也就是说负责税额的调查、核定及填发纳税通知书等经征事宜的为一机关，而负责税款的收纳及解库等经收事宜的为另一机关。如此事权分开的

① 杨昭智．中国所得税．上海：商务印书馆，1947：76-78.

征管制度，意在防止税务稽征人员在税款收解过程中贪污舞弊，同时也减少了税务人员收纳转解税款的手续，一举两得，实为国民政府的创举。上述各“征管机构”即为所得税的经征机关，经收机关本为中央银行，但若某地未设中央银行，则由中央银行委托当地的中国、交通或农业银行代收，如果以上四类银行均未设立，则请三等邮局以上之邮务机关代收。[①] 1938 年，全国经收税款机关，计有中央银行 53 处、中国银行 196 处、交通银行 118 处、其他银行 89 处、邮局 2379 处。[②]

3. 征收概况

国民政府原定于 1936 年 10 月 1 日起征收三类所得税中的第二类公务人员薪给报酬所得税和第三类公债及存款利息所得税，其余各项计划于 1937 年 1 月 1 日征收。但第三类所得之存款利息所得税，因扣缴手续烦琐，经上海银行业及各地商会、银行、钱业公会申请，暂缓至 1937 年 1 月 1 日实施。1936 年 12 月 29 日，财政部发布公告，第一类营利事业所得税，第二类薪给报酬所得税中的自由职业者及其他从事各业者的薪给报酬所得税，第三类证券存款所得税中的公司债、股票及存款利息的利得税，自 1937 年 1 月 1 日起续行开征。故 1937 年 1 月后，各类所得税全部开征，但第一类甲乙两项营利事业所得及第二类自由职业设有业务所者之所得，大部分因为结账时间关系，实际征收时间为 1938 年。

所得税首先是从沿海等经济发达地区开征的，而就在各地纷纷推动征收之际，抗日战争爆发，平津、冀察、晋绥地区相继沦陷，税务工作几近停顿，所得税在整理措置喘息未达之际，浙、皖、苏、鲁及沪又成为战地。在战事背景下，经济组织受到摧残，而税务征管机构亦面临人员缩减等困境，所得税征收计划无法正常进行。但为求税源稳定，邻近战区各处，若非税收完全绝望，绝不轻言放弃。例如浙江、河南、江苏各省及上海市，始终苦苦支撑。如 1936 年，所得税实收 649 万元，其中，上海市

---

① 全国所得税征收与经收机关设立详情，见所得税征收机关一览表、所得税经收机关一览表//财政部所得税事务处．所得税开征概况．1937：6-9.

② 饶廉江．我国所得税之征收．直接税月报，1941，1（10）.

的收入就为 390 万元，占所得税收入 60%以上；1937 年实收 2 012 万元，上海市的收入亦达 1 000 万元，占所得税收入 50%以上。为保税源充实，又将川康滇黔办事处划分为川康办事处、云南办事处、贵州办事处，单独设立。1940 年，只川康办事处就征收 1 600 余万元，占所得税收入的 34%。受战事影响，至 1940 年，全国仅有省处 14 处，区分处 74 处。①

所得税自开征以来 7 年间，发展迅速，全国实征所得税呈上涨趋势，以下为所得税征收成果（详见表 4、表 5）。

表 4　　所得税历年税收分类统计表：1936 年—1942 年②　　单位：元

年度	第一类所得税	第二类所得税	第三类所得税	总额
1936	1 186 470.54	2 072 266.29	3 228 534.31	6 487 271.14
1937	6 745 054.59	2 396 756.33	10 974 950.61	20 116 761.53
1938	1 537 258.28	660 130.01	6 033 909.47	8 231 297.76
1939	14 540 967.72	2 321 123.56	12 351 576.02	29 213 667.30
1940	25 192 463.13	2 174 175.46	19 574 118.56	46 940 757.15
1941	48 598 322.42	4 968 119.89	24 006 698.99	77 573 141.30
1942	161 906 767.67	6 705 084.81	34 983 366.41	203 595 218.89

表 5　　所得税历年预算数与实收数对比表③　　单位：元

年度	预算数	实收数
1936	5 000 000	6 487 271.14
1937	25 000 000	20 116 761.53
1938	12 500 000	8 231 297.76
1939	30 000 000	29 213 667.30
1940	39 000 000	46 940 757.15
1941	65 000 000	75 056 862.12
1942	170 000 000	203 595 218.89

① 饶廉江．我国所得税之征收．直接税月报，1941，1（10）．

② 高秉坊．中国直接税的生长．财政部直接税处经济研究室，1943：6．需要说明的是，1938 年因会计年度改为历年制，故数据仅为半年征收额。

③ 高秉坊．中国直接税史实．财政部直接税处经济研究室，1943：82．此处，1941 年的实收数与表 4 不符，疑为统计口径不一致。

所得税自正式举办以来，即逢西安事变，税务征收工作开展以后，又经历了卢沟桥事变、淞沪会战、南京撤退等大事件，税收工作不但没有停滞，反而由点及面地展开，逐渐深入，收到了良好的效果。其中，除因战事突发及战局转变等原因，导致1937年至1939年间的税款实收数小于预算数外，其余各年均超额完成任务。

第三节　南京国民政府所得税举办中“公平”的争议

一、实体公平之争议

1. 课税范围

国民政府的所得税分为三类：第一类为法人所得，称营利事业所得税；第二类为劳力所得，称薪给报酬所得税；第三类称证券存款利息所得税，利息所得仅为财产所得的一部分。本来，所得税既采分类制，其自然就比不上综合制更适合公平原则，但就所得税的公平普遍性来讲，《所得税暂行条例》的课税种类，明显缺失一部分，即没有将土地房屋所得列入征税范围。其实，对于这一点，当政者是有认识的。中央财政专门委员会就认为征税范围太窄，并且有失公允，应酌情予以扩大，但审查各委却认为，现时农民负担已重，值此农村濒于破产之际，暂时不宜对农民再征所得税。再加上中国农民中小农占大多数，税收少而征税费用高，徒病民而不利国。至于土地房产所得，在乡村已有土地税，且乡村土地改良物依照总理遗教也不应课税。至于城市则现时各省市县另征有房捐，亦不宜双重征收。①

农民生活困苦，不对农业所得征税，理所当然，但都市的土地房屋在

① 陈长蘅．对于开征所得税的展望．广播周报，1936（97）．

此与农业土地房屋一并排出征税范围，遭时人诟病最多。有学者指出，当时都市的土地房产，随着工商业的发展，人口的增加，无不涨价，地产投机的猖獗与房租的昂贵，皆为事实。富有纳税能力的地主房主，俨然已成为富有阶级，却不在征税范围之内，实在不符合公平原则。[①] 对于不动产已有房捐故不宜再征所得税的说法，大部分人并不认同。有学者认为房捐系财产税之一，未闻有财产税就可以不课所得税的，就如不可借口营业税而不纳营利事业所得税一样。[②] 而土地税和所得税，其并存亦不重复，但各地方政府加于不动产上的重税应同时减轻或取消，而由中央政府就所得税收入的一部分，辅助地方收入，则不动产之收入，不致过重。[③]

对此问题，比较正确的理解为：地价税系客体税，税率甚轻，征收对象为土地而非所得；土地房产所得税系主体税，征收对象为地主房主，二者性质并不重复。[④] 因此，土地、房产完全可以征课所得税，但若要区分农村和都市的土地房产，则实行起来会有些困难，仅主张都市土地房产所得应予课税也不符合所得税的普遍原则。鉴于所得税是面向全国范围征收，举办之初要考虑手续繁简、课征困难等因素，暂不将土地房产所得列入征收范围，较符合国情，也并未偏离公平原则。

其实，若论重复征税，只有第三类的股票所得与第一类中工厂公司营利所得，稍微有此嫌疑。不过按照当时《营业税法》的规定，凡是已向中央缴纳出厂税或出产税的工厂或出产人，均应免征营业税。[⑤] 再加上银行收益税当时并未实行征收，至于缴纳营业税之工厂或公司，则大都不缴纳其他中央税，故第三类所得中包括的股票所得收入，就整体税收系统来看，并无重复征税的问题，亦谈不上违背公平原则。

---

① 叶秋．所得税条例的检讨．新中华，1936，4（16）．

② 陈德容．论中国现在实行的所得税．光华大学半月刊，1937，5（8）．

③ 潘序伦，李文杰．所得税原理及实务．上海：商务印书馆，1937：306．

④ 朱偰．所得税暂行条例草案之批评及修正意见．东方杂志，1936，33（13）．

⑤ 国民政府上海市政府秘书处．上海市政府公报，1946，4（12）．

2. 税率选择

第一类营利事业所得税用的是全额累进税率①，第二类薪给报酬所得税用的是超额累进税率，第三类证券存款利息所得税用的是比例税率。从三类所得税采用的税率种类均不同这一点可以看出，我国所得税正式举办之初，法律制定者对所得税税率是含有试行之意的。全额累进税率是以征税对象的全部数额适用的最高税额作为累进税的计征税款的，这种高所得高税率的征课方式较为简便，但缺少对基础所得的免税扣除和低收入部分的低税率征收。最终导致的情况是，纳税人负担相差极其悬殊，就税率的公平性来说，税收负担不甚合理，当代已经很少使用这种税率。所得税的税率适用，世界公认，对资本所得课税应重于勤劳所得，在当时的立法者看来，或许是为了贯彻这一思想，凸显所得税的公平优越性，故对营利事业所得采取全额累进税率进行征收。

从公平性来看，超额累进税率是这三种税率中最为合理的，因为其是将应税所得额分解为若干段，对每一段设计出相应的税率，将所得额分段计算出应缴的税款数额，最后将各段税额加总，计算出实际应缴纳的所得税。这种计算方法除了保证高所得高课税、低所得低课税之外，还能保证在低所得段，不同纳税人的课税是一致的。这种税率的缺点是计算较为烦琐。在民国时期，我国商民还尚未有此纳税习惯，分级少则顾虑能力负担程度不够区分，分级多则又感到计课时税率参差不便。② 亦有学者认为在超额累进税率的分界点上，所得只一元差别，税款便有较大出入，实在不够合理。③ 这都反映出国人在开始接纳所得税时，对其考虑评价尚处于初级阶段，对税率的理解也不够深刻。

争议最多的是第三类证券存款利息采用的比例税率，应该说，比例税率实在有失公平，因为其不能反映出贫富之间税收负担的差别，但立法者

① 例外是第一类丙项一时营利所得，不能按资本额计算的，依其所得额课税，采超额累进税率。

② 高秉坊. 中国直接税的生长. 财政部直接税处经济研究室，1943：9.

③ 叶秋. 所得税之基本知识. 通俗文化，1935，2（4）.

采用比例税率旨在防止证券存款化整为零逃避缴税的现象。不少人对此提出了批评，认为其防止逃税作用有限，却对不劳而获的财产予以优待，与重课资本所得的原则不符。有人甚至认为，如此比较，则第二类薪给报酬所得征课最重。① 因此时人呼吁当局将证券存款所得税率改为累进税率，以达到重课大所得者的目的。

对于三类所得采取的不同税率形式，有学者批评，第一类及第二类所得的税率级数太少，每级相差也过大，实际操作中，会有所得相差较小而纳税多寡悬殊的现象发生，容易引起匿报所得的弊病。建议缩短税率之间的级距，将税率的差额减少，使税率达成一种平稳渐增的状态，并将第一类营利事业所得采用的全额累进制改为超额累进制。②

各学者对所得税税率的论述，无不是围绕着“公平负担”这一角度，这也反映出国人对所得税本质公平的期望。但立法者对不同种类的所得规定采取不同的税率形式，应为试行之意。毕竟，当时为所得税正式举办之初，究竟采取何种形式更为合理有待在实践中检验，故立法的本意并不完全着意在“公平性”上。

3. 征税起点

据《所得税暂行条例》规定，第一类甲乙两项所得，所得合资本实额5%以上的，需要课税；丙项一时营利事业所得，凡所得不及100元者免税，所得在18 000元以上者一律课税200‰。第二类薪给报酬所得，每月平均所得不足30元者免税；每月所得之超过额不满5元者，其超过部分免税，5元以上者，以10元计算。第三类证券存款所得，一律课税50‰，无免税点之规定。

需要指出的是，第一类所得中的公司、商号、行栈、工厂或个人资本在2 000元以上（甲项），才须课税。究其原因，直接税处负责人高秉坊解释：“在以现有商业统计为依据。据统计全国公司、工厂、商店等资本在

① 陈德容. 论中国现在实行的所得税. 光华大学半月刊，1937，5（8）.

② 潘序伦，李文杰. 所得税原理及实务. 上海：商务印书馆，1937：316-318.

2 000 元以上者，不过全数 1/2 左右，为求征税比较普及起见，故以资本 2 000 元为征课之标准。”[①] 同样，营利事业者多数年可获 5%纯利；而据全国各地生活费用调查统计显示，百姓生活费人均全年在 200 元左右，若每月平均收入在 30 元以上，则已超过水平线，故以 30 元为免税起点，亦是为求征课之普及。

对于征税起点的争议，围绕在第二类薪给报酬所得 30 元即征税的问题上，人们普遍认为此免征点定得过低。虽然 30 元以上的薪金收入，每超过 10 元，增加的税收并不多，但纳税者所感觉的负担并不轻。这是因为小额薪金收入的人，家庭负担往往占收入的全部或大部分，很少有剩余，除了正常支出，还有其他负担，如航空救国捐、国难捐、赈灾捐、建设捐等公益捐款。[②] 况且，当时我国社会经济已濒于绝境，农工阶级的困苦，自不必说，即使昔日差堪温饱的中间阶级，近些年受经济恐慌的影响，亦已谋生艰难。以经营工商为生的中小工商业者，其困苦情形，亦复相同，故起税点务当求其高，税率务当求其轻，以免增加中下层阶级的负担。[③] 关于征税起点究竟定为多少合适，并没有一致的结论，此方面能参考的仅为国民政府于 1928 年征收的公务员所得捐，当时所得捐的征税点为 50 元。按照人们对税制延续性的考虑，所得税征收之后即停征所得捐，那征税点理应等于或高于 50 元，方为公正。而所得税起草人、财政专家刘振东对此的解释是：“若将起税点抬高，至 50 元，则纳税之人数，必甚为稀少，故考虑结果，仍定为 30 元，此亦事实上之必要，不得不如此也。”[④]

另外，《所得税暂行条例》中并没有家庭负担减免的规定，不少人认为，无此所得税制中不可或缺的要件，实在不符合公平原则。本来，在《所得税条例（草案）》（1928 年）中，已然规定所得额不足 2 000 元时，得扣除负债利息、人寿保险、扶养家族之费用三项，剩余为应纳税所得

---

① 高秉坊．我国创办所得税之经过．绸缪月刊，1937，3（7）．

② 段仲榕．我国征收所得之商榷．银行周报，1936，20（30）．

③ 叶秋．所得税条例的检讨．新中华，1936，4（16）．

④ 刘振东，王启华．中国所得税问题．中央政治学校研究部，1941：352．

额。但所得税正式举办之时，此规定却没有被纳入新法律文件之中，似乎为税制建设的倒退。究其原因，应是立法者考虑到全国各地经济状况差别较大，若真要扣除扶养家族之费用，那么此费用的测算，必是一个难题。按照直接税处负责人高秉坊的思路，起征点皆是通过调查数据得出，那么纳税人的家庭负担状况，则需要完备的社会统计资料，这无疑大大增加了征税成本，现实中恐难以做到。而即使勉强做到，也未必能兼顾所有纳税人的具体情况，反而容易造成实际上的不公平。从这个角度来看，税收立法需要遵循公平原则，而法律条文如何制定才算是真正遵循了公平原则，还需要深入的论证，更不能以形式的公平造成实质的不公平。

4. 免税范围

所得税免税规定，采列举式，未列举者，概不免税。对于外国人的免税条款为：驻在中华民国境内各国外交官之所得，免予征税；在中华民国境内居住未满一年之外国人，其所得之来源不出自中华民国境内者免予征税；以上规定，以各外国对于中华民国有同一待遇者为限。乍一看去，如此规定似无问题，细究起来，却发现实为不当。首先，驻中华民国境内各国外交官所得，若仅指薪酬所得，则其所得来源于国外，此类所得按照《所得税暂行条例》采取的经济所属主义标准，不单外交官应予免税，其他外国人及本国人亦不应予以课征；若此所得兼指其他营业所得与资产所得，则法理上无免税之理由。其次，规定以各外国对于中华民国有同一待遇为限，照此理解，若各国对于我国没有此同一之待遇时，则各该国驻我国境内之外交官所得与各该国国民之国外所得，将予以课税。但我国的所得税征收，并不采住所主义，对其课税不仅缺乏依据，事实上亦无法把握此种税源，如此规定，并无意义。

第一类营利事业所得之减免，仅以“不以营利为目的”之法人所得为限。第二类薪给报酬所得之减免包括：每月平均不及 30 元者；军警官佐士兵及公务员因公伤亡之恤金；残废者、劳工及无力生活者之抚恤金、养老金及赡养金；小学教员之薪金。第三类证券存款所得的免税范围包括：各级政府机关存款所得；公务员及劳工之法定储蓄金所得；教育慈善机关或团体之基金存款所得；教育储金之每年所得息金未过 100 元者。纵观此三类所得之免税规定，似已详尽，但仍有疏漏之处。首先，公益捐款应予扣除，《第一类营利事业所得税征收须知》改定后，认为公益捐款可作为实际开支，减除后再予以课税，但第二类所得则不能剔除，未能一视同仁，缺乏公平性。其次，公务员及劳工依政府法令规定所提存之储蓄金的利息为免税所得，但此种宽免，却不及于公司商号之职员。细思储蓄之作用，即可以备将来不时之需，并集聚资金以便投放于生产建设之用途，适宜普遍奖励，不应以储蓄者是否为公务员或劳工而有差别待遇，应对“从事各业者之储蓄金利息”一律予以减免，方符合公平原则。最后，第二类残废者、劳工及无力生活者的抚恤金等，可以免纳所得税，但其利息则无此规定，这与法定储蓄金本身不能免税而利息可以免税，同有理论上的缺点，利息与本金一并免税，较为合适。

另外，有人主张人寿保险及各种保险的保险费或保险金应予免税，因为保险的作用，可以减少贫穷、疾病、失业等社会问题的发生，投保险者目的也不是营利或奢侈之用。各国成例，或免征保险费，或免征保险金，或者一同减免。对此，财政专家刘振东的回应是，保险费或保险金的免税问题，其实与家属扶养费用的减免问题性质上相同，但此类费用的减免，应以实行综合课税制为前提，以分类制所得税法推行之初，内容不宜繁杂，故此项减免，以不规定为妥。① 由此可见，批评者多侧重于税法的公平原则，而立法者最关心的却是税务行政上的便利问题。

二、程序公平之争议

1. 计算方法

关于所得税纳税额计算方法的争议，集中在第一类营利事业所得税上。此类所得，以纯益额合投资资本的比例计算课税；其不能按资本计算

① 刘振东，王启华．中国所得税问题．中央政治学校研究部，1941：347.

的，即以纯益额为课税标准。因此，投资资本的计算，尤为重要。按照公司组织法，所谓"资本"，指实在缴足的股金，或其他组织实际投入的本金，有公积金的，得按照其总额的 1/3 并入资本计算。立法者的用意，多半是因为营利事业者，大都将本求利，唯有充分重视其资本与所得的比例，方能以期公允。当时我国公司的实际情况，往往有法定资本较实缴资本为大的，此种差额，并不能称为投资资本。而公积金本为历年盈余之滚存，原属股东所有，其与股本的性质并没有多大的差别，应能全部列入资本计算。但《所得税暂行条例施行细则》规定，公积金只能以 1/3 并入资本计算，并没有理论根据，只是单纯为限制资本的增大；后来《第一类营利事业所得税征收须知》又规定仅法定公积金可以视为投资资本，那么实际情况就成了除法定公积金外，其余任意公积金及盈余滚存等，均可自由转作资本，公司并不会因为公积金 1/3 规定的限制而增加负担其累进税额。所得税既然按照营利合资本的百分比课税，则公积金的计算，应以确定之方法规定，不宜让纳税人自由决定，否则公司申报资本时，会提高列入资本中的公积金，增大资本额，以减少所得合资本额的比例，从而降低适用税率的档次，减少应纳税款额。

现实的情况是，由于法律中有以上的规定，商人纷纷利用所得税计算方法中的漏洞来偷逃税款，如小规模营利事业者可以"减少资本使不满 2 000 元"，则其无论获利多大，依法皆可不征税；由于借入资本（客本）可以不计入资本额中，很多商人便减少其投资额，而尽量以客本充作投资额，使投资额降至 2 000 元以下，达到既可利用大宗资本，又可不纳所得税的目的；大规模营利事业者则以"重新高估资产""多提公积金"及"减低所得"的方式逃税①。如此，第一类营利事业所得充满逃税机会②，

① 杨骥．现行所得税改进论．北平：独立出版社，1941：61．

② 第二类薪给报酬所得税中之自由职业及其他从事各业者，偷逃税款的常见方法为不做营业登记、收入不列账、虚增营业开支、不报缴所得税等。按照第三类证券存款利息所得的定义，红利并不在课税范围，故不少公司向股东发放股利时，常借用"红利"的名义，而不用股息的说法，使大宗股票利息 5%的所得税逃出征税范围。关于存款所得，当时国人在外国银行的存款，无法征收所得税，因此多有将存款自本国银行提出而改存外商银行的。

虽然没有统计数据能够举出所得税逃税的具体数额，但所得税的征收情况明显因此受到了严重影响。

为限制对资本的低估，直接税处于1939年5月公布《商号申报资本不实之确定办法》。其中规定："商号资本之申报，若有不尽不实之处，纵其账面资本不及2 000元，而其营业额及纯益额与该业一般比率不相称时，稽征机关得按其营业情形与上年度及本年度各该业之平均资本周转率，迳行决定其资本额为2 000元。"① 此项办法，为防止偷逃税款的补救方法，但执行中与纳税人之纠纷势必增多；扩大了稽征机关的自由决定权力，于纳税人也未见其公平性。

除去资本额外，纯益额（所得额）的计算方法为总收入额减去营业期间的实际开支、折旧、呆账、盘存消耗额、公课以及依照法令所提取的公积金，其余额则为纯益额。此规定有两处不妥：一为上年度之营利亏损，不准在本年度营利所得中先行抵扣；二为其余减除项的具体内容应明文规定。不能减除亏损额的原因，不外乎为了防止纳税人虚设亏损额的弊病，但从立法技术上来看，故意抬高资本额与虚设亏损额性质相同。立法既没有杜绝纳税人故意抬高资本的可能，就不能因为对纳税人虚设亏损的设定而不允许减除亏损。亏损不得减除的后果是，公司利润率反映不实，则所得税负担有失公允。

2. 征收问题

在征收程序中，受时人议论最多的为审查委员会，前已述及，纳税人可以申请税务主管机关复查之后再申请审查委员会审查以救济自己的权利。复查与审查的作用不尽相同，前者是为纠正调查中的错误和疏忽，后者是为防止税务行政人员执行中的不公平和可能的舞弊行为。各县市的审查委员会，通常设置3～7人，从地方公正人士、公务员及职业团体职员中选出，财政部聘请之，却为无给职，任期3年。审查委员会的设

① 国家税务总局．中华民国工商税收史：直接税卷．北京：中国财政经济出版社，1996：27.

立，旨在以客观公开的判断，确定纳税义务合于法令，被评为最公正合理之措置。①

审查委员会人数既不多，任期又长，且为无给职，对审查委员会的资格就应审慎再三，但实际上述三类人士的范围很广，选择的自由度很大。首先，公务员及地方人士尚可接受，但职业团体中商会及同业公会之职员，不宜为审查委员，否则，其为维护商民的利益，恐不能为公平之决定，易引起纠纷。其次，审查委员会的作用，为借第三者的客观立场，对税务机关的计税标准或应纳税额做精密的审查，务使其结果公平合理，但对审查委员会的成员，却没有要求其拥有税务行政经验或专业背景，这是一个很明显的疏漏。所得税的征收，既有旧式账簿表册的不便，又有商民偷逃税款的手段，税务行政人员要正确查证其纳税额，已有困难，若要丝毫不懂税务知识的委员，确定纳税额的多少，不知标准为何。国民政府时期，“审查委员会”泛滥，各行各业、各政府机关，皆有“审查委员会”。例如，交通部有“购料审查委员会”、工商部有“技师审查委员会”、各省有“预算审查委员会”等。似乎时人认为，只要是不相关第三方作出的决定，均为公平合理，或至少为救济的有效途径。但从以上所得税审查委员会的相关规定来看，其能否起到公平税负的目的，尚存疑问，不宜过分夸大其作用。

除此之外，调查与审核等程序在省处与区分处之间的分工亦是值得商榷的问题。国民政府所得税推行之初，组织机构较为简单，实际以省处为主要办事机构，负审核之责；区分处负责催征及调查之责，却不能对外行文，实际为省处之派出所。区分处在接到纳税人的申报后，即派员调查，调查之后呈送省处审核，调查完毕，由省处下发通知书送交区分处，再由区分处转交纳税人缴税。调查与审核流程，本为救济当事人权利的公平程序，但如此方式，往来甚费周折，且审核人员远在省处，对于当地之具体情况，并不甚明了，故常有迟疑不决，甚至有调查半年之久的情形，其调

① 匡球．所得税审查委员会之研讨．广东直接税导报，1946，光复版（2）．

查结果也未见得公平。纳税通知书不能及时送达纳税人，则影响所得税的征收效果。对此现象，财政部是有认识的，遂于1939年将审核工作划归为区分处办理，并规定区分处调查后，即可通知纳税人缴税，但同时应将调查报表呈送省处复核，复核结果如有不符，则再行通知退税或补税。此方法，诚为兼顾征管机关效率与纳税人便利的两全之策。至1940年，区分处改为分局以后，分局已可以自行负担调查与审核工作，便不再有调查报表呈送省处的程序，实为所得税征收流程中的极大改进。

三、执行公平之争议

1. 过分利得税

第一类所得中的一时营利事业之所得（丙项），本指不能全年营业的、含有季节性的商品，其经营者通常谋短期资金之运用，有调节供需、平衡物价的作用。但随着抗战的持续，沿海港口相继沦陷，导致交通运输不畅，货物供需严重失调，不少经营一时营利事业所得者，甚至部分固定住商，竞相抬高物价以牟取暴利。在社会舆论纷纷要求对此行为征收重税的基础上，所得税处遂于1938年开征非常时期过分利得税（又名战时利得税）。《非常时期过分利得税条例》（1938年10月公布）明确："凡公司、商号、行栈、工厂或个人资本在二千元以上之营利事业，官商合办之营利事业及一时营利事业，其利得超过资本额百分之十五者；财产租赁之利得超过其财产价额百分之十二者。除依所得税暂行条例征税外，依本条例加征非常时期过分利得税。"① 过分利得税为中央税，由所得税征收机关兼办其征收事务，其税率采超额累进制，自10%至50%不等，1939年1月1日开征。

过分利得税开征之后，渝市商民就以社会实情之苦衷要求财政部修正《非常时期过分利得税条例》，其共提出十条意见，如计算方法易发生歧

① 国民政府立法院. 立法院公报，1938（98）.

义、部分概念未明确规定范围等。[①] 抛开具体的细节问题不谈，其中有两条比较重要的意见：一是商民认为，内地商人殷实者为少，大都赖营业所得以维持全家生计，今幸有少数生意，却将被政府提取半数，或造成营利者生活困难；二是原本所得税条例于计算时，有部分扣除条款或资本计算条款已欠缺公平，此番在计算所得税的基础上加征利得税，更增加了不公平的程度。[②] 这两点较符合实情，因为大多数情况下，获取暴利的商人都是少数，大部分仍为普通收入者，且所得税开征不过一年，就有许多争议，问题还未解决就继续加征利得税，自然会引起商民的不满。有鉴于此，直接税处于 1940 年 4 月颁行了《征收非常时期过分利得税宽恤小商及救济战时损失办法》，规定了对利得额少的小商的免税及救济办法，以减轻人民之负担，并以资培护战时国民经济之基础。犹是如此，仍不免文电纷呈，迭请缓免。

立法者的原意是："希望以良好税制，使人民负担趋于公平，同时并愿以此为手段，安定社会金融，使趋向于正义。乃除积极推行所得税外，并于二十八年七月开办非常时期过分利得税，以防止社会分配之悬殊，矫正国民经济变态之趋向，使获暴力之商人，将其所得之一部分仍还诸国家。"[③] 这看起来美好的理由，实际上有以偏概全的嫌疑，与其说为矫正经济之变态，不如说是为战时迅速筹款的特殊需要。

所得税事务处在解释《非常时期过分利得税条例》时，曾明确："查非常时期过分利得税与所得税，系属两种统制，各有其体系。"[④] 但分析利得税的性质，实为所得税的加重征收，当时人们在谈及利得税时，也往往将"所得""利得"并称。甚至有学者认为所得税与利得税，皆为良税，为租税中负担最公平者。[⑤] 如此，利得税与所得税性质应为相同，利得税

---

① 国家税务总局．中华民国工商税收史：直接税卷．北京：中国财政经济出版社，1996：183.

② 佚名．所得税与利得税．四川经济月刊，1938，11（1-2）.

③ 马弘绪．直接税货运登记办法及广东一年来施行纪实．广东直接税导报，1946 年创刊号.

④ 所得税处解释过分利得税疑义．商业月报，1940，20（7）.

⑤ 潘士浩．所得税与利得税问题．纺织染，1940，6（1）.

的征收充分体现了所得税的“伸缩性”原则，只是伸缩性原则若放于第一位，则很难同时兼顾公平原则。

2. 货运登记

一时营利事业所得者大量囤积、待价而沽、投机倒把、成倍谋利的行为，除了使国家开征过分利得税外，还迫使财政部得于征收手续上，另觅有效途径把控税源。对于一时营利事业所得的征收程序，《所得税暂行条例》虽有明文规定，但此类所得的纳税人，通常无固定住所，往来不定，征收最为困难。因此，所得税最初举办的数年间，此类所得征收未见显著成效。非常时期过分利得税开征后，一方面，货物从甲地运至乙地，转手即可获利丰厚；另一方面，谋此厚利者，还要趁机化整为零，以图逃税。

鉴于此种情况，财政部于 1941 年 1 月要求直接税稽征机关在交通要道选定若干据点，设立货运登记站并办理进出境货物登记，以控制物资、把握税源。具体手续为，在货物抵埠时，商民即须于主管征收机关登记，并争取当地住商保证，请其负责承保货物托售后即依法纳税的责任。若不能争取当地住商保证，则可预缴保证金，数额为成本的 20%，存入由主管征收机关指定代收的银行，再从主管征收机关处领取登记证明单。各报关行见到证明单，方能承揽报关，否则，经征收机关核对关税底册，一旦发觉有漏报的情节，则该承揽报关行有隐匿逃税的嫌疑，应予以处罚。

货物存入仓栈后，该栈主人应按日填送营业日报，同时，商民应立即至主管征收机关办理登记手续，否则，仓栈不得准予其提货。若为住商，则仅需交验住商登记证，即可免办申报手续。如货物所有人为政府机关或不以营利为目的之法人，可由各该机关，出具证明书，经征收机关认可后予以免税。货物脱售后，扣缴所得税者或自缴所得税者，应于一月之内，依照规定格式将其所得额向主管征收机关报告。并于结算完成之时，依据核定税额拨充税款，分别退税或补税。①

货运登记制度实施之后，取得的成效甚为显著，如广东省直接税局，

---

① 孙家传．论我国现行一时营利事业所得税．财政评论，1941，6 (1).

1941 年 9 月开始办理货运登记前，其 1 月至 8 月间，一时营利事业所得税最少收入 21.9 万元，最多收入 423.9 万元；而 9 月办理货运登记后，当月税收即达到 558.9 万元。①

货运登记制度既然是一时营利事业所得税和过分利得税的征收程序之一，其作用便不外乎控制税源和把控物资，减少逃税现象，以达到战时有钱出钱的原则，使人民税收负担均衡公允。但由于物资管理工作，手续相当复杂困难，商民往往抱怨因手续烦琐而影响其正常货运营业。此种严密稽征手段看似能够大量减少偷逃税款的行为，实际上商民勾结税务稽征人员进行舞弊之事亦不在少；现实中也频频发生稽征机关刁难货运、敲诈勒索的事情；还有所收取的纳税保证金，并不存入指定银行，被税务人员挪用牟利之事。货运登记的举办不但为营利者带来大量不便，而且逐渐成为直接税行政的贪污重点。在公众质疑的呼声中，国会参议会不得不对此问题提出质询，最终财政部于 1944 年 6 月 5 日，通令全国直接税稽征机关，撤销货运登记制度。

事实证明，稽征制度可以严密，但若赋予税收征管机关太多权力，则容易使税收征纳双方处于极不对等的状态，无法达到执行中的公平要求。

3. 迳行决定

在征收程序中，有一个环节称为“迳行决定”，即第一类营利事业所得税及非常时期过分利得税纳税义务人，如不依期限申报，则主管征收机关得“迳行决定”其所得额；纳税人若对迳行决定之所得税额有不服时，可依照《所得税暂行条例》的规定请求复查，但迳行决定的利得税额则不得请求复查。所得额要根据所得课税，因此，当纳税人不按照规定申报，税务机关又无法核实其所得额时，就产生了“迳行决定”的条文，以惩罚纳税义务人的懈怠或偷逃税款等行为。直接税处于 1940 年制定了《估计所得额及应纳税额应行注意事项》，1943 年又将《确定估计标准案》令发

① 马弘绪．直接税货运登记办法及广东一年来施行纪实．广东直接税导报，1946 年创刊号．

各分局执行。

迳行决定的适用条件，为逾期不报或隐匿不报者、账册证件不全或伪造账册者、不提供证明文件者。迳行决定的方法，为根据调查得来的资料，比照被调查者在同业中的地位和营业情况，在参考同业利润水平后，决定纳税人的所得额及应纳税额。整个过程中，应注意将全部估计与局部估计相结合，正面调查与侧面调查相结合。迳行决定的要点，为估计的标准问题，《确定估计标准案》详细规定了资本、销货、进货、存货、费用及纯益额的估计标准；并明确征收所得税，原则上应以查账为主，尽量避免估计，必须估计的，对估计出的税额，应附送理由书。

以上条文所述，确属正当而需要，但其中对纳税人的救济程序有限。首先，利得税不得申请复查，自不必说；其次，估计的所得税案件，若无重大理由，亦不得复查；最后，因估计而请求复查的案件必须减税时，对其所减之额，不得超过原估额 20%，若有重大情况必须超过者，则须报请上级机关审核批准。除此之外，商人若主动请求征收估计，则规定应以重估为原则，若其不听劝告，仍不设置账册，则每年另行加征估定额 10%的税款，以示惩戒并杜绝其侥幸心理。①

迳行决定办法，延续适用于整个南京国民政府时期。至 1947 年，有学者撰文举例，称永安钞厂，资本只 3 亿元，而迳行决定之所得税款，竟然为 223 亿元，此天价税款究竟如何估计得来，实不得知。我国未施行所得税前，未闻有假账，自所得税实施后，假账盛行，究其原因，皆为误用“迳行决定”之结果。② 将假账问题全部归结于迳行决定之法，未免言过其实，但这里却隐含了一个重要的问题，即我国商业簿记的改良状况，仍不理想。旧式账簿的记载，虽可能不完整，但却是真实情况的反映，而所得税以西式账簿单据为唯一的证明，若无此证明，即认定为假账，此种做法，实为从消极方面惩罚，而非从积极方面进行推进。商民一旦觉得迳行

① 国家税务总局．中华民国工商税收史：直接税卷．北京：中国财政经济出版社，1996：58-60.

② 蔡经济．所得税法中之迳行决定与工商业前途．工商经济，1947，1（5）.

决定不可避免，除了从技术方面试图逃税外，还会向征课人员请托说情，易造成税务部门的贪腐。

其实，以惩罚为督促之手段，实有必要，但相关规定应明确而具体，“迳行决定”之方法，因缺乏统一而固定的标准，在全国各地实行情况差异较大，甚至不同税务人员对税额的判定都有较大差异，在所得税征收中既欠缺公平的前提，更不可能产生公平的结果。

4. 其他情况

（1）督征抢征

督征抢征，即为在营利事业所得税抢征季节（每年 4—10 月）选调人员，充任督征员，组织督征团，协助基层抢征。督征抢征之法最初为川康直接税局提出，后经直接税处研究认为具有普遍推行意义，于 1941 年将《各省局督征团组织及工作大纲》令发各省局执行。该大纲规定：督征团的督征主任由省局所得税课课长兼任；督征团配备督征员 5～10 人，从各省分局的高级税务员中选任；督征团的主要职责是在每年稽征季节对分局实施督征，具体事项主要包括对外宣传解释、对内考察调整、协助分局的调查及审核工作、促进各分局间联络稽征事项、解决分局与纳税人之间的争议等。督征团在进行催报、调查、抽查等工作时，均须以分局或其下设置的查征所名义进行；督征团完成工作后，应将所有办理的调查、审核表单和其他案件详细列表，由所在地分局局长会章后，专文呈报省局核查。不仅所得税征收有“督征抢征”工作，部分省份印花税烟酒税局也有督征员（如江苏省），各地田赋征收亦有“督征”惯例等。所得税督征的目的是在稽征的重要时期，补充基层稽征力量，以确保税收收入的完成。

（2）物价调查

直接税的物价调查始于所得税开征初期，抗日战争爆发后，由于日军封锁、交通阻塞、物资供需失调，所得税事务处于 1938 年 12 月制定并颁布《物价调查纲要》，以各分处选定之大宗工业产品和大量销售商品为限，取材当地报纸、商业公会物价资料并以市场调查为依据，按月份编制趸售物价和零售物价比较表。该表一式三份，一份报省处转各分处，互相交流；一份报所得税事务处编制物价指数；一份留作课税参考。从物价资料中，可发现不法工商户虚提商品进价、压低销售价格的违法行为，可作核实税源之用。抗战后期，由于物价上涨过快，政府实行限价，但限价以后，黑市交易盛行，调查黑市价格，十分困难。如此一来，征收机关只能照限价核税，漏洞较大。因为黑市价格无法得知，照公开的限价编制物价指数，又没有多少参考价值，定期调查制度遂告中断。抗战胜利以后，直接税署决定恢复物价调查制度，于1947年再次制定《物价调查纲要》，通令各地直接税征收机关注意主要商品之价格变动情况。

（3）沦陷区稽征情况

抗战以后，所得税的稽征在沦陷地区受到影响，此处以上海为例，一窥沦陷区的所得税征收情况。上海沦陷之后，形同孤岛，但沪市爱国商民鉴于税收为充裕持久之政府财源，将奠定抗战胜利之基础，仍旧依法踊跃缴纳。起初为地下征收，征收工作暗中进行，并实行简化稽征，征收机关在接到各商民申报所得额及应纳税额后，不再进行审核，即行填发通知，准许依照原报所得额缴税，以为便利。后来为体恤商民的困难，所得税处核定上海各商号应纳的所得税及利得税，可就事实上之方便，在内地任何一处缴纳，其设有内地分支店的，并应一律在内地纳税。商民既享受到税款缴纳的便利，又免去了汇费的损失，可谓一举两得。① 1941年12月，太平洋战争爆发后，日军加紧了对上海的统治，上海市中央银行关闭，税款征收停止。上海沦陷区的所得税征收共历时5年，每年稽征都有不小的成绩，1937年为1 020万元，1938年为450余万元，1939年为630余万元，1940年为450余万元，1941年为403余万元。②

不论是督征抢征、物价调查，还是沦陷区的稽征，都在抗日战争的背景下，有着特殊的处理方式。这些方式因为社会条件的限制，不能简单地以“公平”或“不公平”作为评判标准，但从所得税的稽征效果看，其确

① 佚名．沪商所得税得在内地缴纳．商业实务半月刊，1940，1（4）．

② 参阅高秉坊1941年10月14日呈财政部财政次长文，中国第二历史档案馆藏。

实达到了“效率原则”的要求。

纵观国民政府正式举办所得税时期的立法概况，有《所得税暂行条例》《所得税暂行条例施行细则》及各类所得税征收须知等数种。各类法规的范围，相互间多有交叉之处，未能完全分割。究其原因，多由于法律条文设置的过于简单。《所得税暂行条例》规定欠周详之处，不得不于《所得税暂行条例施行细则》中进行补充规定；而《所得税暂行条例施行细则》中的漏洞，不得不在各类所得税征收须知中设法补救；甚至在所得税征收过程中，面临的一些新情况，都要于各种“办法”中另行规定；而尚未解决的疑难问题，则有待临时“解释”。按照立法原意，《所得税暂行条例》应为原则上之规定，《所得税暂行条例施行细则》应为行政手续的规定，范围本有不同；然而，细究《所得税暂行条例施行细则》的内容，仍多为原则上的规定。又“征收须知”本为告知纳税者各种应注意之事项，与《所得税暂行条例施行细则》性质不同；而三类所得税征收须知，却起到了补充《所得税暂行条例施行细则》中规定未尽者的作用。

如此立法造成的后果，不仅是各类法规之间缺乏明确的界限，其中还有一个重要的法理问题，就是《所得税暂行条例施行细则》中应予规定而缺漏的部分，应经过立法手续补充规定。而各类征收须知，根本未经立法程序，本不能成为法律，却成了补充法律规定的文件，其中凌乱抵触之处，实为不小的缺陷。所得税立法系统的不完善，一方面是由于国民政府首次在全国范围内举办所得税，经验不够；另一方面是因为所得税开征没多久，就爆发了抗日战争，筹措战时经费为第一要务，立法的准备时间有限，自不免疏漏。

所得税的推行区域，表面上看是号称全国（按政府公布资料，共有23个省市的征收单位，差不多已将全国包括在内），但实际上，只在一些比较繁荣的大都市（特别是东南各省）推行，内地各省虽列入推行范围，但就其收入之微末而言，未必能抵挡征收费用的开支。[①] 但从整体的征收

① 杨骥．现行所得税改进论．北平：独立出版社，1941：27.

效果看，在抗战之艰难时期，所得税税收竟然能够年长月增，实属难能可贵。1938年5月，国民政府为筹措抗战军费，发行国防公债5亿元，以所得税全部收入作为担保，所得税的重要作用可见一斑。在国民政府所得税正式举办的时期，各界对于所得税法规的公平之处有着诸多的质疑，这些不公之处，有的可以通过完善法律来改进，有的则是立法者刻意为之。但这种“刻意”并不是说立法者有意违反所得税的“公平原则”，而是部分基于战时特殊环境的限制，部分基于税务行政便利的考虑。这从一个侧面也说明民众与立法部门对税法“公平”的理解和要求均有不同，民众多看中法律的“形式公平”，而立法部门多重视法律执行的效果，最终造成法律的“实质公平”达不到公众的期望。

在所得税正式举办的7年间，所得税逃税盛行，所谓“相沿成习，贤者不免，各国皆有，在我为甚。”① 需要指出的是，“规避”与“偷逃”税款是截然不同的两个概念，规避税款现象与所得税法规中的漏洞有着直接的因果联系，但即使当代资本主义国家完备的税法，依然不能杜绝此类现象的发生，只能于立法上改进完善，于执行中加强征管力度。② 国民政府的所得税发展，也随着时间的推移，从正式举办阶段过渡到了逐步完善时期。

① 崔敬伯. 从间接税到直接税. 国闻周报，1937，14 (25).

② 法律中的不完善之处同时也是其完善、进步的动力之一，法律总是在此基础上知漏补漏，完善更新。

第五章　公平的修正：南京国民政府所得税的逐步完善（1942年—1949年）

1940年2月24日，财政部税制研究组朱偰提出《所得税改革计划》，计划分战时所得税的调整及战后所得税的改进两部分。改革内容包括：(1) 扩大征收范围、增加房屋租赁与土地租赁所得税；(2) 提高所得税税率及起征点；(3) 改变所得额的计算方法；(4) 在分类所得税的基础上，开征综合所得税。南京国民政府后期的所得税制发展，基本照此思路进行。

第一节　南京国民政府所得税的完善背景

一、社会动荡与物价波动

与抗战开始之后四五年间，民族工业的快速发展不同，1942年以后，由于长期战乱的影响，民族工业开始走下坡路，具体表现为大多工厂资金少，规模小，并且数量在急剧缩减，同时农村生产力遭到严重破坏，农村经济渐趋衰败，国民经济全靠工矿业支撑。与经济萧条形成鲜明对比的，是国民政府庞大的军费支出，1937 年到 1945 年，国民政府的财政支出占到岁出的 60%～70%，并且最高达到 87%以上，财政赤字加剧。① 作为主要税项收入的关税、盐税、统税在战后因地方沦陷逐年短收，国民政府遂改革税制来填补财政赤字，具体措施为：食盐改为专卖，并自 1943 年 10 月加征食盐战时附加税；把统税改为货物税，扩大征税对象；竭力发展直接税，使之成为重要税收之一。虽然国民政府想尽办法开辟新税源，增加税收，减少赤字，但税项在国民政府的整个财政收入中，依然没有占到主要地位，国民政府不得不同时采取举借内外债和银行垫款等其他方式，来填补财政赤字。然而，战争消费浩繁，物资生产反而减少，银行采取增发法币的方法，为政府垫款，对帮助政府克服财政危机是有积极意义的，但也因此造成 1942 年到 1945 年法币的急性通货膨胀，加剧了后方的经济衰退。

抗战胜利初期，在经历了短暂的物价下跌阶段后，资本主义工商业迅速发展，中国民族资本主义又迎来了一个新的发展时期，各类企业都建立起来，并蕴藏着相当大的生产能力。令人遗憾的是，随着内战的爆发和升级，民族资本主义经济发展形势又急转直下，并出现更为严重的通货膨胀。1948 年，法币发行额竟达到 660 万亿元以上，法币购买力急剧萎缩，只相当于 1945 年的十万分之七。② 国民政府不得不筹划另一次币制改革，于 1948 年 8 月下令发行金圆券取代法币。金圆券较法币，面额大大提高，其改革内容，是将人民所有的黄金、白银、银币及外国币券用金圆券限期收兑，逾期任何人不得持有除金圆券以外的其他货币类型。实行金圆券的本意，原在于抑制物价上涨，但以举国的金、

---

① 董长芝，马东玉. 民国财政经济史. 大连：辽宁师范大学出版社，1997：397.

② 杨荫溥. 民国财政史. 北京：中国财政经济出版社，1985：208.

银、外汇民间储备应付现实的困难局面，却使整个社会陷入混乱，同年 10 月，国民政府又不得不宣布放弃限价政策，准许人民持有黄金、白银、外币等。此令一出，物价再度猛涨，经济陷入崩溃。1949 年 7 月，国民政府迁至广州后，又发行银圆券取代金圆券，试图挽救财政而未果。

物价的剧烈波动和币值的不稳，破坏了经济，也使得税法频频失效。由于税率为税收制度的重要内容，因而除了改革币制要重新制订相关法律外，通货膨胀也导致关于税收的章则，要不断修改确定，才能符合实际的经济情况。国民政府的所得税制在抗战胜利前后，不断发展完善，逐渐走向成熟，而国民政府后期的经济崩溃，却使得税法一再修订，最终遭到破坏，毫无公信力。

二、所得税与税制体系

国民政府所得税逐步完善的标志是《所得税法》的公布，在国民政府数次修正颁布的所得税法中，1946 年 4 月的《所得税法》内容最为完备，其规定开征综合所得税，在民国所得税制史上拉开了新的一页。同年 7 月，国民政府公布了经修正的《财政收支系统法》和《财政收支系统法施行条例》，其中明确了国民政府的财政收支系统分三级，分别为中央、省（院辖市）、县（省辖市及相当于县（市）的局）。相应的，国民政府的税收体系分为中央税、省（院辖市）税、县（市、局）税。

中央税具体包括：所得税（分类所得税、综合所得税）、遗产税、印花税、特种营业行为税、关税（进口税、出口税、吨税）、货物税、盐税、矿税（矿业税、矿区税）、营业税（在院辖市总收入中至少占 30%）、土地税（在省县、局总收入中占 30%，在院辖市总收入中占 40%）10 类。省税包括：营业税总收入占 50%，土地税总收入占 20%（但省应以其土地税之一部分补助贫瘠县市、局）。院辖市税包括：营业税至多占总收入 70%、土地税总收入占 60%、契税、遗产税由中央分给 15%、土地改良物税（在《土地法》未施行之区域为房捐）、屠宰税、营业牌照税、使用牌照税、筵席及娱乐税 9 类。县（市、局）税包括：营业税由省分给 50%、土地税总收入占 50%、契税（仅在未依《土地法》举办土地登记之区域征收之）、遗产税由中央分给 30%、土地改良物税（在《土地法》未施行之地域为房捐）、屠宰税、营业牌照税、使用牌照税、筵席及娱乐税、特别税课 10 类。①

国地税收经此次划分后，大宗税源仍为中央所有，原属地方大宗收入的田赋则改为国地共有，从而导致地方财政困难，特别是省级地方财政分得的税收有限，根本无法维持正常运转，需要靠中央财政给予大量补助。其后，财政部虽然于 1947 年 7 月和 1948 年 3 月先后两次提出财政收支系统的修改草案，但皆拖延未决。在国民政府滥发纸币以筹措战争经费、弥补庞大赤字的背景下，经济濒临崩溃，修改财政收支系统已不能解决任何实质性问题，地方仍未“自给自足”，其不敷出之处，皆仰仗政府增发法币补给。

第二节　南京国民政府所得税的完善历程

一、《所得税法》的正式出台

1.《所得税法》(1943 年)②

1936 年所得税正式举办时，因其初次向全国范围推广，故税率轻微，手续简便，以期能够顺利推行。随着抗战的持续，政府财政支出日益庞大，1942 年 7 月蒋介石代电财政部部长孔祥熙，提出要提高所得税和利得税税率，以增加财政收入。至此，《所得税暂行条例》已实施 7 年，民

① 国家税务总局. 中华民国工商税收史纲. 北京：中国财政经济出版社，2001：422-424.

② 国民政府司法行政部. 司法行政公报，1943，1 (10).

渐成习，所得税已成定制，故立法院审议财政部拟具的修正所得税暂行条例草案后，“暂行条例”改称为“税法”。1943年2月，国民政府废止《所得税暂行条例》和《非常时期过分得利税条例》，同时公布《所得税法》及《非常时期过分利得税法》，并于同年7月颁布《所得税法施行细则》和《非常时期过分得利税法施行细则》。

《所得税法》共22条，是在原《所得税暂行条例》的基础上改定的，其主要修改内容为调整税率，提高罚则强制力度，缩短申报期限。

税率的调整内容为：第一类甲乙两项营利事业所得税由原来5级调整至9级，起征点由所得合资本实额5%改为10%，最低税率由3%改为4%；所得合资本实额30%以下者，维持原税率不变，30%以上者，逐渐提高税率，最高税率由10%提高至20%，过分利得税率由50%提高至60%，二者合计达80%，以达到重课获利丰厚者的目的。第一类丙项所得能按资本额计算的，依前项税率课税，不能按资本额计算的，原规定所得100元以上分4级课税，此次改为200元以上分14级课税，收入在2万元以下的，税率增幅较低，2万元以上的，税率增幅较高；最高税率由20%提高至30%，过分利得税率由50%提高至60%。第二类薪给报酬所得税，原为每月30元者课税5分，新税率改起征点为每月100元，课税1角，每月所得在1 500元以下者，均维持原税率，但由于起征点提高，实际应纳税额降低；每月所得1 500元以上的，逐渐提高税率，最高税率由20%提高至30%。第三类证券及金融机关之存款储蓄所得，其应课税率为5%，未变。

提高罚则的内容为：对纳税义务人逾期报告或怠于报告者，隐匿不报或虚伪报告者，将处以20元以下罚金改为处以500元以下罚金。对于欠税的罚则，原条例只对逾3个月以上者，处以罚金，从欠税额的30%至1倍不等。新税法规定，逾1个月，即科以1倍以下罚金；逾2个月，科以2倍以下罚金；逾3个月，科以3倍以下罚金，并强制执行追缴。缩短申报期限的内容为：营利事业所得税的申报时限，由纳税义务人于每年年终结算后3个月将所得额申报给主管征收机关改为1个月。

除去以上三类修改内容外，《所得税法》还将《所得税暂行条例》施行以来的补充规定和列案解释并入其中，内容体系更加完备。

2.《财产租赁出卖所得税法》及其施行细则

面对日本对大后方的经济封锁，国民政府迫切需要发展生产，另辟财源。1941年，国民党五届八中全会议决扩大直接税体系，所得税就又成了首要考虑的不二之选。按照经济学理论，国民经常所得，可分为四类，分别是利润、工资、利息、地租。而时下征收的营利事业所得税，系对利润征课；薪给报酬所得税，系对工资征课；证券存款所得税，系对利息征课。唯地租一项，按照之前税法，尚未在征课之列。因此，增加财产出卖租赁所得税，以期各项国民经常之所得，普遍征课，以求负担公允，并实现中央扩大直接税范围的意旨。①

1943年1月28日，国民政府公布《财产租赁出卖所得税法》②，其中规定：(1) 土地、房屋、堆栈、码头、森林、矿场、舟车、机械等租赁或出卖所得均应依法征税；(2) 免税范围是各级政府财产租赁或出卖所得，教育文化公益事业财产租赁或出卖所得全部用于该事业者，财产租赁所得未超过3 000元者、出卖所得未超过5 000元者、农业用地出卖所得未超过1万元者；(3) 税率采超额累进制，租赁所得最低为10%，最高为80%，农业用地及其他财产出卖所得最低税率为10%，最高为50%；(4) 与财产租赁所得不同，财产出卖所得的应税所得额，为财产出卖价格减除原价之余额，因此，在对财产原价的估计上分别针对不同情况，订出不同标准；(5) 征收方式分采自行申报（财产租赁所得）与买方代扣（财产出卖所得）两种形式；(6) 对不依期报告或怠于报告者、隐匿不报或虚伪报告者、不依期扣缴所得税者，按其情节规定了不同罚金数额。

① 孔祥熙．财产租赁出卖所得税法及新所得税法、新非常时期过分利得税法要义．财政学报，1943，1 (4).

② 国民政府立法院．立法院公报，1943 (124).

1943年7月，国民政府另行公布《财产租赁出卖所得税法施行细则》①，划定了租赁、出卖、城市土地、农村土地、农业用地等概念的范围，并详细规定了财产租赁出卖所得税的计算方法、申报及扣缴程序、罚则及奖励告发等事项。

1946年修正《所得税法》时，"财产租赁所得"被直接列入法律中，作为"第四类财产租赁所得税"。其后，财政部于同年6月，向各省发出《关于免征财产出卖所得税的代电》，指示修正《所得税法》公布后，财产出卖所得税在4月16日以后发生的，除依法应课征综合所得税外，免征其分类所得税。《财产租赁出卖所得税法》就此于事实上被废止。

3. 修正后的《所得税法》(1946年)②

抗战胜利后，原《所得税法》已不尽符合战后社会经济及物价变动情况，需要加以修改。此次修改，将营利事业、薪给报酬、证券存款、过分利得及财产租赁所得税都纳入统一的体系，并且在各类所得分类征收的基础上，首次征收综合所得税。综合所得税是对个人的全部所得课税，从真正意义上实现多收入者多征、少收入者少征的目的，实现所得税的公平原则，使所得税制趋于完善。国民政府的所得税制由分类所得税制改为分类综合所得税制，在我国税制史上是有标志性意义的事件，即使是在当代，分类综合所得税制亦被欧美许多发达国家采用，是个人所得税制度演变的重要发展方向。

1946年1月，财政部拟具所得税法修正草案，报请行政院核转立法院审议，修正后的《所得税法》遂于1946年4月公布施行，同年7月公布修正后的《所得税法施行细则》。

修正后的《所得税法》，将所得税分为分类所得税和综合所得税两部分。

① 国民政府中央银行经济研究处．中央银行经济汇报，1944，9（1）．
② 国民政府上海市政府秘书处．上海市政府公报，1946，4（11）．

分类所得税内容为以下几点。

首先，征课范围调整为五类，将原《所得税法》第一类丙项“属于一时营利事业所得”划分出来，单独列为第五类“一时所得”，增加第四类“财产租赁所得”，其余三类名称与原税法相同。其中，第一、二、四、五类所得均区分为甲乙两项，列举比较具体。第三类证券存款所得，取消股票一项，增加非金融机关借贷款项利息所得。修正后的《所得税法施行细则》第 3 条规定，第一类营利事业包括各级政府所办公营事业，扩大了征课范围。

其次，关于免税范围方面，第一类营利事业甲项所得合资本实额未满 5%者免征，较原规定降低了 5%；第一类乙项所得，征税起点为 15 万元。教育、文化、公益、慈善事业之所得，全部用于本事业者免征。依合作社法组织并依法经营业务，且经所在地主管机关登记设立之合作社，其营业之所得合资本实额未超过 20%者免征。其他各类所得免税规定，起征点比照当时物价有所调整。

再次，关于税率方面，第一类营利事业甲项（股份有限公司、股份两合公司、有限公司营利）所得，其税率自所得合资本实额 5%以上未满 10%者课税 4%起征，至所得合资本实额 50%以上者一律课税 30%止，仍分 9 级计税，最高税率较原规定增加 10%；第一类乙项（无限公司、两合公司、合伙、独资及其他组织营利）所得额自 15 万元以上未满 20 万元者课税 4%起，至所得额在 700 万元以上者一律课税 30%止，共分 11 级；第一类甲乙两项之所得属于制造业者，其税额依规定减征 10%。第二类薪给报酬甲项（业务或技艺报酬）所得，自所得额超过 15 万元至 20 万元者，就其超过额课税 3%起，至所得额超过 320 万元以上者，一律就其超过额课税 20%止，计分 10 级；第二类乙项（公务人员、被雇自由职业者、其他各业从业人员薪给报酬）所得额超过 5 万元至 6 万元者，就其超过额每 1 000 元课税 7 元起，至所得额超过 24 万元以上者，一律就其超过额每 1 000 元课税 100 元止，共分 10 级。第三类证券存款利息所得税率，由原规定的 5%提高到 10%。第四类财产租赁甲项（土地、房屋、堆栈、森林、矿场、渔场租赁）所得之税率，自所得额超过 5 万元至 10 万元者，就其超过额课税 3%起，至所得额超过 700 万元以上者，一律就其超过额课税 25%止，共分 12 级；第四类乙项（码头、舟车、机械租赁）所得之税率，依前项所得之税率加征 1/10。第五类一时所得之税率，自所得额超过 2 万元至 5 万元者课税 6%起，至所得额超过 500 万元以上者，一律课税 30%止，计分 9 级。

最后，关于罚则方面，除处罚金额有所提高外，《所得税法》第 37 条增加规定：纳税义务人或扣缴负责人拒绝接受纳税通知者，主管征收机关得科以 2.5 万元以下之罚金，由法院以裁定行之。第 40 条规定：法院得酌定期限令受罚人缴纳罚金及滞纳税款，逾期不缴者，强制执行。关于奖励方面，修正后的《所得税法施行细则》第 98 条规定："各类所得税纳税义务人或扣缴负责人如有隐匿短报不实情事，经告发或检举查明属实者，依法科罚，以罚金额之三成提充告发人之奖金，主管征收机关并应为告发人代守秘密。(但）前项奖金及前条之奖励金，于政府机关不适用之。"①

综合所得税内容为以下几点。

在个人所得征课分类所得税的基础上，其全年所得总额超过 60 万元的，加征综合所得税，综合所得税额除包括分类所得的全部五类所得外，须将财产出卖所得一同合并。计算全年所得总额时，为照顾纳税人家庭情况，新税法规定纳税人共同生活的家属或必须抚养的亲属，每人减除 10 万元；为鼓励纳税人子女继续读书，规定家属中有中等以上学校学生的，每人减除 5 万元；为避免重复征税，规定可减除已纳之各类所得税及土地税。综合所得税税率，采超额累进制，从所得总额超过 60 万元至 100 万元者，就其超过额课税 5%起，至所得总额超过 5 000 万元以上者，一律就其超过额课税 50%止，计分 12 级。在征收方法上，与分类所得税以课源法为主不同，综合所得税因有宽免差别的不同，规定采申报法，以户为申报单位，并借鉴日本的联合申报方式，设立联合

① 国民政府福建省政府秘书处. 福建省政府公报，1946 (1792).

申报委员会。

4. 修正后的《所得税法》(1948 年、1949 年)

1946 年修正的《所得税法》，起草时间为 1945 年秋冬，时值抗战胜利，是在全国经济情况好转的预期下制定的税法。但全面内战开始后，一方面，经济形势急转直下，物价由胜利初期的猛跌转为猛涨，致使原税法的规定离实际情况越来越远，执行非常困难。另一方面，为及时筹措经费，需要税法上专门规定所征收的税款能提前缴库。财政部遂第二次修订《所得税法》，并将原税法与施行细则的条文融为一体。第二次修正的《所得税法》[①] 于 1948 年 4 月公布施行，分为总则、第一类营利事业所得、第二类报酬及薪资所得、第三类利息所得、第四类财产租赁所得、第五类一时所得、综合所得、奖励及惩罚、附则共 9 章 163 条。其主要修改内容为以下几点。

首先，关于征课范围：调整第一、二、四类，取消第一类营利事业所得税甲乙两项分别适用不同税率的规定，不再以所得额合资本实额比率作标准，一并以所得额多少决定税率高低；第二类薪给报酬所得分为业务或技艺报酬所得（甲项）和定额薪资所得（乙项）两类；第四类财产租赁所得，原规定有土地、房屋等 9 项，改定为土地、建筑物、舟车、机械 4 项。其次，关于税率方面：第二类甲项所得，改为 3%比例税率，第二类乙项所得，改为 1%比例税率，其超过规定数额者，加按 2%～4%超额累进税率征税；第四类财产租赁所得，改为 4%比例税率；第五类一时所得，原采累进税率，后因计算困难，改按 6%比例征收，因其他税率需要根据物价调整，故只做概括规定。除此之外，分类所得税修改还有简化第二、四、五类所得税征课手续，营利事业所得税从宽定资产估价方法，改变资本额计算方法等内容。最后，关于综合所得税方面：缩小征课范围，将课税客体修改为已征第二、三、四、五类分类所得额，或应征分类所得税而不及课税标准之所得额，以及投资于营利

① 国民政府上海市政府秘书处. 上海市政府公报，1948，8 (26).

事业分配盈余之所得；对定额薪资所得，只就取得额80%计入综合所得，并不规定最高限度；改以户申报为自由申报方式，不能独立生活或有抚养义务之亲属须合并申报，取消联合申报委员会；加强分类所得税与综合所得税的稽征配合等。

1949年7月，财政部宣布以银圆为本位币，发行银圆券取代金圆券，所得税法随之进行第三次修正。9月7日，李宗仁公布修正后的《所得税法》，新税法共计9章163条，除税率及与之相关的个别条文予以修正外，均与1948年原税法相同。

5. 其他章则制定

1944年8月5日，财政部公布《三十三年度所得税及利得税简化稽征办法》15条，简化营利事业所得税及利得税的稽征办法。12月18日，财政部颁发《第二类公务人员薪给报酬所得税简化稽征办法》5条，规定扣缴机关毋庸再向直接税机关按月填送所得额报告表及扣缴清单。

1945年1月29日，财政部颁发《自由职业者薪给报酬所得税简化稽征办法》及《第二类丙项其他从事各业者薪给报酬所得税暨第三类各项证券存款利息所得税简化稽征办法》。6月12日，行政院政务会议通过《第一类营利事业所得税简化稽征办法》，主要内容为：尊重税法精神，废止依照预算配税办法；恢复申报办法；采用抽查办法；改定计税标准；简化评议程序。抗日战争胜利后，财政部逐步开展对收复区的直接税征收工作，并于10月12日公布《收复区直接税征免办法》。

1946年7月，为推动综合所得税在各地施行，财政部公布《综合所得税联合申报委员会组织规程》和《综合所得税临时稽征注意事项》9条。

1947年1月1日，国民政府公布《特种过分利得税法》，规定凡买卖业、金融信托业、代理业、营造业、制造业等税法所列举的行业利得超过资本额60%的，征收特种过分利得税，税率采超额累进制，最低为10%，最高为60%。1月13日，财政部颁布《三十六年度营利事业所得税稽征办法》，规定：上海等35个大城市恢复查账计税；公司组织、国营事业、公私合营事业及账据确实完备并经核定者，均采查账方法计税；由征收机关根据申报所得额计算税额先行填单缴税，再进行调查；资本额不足100万元，营业额不足1 000万元的，仍依标准计税方法计税。2月8日，国民政府公布修正后的《特种过分利得税法》，行政院并于同日公布《特种过分利得税法施行细则》。

然而，修正后的《所得税法》规定的免税额及课税级距并不能适应物价的急剧变动，但税法作为法律，又不能随意更改，为解决这一问题，国民政府于1947年3月15日公布《所得税法免税额及课税级距调整条例》，规定对所得税免税额及税率每年按物价指数调整一次，相应提高免税额，改变纳税人虚盈实税的境况，除第三类证券存款利息所得外，一律依条例调整，并以上海、重庆、天津、武汉、广州五地的趸售的物价、房租、生活等指数平均增加的百分比，为调整的计算标准，对按公务员生活补助费划分区域的，则分区按期调整。3月26日，财政部颁发修订的《所得税奖励金请给办法》，规定代扣所得税的单位或负责人可在扣缴税额内按5‰扣支奖励金。4月24日，财政部公布《三十六年度各类所得税免税额及税率》。5月13日，财政部公布《绥靖区豁免直接税办法》①，规定收复后的绥靖区、灾情特重者，经呈准行政院，可免征直接税一年。

1947年7月15日，财政部明令废止《第二类公务人员薪给报酬所得税简化稽征办法》《第二类丙项其他从事各业者薪给报酬所得税暨第三类各项证券存款利息所得税简化稽征办法》及《自由职业者薪给报酬所得税简化稽征办法》。财政部又颁发《第二类甲项业务或技艺报酬所得税稽征办法》，规定其所得额应分别为甲乙丙丁戊五级，由公会评定，主管征收机关根据公会所得税额清册，对10%户数进行抽查，再依抽查结果分别核定税额，并填发缴款书通知纳税。

1948年4月1日，国民政府明令废止《特种过分利得税法》，并同时

---

① 全面内战开始后，中国共产党领导的人民军队，采取战略转移，主动撤离某些解放区，国民党军队进占这些地区后，将之称为“绥靖区”。

公布修正后的《所得税法》及《三十七年度各类所得税起征额及税率表》。4月27日，财政部公布《定额薪资所得税暨一时所得税征课调整办法》，规定于每年4月、7月、10月依法调整起征点税级，如物价涨落不超过50%者，不予调整，同时规定了计算公式。9月21日，财政部公布《三十七年度营利事业所得税稽征补充办法》。11月5日，财政部代电废止1946年12月颁布的《行商一时所得税稽征办法》。

1949年2月28日，国税署代电各地，本年营利事业所得税的稽征改由各商业同业公会分配税额负责催缴。南京国民政府所得税逐步完善阶段各项章则详见表6。

表6　南京国民政府所得税逐步完善阶段各项章则一览表

章则名称	拟定机关	公布时间	废止时间
《财产租赁出卖所得税法》	财政部	1943.1	1946.4
《非常时期过分利得税法》	财政部	1943.2	不详
《所得税法》	财政部	1943.2	1946.4
《所得税法施行细则》	财政部	1943.7	1946.4
《财产租赁出卖所得税法施行细则》	财政部	1943.7	1946.4
《非常时期过分得利税法施行细则》	财政部	1943.7	不详
《所得税法》（修正）	财政部	1946.4	1948.4
《所得税施行细则》（修正）	财政部	1946.7	1948.4
《行商一时所得税稽征办法》	财政部	1946.12	1948.11
《特种过分利得税法》	财政部	1947.1	1948.4
《特种过分利得税法施行细则》	财政部	1947.2	1948.4
《所得税法免税额及课税级距调整条例》	财政部	1947.3	1948.4

二、逐年增长的所得税征收成果

1. 财产租赁出卖所得税征收概况

财政部开征财产租赁出卖所得税时，对该税的预期颇高，1943年原所得税总预算17亿元，其中，此税的预算达到11亿元，大大超过其他各类所得税预算之总和，土地部分停征后，预算仍为2亿元。为完成预算任务，财政部直接税处印发了《为推动财产租赁出卖所得税告同仁书》，要求各地稽征人员掌握新税精神，层层推动，做好宣传征收工作。虽然各地税务局做了大量准备工作，但纳税人主动申报的很少，大都持观望心态，甚至在税务人员一再劝导下，申报者仍不多。在此情况下，财政部不得不报上级机关，将原预算减为1亿元，财产租赁与出卖所得税各5 000万元。最终，1943年的实际征税额只有4 551万元。1944年财产租赁所得征税额为5 647万元，财产出卖所得征税额为6 635万元，合计1.23亿元；1945年财产租赁所得预算为2.27亿元，实际征收3.78亿元，超额完成67%，征收效果逐渐好转。①

2. 收复区征收概况

抗战胜利后，原被日本占领的地区，陆续收复，财政部遂于1945年10月公布《收复区直接税征免办法》，逐渐恢复收复区的税收稽征工作。其中，对所得税的规定为：第二类薪给报酬所得税、第三类证券存款所得税及财产租赁出卖所得税一律自征收机构成立之日起征收，即在收复之后，该省区未设征收机构的，一律不计征，亦不追溯，以示宽大；第一类营利事业所得税及非常时期过分利得税，一律依照现行所得税法，于1946年1月起征。② 对于营利事业所得税及过分利得税来说，系以各商上年度结算后之所得为核算依据，1946年所征的税，即在1945年营业结算的基础上，对营利者征税，如此规定，似乎并无宽免之意。而政府本意，在于此项税收是就其纯益额征税，既有营利，自当缴税，理至公允，且收复区沦陷时只是被敌人军事占领，并不是割让土地丧失宗主权的情况，营业人既有利可图，纳税以为国用，并无不宜，过分利得税者更不待言。③ 但实际情况是，收复区的征税工作进展十分困

① 国家税务总局. 中华民国工商税收史：直接税卷. 北京：中国财政经济出版社，1996：89.

② 上海法学编译社. 法令周刊，1946，9（12）.

③ 伍金陶. 收复区直接税征免之研究. 广东直接税导报，1946，光复版（2）.

难，由于物价狂跌，各商亏损严重，致使大部分地区工商凋敝，无税可收；而设立税务机构，人员奇缺，调剂困难；国家银行、各地商会等亦无法在短时间内成立开业，不能配合征收工作。经过一系列的努力，江苏直接税局、上海直接税局、天津直接税局先后于 1945 年 11 月成立，其所辖各分局，又于 1946 年 1 月陆续成立，以全面推进征税工作。

总体来说，沦陷区收复初期，薪给报酬所得税及证券存款利息所得税征收较为顺利。营利事业所得税，鉴于征收困难，财政部特订，改变其稽征方法，令各地直接税主管机关，先行核定各行业标准纯益率，计算出各业所得额，再参照各地税收预算数额，计算各商应纳税额。虽然计算依据文件，需要经审查委员会审定，但其实质是“配税法”，在实际执行中，就变成了讨价还价，征收效果十分不理想。举例来说，1946 年，浙江省所得税年预算 31 亿余元，查征数为 9 亿余元，纳库数仅 5.9 亿余元；湖北省年预算 12 亿余元，查证数为 2.6 亿余元，纳库数仅 1.4 亿余元。①

3. 后方征收概况

1941 年第三次全国财政会议后，国家税系统的直接税、货物税机构合并为一处，省级设税务管理局，县级设税务征收局，1943 年 4 月实施。后经实践证明，两税征收对象、方法皆不同，并不能节省人力财力，更不能简化内部机构设置，有鉴于此，财政部乃于 1945 年 4 月，提请行政院会议议决，重新将直接税、货物税机构分开。1946 年 6 月，全国财粮会议决定，将土地税、契税、营业税划归地方接管，中央税收减少。抗战胜利初期物价惨跌的情况，经国民政府增发纸币后，逐渐好转，经济渐为活跃。以下为此时期全国所得税征收成果（详见表 7、表 8）。

① 国家税务总局．中华民国工商税收史：直接税卷．北京：中国财政经济出版社，1996：98.

表 7 所得税等直接税种历年预算数与实收数对比表①

单位：元

年度预算/实收	所得税	利得税	遗产税	印花税	营业税	直接税总和	所得税占直接税百分比
1942 年预算	170 000 000	240 000 000	20 000 000	40 000 000	400 000 000	870 000 000	19.54%
1942 年实收	207 944 808	352 055 462	2 605 282	26 550 905	584 800 589	1 173 957 046	17.71%
1943 年预算	700 000 000	1 000 000 000	50 000 000	300 000 000	1 200 000 000	3 250 000 000	21.54%
1943 年实收	990 947 382	1 219 972 517	49 406 499	369 263 756	1 891 696 072	4 521 286 226	21.92%
1944 年预算	1 780 000 000	2 160 000 000	50 000 000	1 000 000 000	2 500 000 000	7 490 000 000	23.77%
1944 年实收	1 698 614 276	1 998 065 485	144 426 315	890 559 948	3 219 092 480	7 950 758 504	21.36%
1945 年预算	2 600 000 000	3 100 000 000	200 000 000	1 800 000 000	5 000 000 000	12 700 000 000	20.47%
1945 年实收	3 253 647 802	3 553 914 222	301 465 410	3 142 084 875	8 243 705 259	18 494 817 568	17.59%

① 杨昭智．中国所得税．上海：商务印书馆，1947：158-161.

表 8　　所得数历年实收数与国税总收入对比表①　　单位：千元

年度	所得税实收数额	国税实收数额	所得税占国税百分比
1942	207 945	2 807 154	7.41%
1943	990 947	12 169 298	8.14%
1944	1 698 614	30 848 760	5.51%
1945	3 253 648	99 983 810	3.25%
1946	60 164 172	1 299 244 681	4.63%
1947	758 222 200	10 435 084 230	7.27%

自 1943 年开征财产租赁出卖所得税，到 1946 年征收综合所得税，所得税的征收范围在不断扩大，实际征收额亦逐年增长。但总体来说，货物税、关税、盐税三者仍然居于国家税的主要地位，直接税法制虽完备，机构虽自成系统，但在国家税收中的地位仍不如前三者。所得税作为直接税的重要种类，在全国税收中的比例虽然较为微弱，但也是不可忽视的一部分。

第三节　南京国民政府所得税完善中“公平”的修正

一、实体公平之修正

1. 课税范围

关于课税范围的质疑，多集中在财产租赁出卖所得税上。财产租赁出卖所得税开征以后，持反对意见的人颇多，理由是依当时的税制，财产中的土地房屋已被征课契税、地赋、房捐，再加征所得税，实为重复课税，徒然引起民众反感。对此，高秉坊解释说，重复税之所以不公平，是因为

① 根据国民政府财政部财政年鉴编纂处《财政年鉴》（三编）数据整理而成。纵观国民政府时期各类数据统计资料，同样年度、名目的税收数往往略有不同，原因疑为统计口径不一所致。

对两个性质相似的课税目标，一个课一次税，另一个却课两次税；但若对两个课税目标，同时同样均课以两次甚至数次之税，税虽有重复，却仍不失其公平本质。言下之意，投资于工商业，与投资于土地房屋等财产，均是以获取收益为目的的营利行为，而从事工商业者，除课以牌照税、营业税外，同时并有所得税及过分利得税征收，其负担较一般财产所有者为重。如此一来，同为投资，一个税重，一个税轻，体现了重复征税不公平的弊端。按照投资利息原理，社会资金必由税重者方面向税轻者方面奔流，如果细心观察我国当下资金流动情况，颇有逐渐从工商业方面走向财产方面的趋势。工商业税重，财产税轻，必是其原因之一。由于财产所得多属不劳而获，工商业所得处于勤劳所得与不劳而获之间；投资工商业风险甚大，投资财产（尤其是土地等不动产）风险较轻。投资财产者所负担的税收本应较投资工商业者为重，而我国现实的情形却恰恰相反，根本称不上公平。为调整平衡财产所得与工商业所得两者税负起见，政府才对财产租赁出卖所得，课以所得税，自属合适。①

高氏的阐述，盖因其解释对象为普通民众，因此颇为直白，至于“税虽有重复，却仍不失其公平本质”的说法，亦缺乏理论分析。有学者认为，若从税收理论分析，对土地所征收的税属于收益税系统，对财产出卖所得征收的税为所得税系统，二者均为适应负担，以谋课税之公平，正如营利事业所得与营业税配合征收的性质一样，并不冲突。② 上文已述，对于税收是否重复征收的问题，需要将其放在税制系统中看，由于人们对当时的税收体系并无一致的看法，可暂时将这个问题搁置一边，从另一个角度解读财产租赁出卖所得税的合理性。

其实，财产出卖所得税之关于土地部分，虽说性质与土地增值税极为相似，但当时我国并未完成地价调查工作。在地价税与土地增值税暂未实行之际，举办财产出卖所得税，可以理解为过渡补救之举措，用征课战时

① 高秉坊．我国财产租赁出卖所得税之开征与推行．财政学报，1943，1（5）．

② 张兆符．财产租卖所得税租田部分与地税之性质及其关系．财政知识，1943，3（5-6）．

暴利者的税收，补充国库收入，但政府此时却没有考虑到人民的实际情况。财产出卖租赁所得税开征以后，推行极不顺利，不少地方参议会及社会团体请求缓征土地部分租赁出卖所得税，理由是当下政府正在田赋征实及征购军粮，民众根本无力承受如此巨大的税收负担。甚至四川省，因中央政府未有宣布缓征，致使群情激奋，有拒缴征粮以相抵制之酝酿。① 若不能及时征缴军粮，则后果不堪设想，更有事态波及其他省份的可能，财政部认识到问题的严重性之后，遂电令东西川税务管理局暂缓办理此税。后行政院又于1943年12月训令财政部，认为在田赋和土地税之后，再加征土地租赁出卖所得税，存在重复课税之弊，实际上纠纷甚多。因此，应暂缓施行《财产租赁出卖所得税法》的土地部分。财政部遂于1944年1月转令各省税务管理局通令所属各分局、所遵照办理。

政府最初宣传财产租赁出卖所得税的优点为：完成直接税体系，均衡国民负担；支付战时经费，争取战争胜利；防止财富积累，消除社会危机；稽征手续简便，税率和平宽大；税额负担公允、确实。② 但在增加课税种类之前，还要考虑民众的承受力，除去正常的税负，还有额外的征缴事项，若在此种情况下还要加征类似赋税，则无论税收的形式有多公平，最终都会失去公平的本质。除财产租赁所得税外，1947年2月又加征特种过分利得税，论其性质，本来是营利事业所得税的附加税，但同一性质的几种税目并行，徒增烦琐。故1948年《所得税法》将营利事业所得税的税率提高，抵补利得税收入，废止过分利得税的征收，是较为完善的改进。

2. 税率选择

1946年《所得税法》中，除第三类利息所得税是采用比例税率外，其余第二类薪给报酬所得税、第四类财产租赁所得税、第五类一时所得税等，均是采用累进税率。前文已述，累进税率为最符合所得税公平要义的

① 国家税务总局. 中华民国工商税收史：直接税卷. 北京：中国财政经济出版社，1996：86.

② 高秉坊. 财产租赁出卖所得税之要旨. 财政知识，1943，3（3）.

税率，但因为此时期社会物价变动剧烈，币值不稳，税率在调整后，很快便失去效用，商民往往按照最高税率缴税，反而成为不合理的现象，故1947年3月《所得税法免税额及课税级距调整条例》，规定每年对所得税免税额及税率按物价指数调整一次。然而调整的手续规定过繁，延误时间。1948年《所得税法》又将除营利事业所得外的第二、三、四、五类所得税一律规定为比例税率，并实行扣缴制度，使税源易于控制，具体办法为：第一、二、四、五各类所得及综合所得起征额暨累进税率之课税级距，于每年度开始前经立法程序制定公布；第二类乙项所得起征额及课税级距，暨第五类一时所得之起征额，得由财政部制定调整办法，呈请行政院核定，于每年4月、7月及10月，各调整一次。而时隔一年，规定又变，1949年《所得税法》，不仅对第四条第二类乙项定额薪资所得及第五类一时所得的税率作出了调整，又将第一、二、四、五各类所得及综合所得的起征额暨累进税率之课税级距由每年度核定改为“得由财政部视经济情形之变动与适应国库之需要，随时拟定呈请行政院核定施行”。

税率如此不断调整改变，实为国民经济极不稳定的反映，同时也是立法者的无奈之举。本来按年调整起税点和课税级距，以适应民众负担能力与国家预算的需要，是适应物价波动的正常现象，还算不违背公平要义。① 但朝令夕改，往往使纳税人饱受困难，无所适从，加之税款的征缴需要时间走完相应的程序，而税务征管机构难以迅速适应各种条例、办法的改变，实际征税中，税务机关与纳税人的纠纷增多，实在难以达到公平稳定的理想状态。

关于课税级距方面，1946年修正的《所得税法》中规定，第一类营利事业甲项所得税率，计分9级，乙项所得，计分11级；第二类薪给报酬所得税，甲、乙两项均分10级计税；第四类财产租赁所得税，甲、乙两项均分12级计税；第五类一时所得，课税级距为9级。其中，营利事业所得税的起征点和最高点之税率，表面上均较1943年《所得税法》为

① 王扶洲，崔敬伯．改进所得税制度拟议．广东直接税导报，1947，2（11-12）．

低，实际上因新税法级数较旧税法减少，新税法起征点与最高点距离缩短，因此实际税率增加。此税率设置技术上的精妙之处一直伴随着所得税的发展，据财政部 1947 年 4 月公布的该年度所得税免税额及税率①可知，各类所得调整后，免税额普遍提高，课税级距加大，税率相对又降低，目的为缓解因物价上涨带来的虚盈实税现象。课税级距的划分层次，除影响纳税人实际负担税率的高低外，还有着以下特点：若其划分过于精密，则计算繁复，徒增征收困难，更易滋生纳税人隐匿蒙混之流弊；如划分过于宽舒，则难以发挥税率的弹性特点，不符合所得税负担的公平原则。② 故课税级距的设置，对税法公平原则的发挥影响极大，而此时期国民政府的所得税免税额和课税级距经常被动调整，尚且不能适应物价变动的速度，未免有不合时宜之感。

二、程序公平之修正

1. 简化稽征

所得税的课征，因申报、调查、审核等手续较繁，税款入库时间较晚，不能适应抗战紧急需要，故财政部欲改良其征收方式，使税款早日纳库。第一个实行简化稽征的是营利事业所得税（1944 年），该税之前因商民送审账簿，大都不全不实，为核税确实起见，征收机关不得不依照“迳行决定”之法估计纳税额，但均以此法个别解决，往往致税负轻重失平。为防止弊端，遂实行简化稽征，改个别估计为集体评定，以公开求公平。其具体做法为③：一般工商业，以 1943 年查征营业税所核定之各商销货额为计算依据，以 1940 年、1941 年、1942 年 3 个年度查征所利得税后编制之分业标准毛利率及各行业分业标准费用率为计算标准，将各该业之标

① 三十六年度各类所得税免税额及税率．广东直接税导报，1947，2（6）．

② 张子美．所得税免税额及课税级距调整条例之研究．公信会计月刊，1947，10（4）．

③ 一般工商业、行栈与代理业、金融业与缴纳统税之厂矿三类计算法略有不同，此处仅以一般工商业为例加以说明。

准毛利率乘以各商1943年全年销货额，得出各该商1943年度应有之毛利额；将各该业之标准费用率乘以各商1943年全年销货额，得各该商1943年度应有之费用额；再以毛利额减费用额，便为各该商的标准纯益额。[①]接下来，便根据以上数据计算出1944年度各该商应纳所得税额与利得税额之标准，后将各商标准纯益额暨应纳所利得税额，分送审查委员会与商会及各该业同业公会。先由商会召集同业公会，依前项标准进行公开评议，提供调整意见，再送请审查委员会审定后，由征收机关做最后评定，分别列单公告。各业各商应纳税额，经列单公告后，征收机关即通知各商于规定期限缴纳，不得请求复查或复核。

实施简化稽征的初衷，即将所有调查、审查、复查程序，尽量合并办理，这样既不违背税法精神，又能使商民的税收负担趋于公平合理。至于所得、利得应纳税额，既系以1943年度查征营业税所核定之各商销货额、收益额、资本额及近三年查征所利得税后编制的各种分页标准、比例推算而来，就仍为根据查账基础得出结果，也不失公平之意。实施简化稽征以后，中小城镇由于工商户建账的不多，对估计方法习以为常，简化稽征的推行亦比较顺利；而大城市中，工商户情况复杂，整理资料与评议困难重重，未如当初料想般顺利，也就未能达到税款及时入库的目的。另外，简化稽征是将预算数逐级分配于各业各商，接近摊派，难以均衡考虑各商户的差异，对亏损者与营利丰厚者，失之偏颇；而商会或同业公会负责人，多为富商巨贾，于评议时，不能顾及中小商人的利益，结果实际的税负常失之公允，简化稽征的实施结果与原精神，相去甚远。

1947年6月30日财政专家简贯三在直接税署召开的所得税座谈会上发言时指出："所谓简化稽征，根本无法律根据，等于政府和商人做买卖，完全丧失所得税固有的公平、确实、弹性等优点。"[②] 由于多数专家、学者还是主张查账征收，1947年度沪、津、穗等35个较大城市恢复为查账

① 张保福．中国所得税论．南京：正中书局，1947：90.

② 国家税务总局．中华民国工商税收史：直接税卷．北京：中国财政经济出版社，1996：93.

计税区域，其营业额、资本额较小之商号及其他地区，仍采标准计税制，作为过渡。

需要指出的是，继营利事业所得税实施简化稽征后，财政部又陆续对薪给报酬所得税和证券存款利息所得税进行简化稽征，此两项税收手续简化，为征收机关带来便利的同时，亦有许多负面作用，其情况基本同营利事业所得税简化稽征，此处不赘述。

2. 征收问题

第一类营利事业所得税征收，原规定需经过调查、复查、审查等程序，其手续烦琐、时间较长，且各县市的审查委员会，由公务员、地方公正人士及职业团体职员充任，对税务知识未尽掌握，不甚合理。经过长期的实践证明，赋予审查委员会以决定税额之权，不但缺乏效率，反而削弱征收机关的权威。遂于1946年修正《所得税法》，在征收方面，新税法与旧税法最大的不同为取消了审查委员会和审查程序。如纳税人对征收机关的复查决定不服，可直接提起诉愿和行政诉讼，此规定在保障纳税人合法权益之余，简化了手续，提高了效率，为不小的进步。

虽然取消了审查委员会，但在综合所得税的征收中，又设立了联合申报委员会。综合所得税的征收，采申报法，由于民国时我国仍为大家庭制度，财产难以在家庭成员之间划分，加上社会环境的影响，国民户籍调查登记工作不甚完善，做个别申报难度较大，故规定以户为申报单位，以求征收便利。当时效仿的是日本的联合申报法，即在一定地区，实行集体申报，这样一方面可使邻里相互帮助，减少不明税法者申报的困难；另一方面，纳税人住所相近，彼此熟悉各自情况，为珍惜名誉，隐匿瞒报情况必然减少。1946年修正后的《所得税法》规定，于各区乡镇公所或中心小学设置联合申报委员会，作为联合申报之枢纽；综合所得税纳税义务人，应于每年的固定日期，将前一年所得税种类及税额报告于该地区联合申报委员会；委员会公开审查后，将所得额及审查结果，汇报于主管征收机关；所得额在100万元以上或应为单独申报者，仍应直接报告于主管征收机关，不参与联合申报；地区联合申报委员会，设委员5～7人，由主管征收机关于乡镇公证人士中选聘；各区乡镇长、中心小学校长及主管征收机关代表为当然委员；设有联合申报委员会的地区，如能依期完成征税任务，主管征收机关得按各该区乡镇综合所得部分实收税款，给予5%的乡镇教育补助费，以资奖励。

从联合申报委员会的成员组成来说，主管征收机关代表为当然委员，既可以减少委员会内部的意见纷争，也使审查结果不至于偏离实际情况较远，殊为合理。在综合所得税创办两年后，人民不明纳税手续的情况已大为减少，也已习惯综合所得税的申报，加之缴纳综合所得税者，大都知识水准较高，无设置机构之必要，1948年《所得税法》遂取消联合申报委员会，规定纳税人自行直接向主管征收机关申报。此项改进，于提高征收效率之余，庶几不失公允。

三、执行公平之修正

1. 倍数估缴

前已述及，对于税率的调整，已经有税法、条例等的明确规定，尽管这种规定是经常变化的。但饶是如此，似乎仍不能适应币值的波动，在税率与课税级距每年调整的情况下，行政院又于1948年2月制定并公布了《三十七年度营利事业所得税稽征办法》，其中规定："所得税估缴数额，系照三十六年度（1947年）所得利得税之六倍计算缴纳；新设尚未纳税之营利事业，则按其申请登记之资本实额百分之十二点六计算缴纳。"①值得注意的是，虽然此办法为政府于税收的权宜之计，但政府并无公布六倍估计的根据，多数人认为倍数缴纳，失之过重。故通告实施后，各业群起反对，并愿请政府减低估价倍数，延长缴纳期限，但并未得到变通。

未变通的理由为，依照原办法规定，六倍之估缴，并非最后确定数字，各纳税人应纳税额，经征收机关核定后，进行多退少补，此期间溢缴

① 上海银行周报社. 银行周报，1948，32（9）.

部分之利息，亦按照中央银行存款准备金利率计算一并退还纳税人。而商民对此规定并不买账，一方面，人们认为政府机关的办事效率较低，对退税一事，历来延迟，耽误纳税人资金流转；另一方面，利息的补偿，若是按照中央银行同业定存利率，或市场平均利率计算，尚可接受，但中央银行存款准备金利率，远远低于一般营利事业者平时负担的利息，于纳税人并不公平。政府表面上做出补贴纳税人损失的承诺，却无人相信政府的诚意，皆源于规定的不合理程度甚深。[①]

其后，政府于1948年4月制定的《三十七年度各类所得税起征额及税率表》[②] 中，对各分类所得税、综合所得税的宽免额、起征额、税率做了明确的规定。但同年12月30日，行政院批复财政部，文武职公教人员暨各业雇佣人员定额薪资所得税的起征额及课税级距，部分区域统按5倍计算调整，仍没有逃脱倍数缴纳的窠臼。倍数缴纳这种缺乏理论依据的估计征收方式，未经立法程序而由行政机构随意提出，对应着政府信用的缺失。民众既担负着没有预期的税收，又承受着税率随意上调的恐慌，对税务征收的反感抗拒之情可想而知。故税法中的规定能否得到公平执行，还要看各项行政命令是否切合实际，行政效率能否逐步提高，政府机构的实际措施是否符合民众的心理预期。

2. 综合所得税问题

1946年修正的《所得税法》首次开征综合所得税，为民国所得税制史上的里程碑式事件。因综合所得税征课更加符合公平原则，故支持者众多，但亦有人认为综合所得税虽应该开办但不是随便可办，言下之意，国民政府当时并不具备开办综合所得税的条件。

理由之一：当时分类所得税征收中，有诸多问题没有得到解决，所得税制并不完善，就此开办综合所得税，未免草率。具体来讲，税法中规定的各类起税点和终税点参差不齐，其间的课税级距，差别很大；累进的方

① 佚名. 所得税之六倍估缴. 银行周报，1948，32（21）.

② 国民政府上海市政府秘书处. 上海市政府公报，1948，9（2）.

法，有的采全额累进，有的采超额累进，缺少一定的规范；计算的方法，有的以所得占资本的比率为准，有的直接以所得额为准，也未明白如此规定的界限。拿财产租赁所得税和利得税来说，前者以所得额为计税标准，后者又以所得与财产总额的比例为计算依据，同一范围的征课客体，计算方法两异；又如公务人员的薪给报酬所得税，只有免税点的规定，而自由职业者的薪给报酬，除同一免税点外，还有各项免除的规定，略有轩轾。若分类所得税的税率因时设置，则综合所得税的基础并不稳定，如此即行开办，稍欠妥当。

理由之二：即使各地征收机关，在历年稽征工作中，积累了大量分类征课的资料，为综合所得税提供了依据，但各地商业调查工作并不完善，有所缺憾。我国各地经济情形千差万别，各行各业的虚盈消长亦不相同，所得税征课的方法是否恰当，应该分别明确各业的实际情况，才能有正确的比较。这就需要以积年累月的商业调查资料为依据，对其作出统计分析。完善的商业调查，不仅可以作为年度课税的重要参证，而且能够更为可靠地把握税源。当时虽有中央经济研究室，但缺乏有用的资料与正确的分析，只以简化稽征之法，作为课税的依据，徒为商民所诟病。在此基础上开征综合所得税，无疑为在不公正的基础上进行第二次不公正的征税，颇为不当。①

民众议论的问题，皆为事实，但综合所得税的开办，毕竟是符合所得税发展趋势的，分类所得税与综合所得税并行，在当代亦是各发达国家所得税制的主流，于其积极意义，应该肯定。国民政府 1946 年开征综合所得税，其课税范围、申报方式等相关规定，比较符合当时社会的实际情况，其施行两年后，又根据实践情况进行了相应的改进，以兼顾国情，为正确的做法。批判者多以分类所得税有先天缺陷，执行中又过度失调为由，不赞成立时开征综合所得税。不过，现实中并没有完美的税制，在分类所得税征收渐趋成熟的基础上，政府在需要筹措战争经费之时，以不违

① 翁之镛．综合所得税就这样开办吗．社会公论，1947，2（1）．

反公平原则为前提，推行综合所得税，并无不可，不能因分类所得税的执行问题，就否定综合所得税的意义，有益的尝试也是必要的。

南京国民政府后期的所得税立法，最显著的特点为修订频繁。《所得税法》自1943年公布以来，前后共修正了3次，时间分别为1946年、1948年和1949年。作为“法律”来说，如此频繁的修订和越来越短的时间间隔似乎在暗示着法律的不成熟，而实际情况是，数次修正税法均只为适应急剧波动的物价和不稳定的币值，修正的主要内容皆为税率。除税率之外，1943年和1946年的《所得税法》，皆有《所得税法施行细则》配套，而1948年《所得税法》则将原税法内容和施行细则内容糅合在一起，1948年和1949年《所得税法》均为163条，实质性内容亦无多大变化。除税法之外，此时期频繁公布各种办法，内容多以简化稽征、调整税率与课税级距为主，可见社会经济的不稳定。

四、所得税纠纷解决

1943年《所得税法》规定：“主管征收机关决定各类所得额及其应纳税额后，应通知纳税义务人；纳税义务人接到前项通知后，如有不服，得于二十日内，叙明理由连同证明文件请求当地主管征收机关重新调查，主管征收机关应即另行派员复查决定之；纳税义务人接到前条复查决定之通知后，仍有不服时，得于十日内申请审查委员会审查之；纳税义务人对于审查委员会之决定不服时，得提起行政诉愿或诉讼。”① 提起行政诉愿或诉讼的程序是，先向财政部提起，若仍不服，可再向行政法院提起再诉愿。② 民国时期关于所得税的上诉案件有且仅有两件。

案例一为：[判例字号] 31 _ 判 _ 20，[案由] 综合所得税，判决全文如下：

① 国民政府立法院．立法院公报，1943（124）.

② 由于目前的档案开放程度有限，可查找的完整诉讼案例仅为行政法院的上诉案件裁判。

“高希记为补缴营业税并被处罚款事件行政诉讼案（三十一年四月三十日行政法院判决，判字第二十号）

裁判要旨：行政法则之违反不以有无故意而异其责任，因之自不能以不明章则为希图免罚之借口。

原告：高希记，住浙江省云和县前大街。

被告官署：浙江省松阳县税务局。

右原告为责令补缴营业税并处罚锾事件不服浙江省政府于中华民国二十九年十二月二十六日所为再诉愿决定，提起行政诉讼，本院判决如左：

主文：原告之诉驳回。

事实：缘浙江省织工厂于民国二十七年在浙江省云和县小顺等地方建筑厂房，由原告承揽全部工程（包工不包料），包价五千二百五十元，未照章缴纳营业税。经前云和县税务分处通知补税四十二元，并处以所漏税额之八倍罚锾三百三十六元。原告不服，诉愿于前浙江省第九区税务处，经决定变更处分，减处所漏税额五倍罚锾二百一十元，其余部分维持之原告。再诉愿于浙江省政府，被决定驳回，乃向本院提起行政诉讼。兹将两造诉辩意旨摘叙如次。

原告起诉意旨，略谓本件应否处罚应以原告有无违抗之事为断。原告承揽浙江省织工厂工作，系由云和县潘县长介绍代厂房雇工，纯为劳工性质，与包作业不同，迨奉云和县税务分处录令通知即日填具纳税申请书，绝无违抗情事。劳工应否纳税，云和县税务分处尚须请示于浙江省财政厅，原告乃一平民，更何从得知乃原处分。不察此中情节，除责令补税外并处罚锾三百三十六元，殊非爱护人民之本旨，诉愿决定随将罚锾部分减为二百一十元，人不足以昭折服，再诉愿决定予以维持实非体恤劳工以苏民困之道，应请一并撤销，准予免罚等语。

被告官署答辩意旨，略谓原告承揽浙江省织工厂工程确系以营利为目的，前云和县税务分处因其无证营业，照章处罚并无不合前浙江省第九区税务处酌量减轻处以应纳税额之五倍罚锾二百一十元，自应予以维持原告，徒以不明章则请求免罚殊不足采等语。

理由：按行政法则之违反不以有无故意而异其责任，因之自不能以不明章则为希图免罚之借口。本件原告承揽浙江省织工厂工程议有包价，无论是否包工不包料，其为意图营利之商业行为，则一既未照请领营业税调查证遽行营业。原处分官署责令补税并处罚锾自无不合，惟处以漏税额之八倍罚锾三百三十六元，愿与浙江省营业税处罚规则第四条罚锾为所漏税额五倍以下之规定相违反。诉愿决定减处应纳税额之五倍罚锾。再诉愿决定予以维持，均属允洽。原告起诉意旨仅仅以不明章则、非故意违抗等词为借口，希图免罚自非有理。

据上论结原告之诉为无理由，合依行政诉讼法第二十三条，判决如主文。"①

此案的案由较为简单，原告因为漏缴营业税而被勒令补交并处罚款，原告不服上诉，最终被法院驳回。值得注意的是，在国民政府《立法院公报》中所记载的案件全文通篇只称"营业税"，而未提及"所得税"，但此案的案由却标明是"综合所得税"。上文已述，国民政府"综合所得税"为1946年正式开办，此案的记述时间为1942年，自与史实不符，但该案中标明的案由实不能理解为"笔误"之类的错误，应进一步探究其原因。

国民政府公布的《营业税法》（修正）中对营业税的定义为："凡以营利为目的之事业均应依本法征收营业税，但农业不在此限。应纳营业税之营业者应于营业开始时间开具左列事项，声请营业税征收机关调查登记，发给营业税调查证后方得营业：1. 营业种类；2. 商店名称及所在地；3. 营业人姓名、籍贯及住所；4. 营业资本额。前项调查证遇申报事项有变更或歇业、停业、转顶时，并应声请注销或换发之。"② 根据此项定义，缴纳营业税之主体应先申请营业税调查证后方得营业，营业之后，根据营业

① 国民政府司法部. 司法公报，1942：第549号.

② 国民政府上海市政府秘书处. 上海市政府公报，1946，4（12）.

总收入额多少计算纳税。而本案中，原告一直以“包工不包料”为理由，辩称自己为厂房雇工，属纯劳工性质，而被告官署却认为原告没有申领营业税调查证就自行营业，为脱逃营业税的行为，应责令补税并处罚款，上诉最终结果为维持原判。两造的争议焦点在“包工不包料”的承揽工作到底是纯劳工性质还是营业性质，若为劳工性质，是否纳税，似法律并未明文规定，才会有“云和县税务分处尚须请示于浙江省财政厅”的说法；但若为营业性质，则实应补交营业税并罚款。细究当时的法律文本，将个人承揽加工行为判为“营业行为”却有不妥，但原告已经有所营利，按照税法精神，不缴纳任何税款又于情理不合，法院才会将“营利”的行为，与“营业税”挂靠在一起。试想此案若发生在1946年综合所得税开征之后，则将原告此种代工的收入全部计算于“应纳综合所得税额”中，则为最正确的处理方式。可能也是基于类似考虑，此案例才以“综合所得税”之名记载。

因此，此案的案由名义上是“营业税”，实质上却是“综合所得税”，若作为对以后的判决具有法律规范效力的判例，从中归纳出案由的实质性质加以改写则是能够理解的做法，但同时也说明，在国民政府构建新税法体系的时期，包括司法机关在内的组织、个人等对新税种的理解各有偏差，新税法体系尚处于实践探索阶段，法律执行中还没有达到整齐划一的程度。需要指出的是，此判例直到2008年6月才被我国台湾地区“最高行政法院”议决不再援用。①

案例二为：［判例字号］35_判_26，［案由］营利事业所得税，判决全文如下：

“三十五年度判字第二六号［三十五年十二月三十一日（补登）］

裁判要旨：诉愿系人民因行政官署之违法或不当处分，致损害其权利或利益时，请求救济之方法。受理诉愿官署，如认诉愿为无理

① “‘最高行政法院’97年6月份第2、3次庭长法官联席会议议决不再援用判例88则”，见“台湾司法院”．司法周刊，2008-07-31（1400）．

由，只应驳回诉愿，自不得于诉愿人所请求范围之外，予以不利益之变更，致失行政救济之本旨。

原告：襄明兴记玻璃工厂。

代表人：元瑞庭，住西安糖坊街二十七号。

被告官署：财政部。

原告为确定税额事件，不服财政部于中华民国三十二年九月八日所为之再诉愿决定，提起行政诉讼，本院判决如下：

主文：再诉愿决定除关于撤销诉愿决定之部分外均撤销，本件应维持原处分（即复查决定）之效力，原告就上维持原处分部分之诉驳回。

事实：缘西安襄明兴记玻璃工厂，申报三十年度营利事业所得为一万三千三百九十四元八角二分，主张应纳税额一千三百三十九元四角九分，经西安直接税分局查核，因该厂缺少成品记载，核定资本额为一万六千元，营业收入项下核加销货一万六千元，核减退货二万三千五百元，营业费用项下剔除盘存二千元，核定纯益为五万四千八百九十四元八角二分，按千分之百课税，应纳所得税五千四百八十九元四角八分，并因利得超过资本额百分之二十，应加征非常时期过分利得税二万一千五百四十二元六角七分。原告以所核不符事实，请求复查，该分局仍维持原案，原告不服，向陕西直接税局提起诉愿，经调查原卷及该厂营业来往账簿，查出该场银钱来往账所列中国银行户头，隐匿利益十一万三千三百九十四元八角二分，乃核加该厂所得纯益额三万七千一百一十三元九分，共计所得纯益额为九万二千七元九角一分，核加该厂应纳三十年度所得税额为九千二百元七角九分，利得税额为三万八千二百四十三元五角六分。原告亦不服，提起再诉，经财政部决定原复查决定暨诉愿决定均撤销，该厂应纳三十年度所得税额九千元七角九分，利得税额三万七千三百四十三元五角六分，原告仍不服，向本院提起行政诉讼。

兹将原被告诉辩意旨摘录如下：

原告起诉意旨：

略谓（一）直接税西安分局，因本厂无成品账之设立，任意加税，再诉愿决定既以西安分局并未有设计任何厂商账簿之义务，因此，既无明文规定，是亦承认商民得自由立账，商民无成品账，即不得谓之违法，当然不得为武断加税之理由。（二）谓本厂隐匿利益，亦应查出实情，岂得仅以中国银行户头，指为隐匿利益之证明，按本厂经理元瑞庭所存中国银行之款，始于民国二十五年，有四零零号存折为证，此款为经理所有，本厂自二十八年开市以来，一切款项，一时周转不开，均由元瑞庭之中国银行存折项下借用，并有出入账目及用途，笔笔有据，何得指为隐匿利益，恳请依原申报额一万三千余元课征所利得税，撤销再诉愿决定、诉愿决定及原处分等语。

被告官署答辩意旨：

略谓成品账为厂商计算纯益所得唯一之根据，任何厂商不能例外，况该厂规模甚大，全年销货额达四十万之巨，设有专任会计，焉得谓不知成品账之重要。该厂不设立成品账，事为逃税，至为明显，至二十八及二十九两年度该厂所隐匿之利益，经查出后，分别加入该年度纯益额内计算课税，另发补税通知在案，并未承认该厂隐匿利益不设成品账为合法，该厂空言狡辩，殊属不合等语。

理由：按诉愿系人民因行政官署之违法或不当处分致损害其权利或利益时，请求救济之方法，受理诉愿官署，如认诉愿为无理由，只应驳回诉愿，自不得于诉愿人所请求范围之外，与以不利益之变更，致失行政救济之本旨。本件原告襄明兴记玻璃工厂申报三十年度营利事业所得额一万三千余元，经西安直接税分局查明该厂缺少成品账，核定该厂所得额为五万四千余元，按率课税，原告不服，提起诉愿，受理诉愿官署除认诉愿为无理由外，更以该厂银钱来往账所列中国银行户头隐匿利益十一万余元，乃核加所得额为九万二千余元。律以上说明，殊非适法，受理再诉愿官署撤销诉愿决定，虽无不合，惟未就此点予以纠正，又撤销原处分，并仅核退税额一千二百元，亦与行政救济之本旨不合，均属无可维持，应由本院将该部分一并撤销，仍维持原处分之效力。至襄明兴记玻璃工厂缺少成品账记载与原料使用记载，期末存货及销货数量均无法确定，可能发生销货少列，存货漏列，借以隐匿利益。照当时有效法令《所得税暂行条例施行细则》第三十四条第二项规定，主管征收机关本得迳行决定其所得额及应纳税额，原处分核定该厂三十年度所得纯益为五万四千八百九十四元八角二分，应纳所得税五千四百八十九元四角八分，过分利得税二万一千五百四十二元六角七分，通知遵照，于法并无迟误。原告徒以空言，主张是年所得额为一万三千余元，并借口税局未明令通知添置成品账等，希图诿卸，殊不足采，该部分之诉应予驳回。

据上结论，原告之诉一部分为有理由，一部分为无理由，合依行政诉讼法第二十三条，判决如主文。”①

此案中，原告申报上缴的营利事业所得税数额不为西安直接税分局承认，勒令补缴；原告请求复查，该分局仍维持原案；原告遂向陕西直接税局提起诉愿，该局查出原告在中国银行的户头，认为其隐匿利益，重新核定出远高于原判的所得税额与利得税额；原告亦不服，向财政部提起再诉，财政部撤销了原复查决定，但核定出的所得税额与利得税额只是略小于陕西直接税局的核定税额；原告仍不服，向行政法院提起行政诉讼，行政法院最终列明判词，认为陕西直接税局如认为原告诉愿为无理由行事，可直接驳回，在诉愿人所请求范围之外，对其加判以不利益的结果，丧失了行政救济的本旨，财政部虽撤销了陕西直接税局的处分，但未对此点予以纠正，仅核退税额一千二百元，亦不符合行政救济的本旨，最终判定维持西安直接税分局核定的所得税额与利得税额。

此案例完整地展现了所得税的纠纷处理程序，原告共经历了四次申诉，在最后的诉讼环节得到了行政法院的终审判决。从行政法院纠正地方直接税局和财政部的不当做法来看，似乎原告的权利得到了救济，但从最

① 国民政府行政法院判决．国民政府公报，1947：第2773号．

终的判决维持了地方直接税分局决定的最初结果来看，权利的救济似乎没有达到原告的预期。这里两造争议的焦点其实一开始就很明确，西安直接税分局因为原告的工厂无成品账之设立，对其判定加税，其实挑明了是按照“迳行决定”的规定来做的，最后行政法院也认为既然法有明文，规定主管征收机关可以迳行决定纳税人的所得额及其应纳税额，原告就不能以任何理由狡辩并逃避纳税责任。这样又回到了“迳行决定”的方式是否公平的问题上，表面上看，法律对“迳行决定”规定了相应的救济程序，但从此案例的判决结果中没有对纳税人所争议的应纳税额作出相应说明的事实可以看出，救济程序没有起到实质性的作用，很难说达到了司法公平。姑且撇开其他问题不谈，至少在战时特殊的环境下，政府对征税效率的重视在事实上超过了对征税公平的重视。

需要补充说明的是，民国时期国民政府关于税收的最高行政法院判例数量较少，关于所得税的案例有且仅有两件，也是直接税仅有的两件案例。国民政府最高行政法院裁判案件统计情况详见表 9。

表 9　　国民政府最高行政法院裁判案件统计表①

年份	案件总数量	税收相关案件数	直接税相关案件数	所得税相关案件数	年份	案件总数量	税收相关案件数	直接税相关案件数	所得税相关案件数
民国 22 年	27	0	0	0	民国 27 年	32	6	0	0
民国 23 年	46	5	0	0	民国 28 年	27	2	0	0
民国 24 年	49	2	0	0	民国 29 年	11	0	0	0
民国 25 年	23	0	0	0	民国 30 年	19	2	0	0
民国 26 年	22	0	0	0	民国 31 年	30	2	1	1

① 根据我国台湾地区《“最高行政法院”判例要旨汇编》数据统计得出。台湾“最高行政法院”.“最高行政法院”判例要旨汇编（1933 年至 1997 年 5 月），2008.

续前表

年份	案件总数量	税收相关案件数	直接税相关案件数	所得税相关案件数	年份	案件总数量	税收相关案件数	直接税相关案件数	所得税相关案件数
民国 32 年	12	0	0	0	民国 36 年	41	4	0	0
民国 33 年	4	0	0	0	民国 37 年	15	1	0	0
民国 34 年	4	1	0	0	民国 38 年	3	0	0	0
民国 35 年	17	3	1	1	合计	382	28	2	2

综上所述，此阶段所得税制发展有两个重要内容：一是开征了财产租赁出卖所得税，二是实行了综合所得税。财产租赁出卖所得税开征后，所得税征课范围有所扩大，初步推行时，出卖税重于租赁税，城市重于乡村，本拟推行有效后，再普及征课，但因社会反对强烈，实施困难重重。1946 年财产出卖所得税停征，租赁所得作为“第四类财产租赁所得税”被列入 1946 年《所得税法》中。综合所得税，自 1946 年开征，指合并个人全年营利事业所得、薪给报酬所得、证券存款所得、财产租赁所得、一时所得后，减去法定免税额，在已征收分类所得的基础上，复征综合所得税，第二次调节国民收入差距，实现所得税的公平原则。

此时期所得税实行中最具特色的要点为简化稽征，根据行业计税标准，依照预算分配税收，类似摊派，本为租税制度最为禁忌之处，简化稽征办法虽后有修订，但仍未改变其根本性质。简化稽征的理由，除迅速筹措经费外，为我国商民于纳税义务认识不够，竞相伪造账册借以逃税，须以标准计税防范之，但法律的执行中出现的问题，不能以违背法律原则的“办法”去纠正。其实，逃税情况只是问题的表象，简化稽征的实质为应急措施，既为应急，就难以兼顾各方公平，不是长久之计，只可于过渡时用之。

1946 年《所得税法》施行后，南京国民政府的所得税制由分类所得税发展为分类所得税与综合所得税并行的税制，其内容完整，体系完备，尽管有许多疏漏之处，仍为国民政府所得税制发展史上的标志。可惜，由于受长期战乱的影响，国民政府的财政经济情况江河日下，为摆脱困境，在税收方面，财政当局违背了税法所定的稽征原则，频繁制订各种“办法”，并以估缴、摊派等方式征收税款，使商民无所适从。最终，所得税制一再被修订直至破坏，税法的公平原则在实际执行中没有得到应有的遵循，所得税“良税”的本质也不复存在。

第六章　结　论

一、民国所得税历史沿革回顾

我国所得税制最早可溯源至清末。当时政府因大量赔款而财政恶化，恰逢西方思想传入，所得税的讨论与施行在国际间又甚为普遍，政府遂试图开辟新税源，令度支部拟定《所得税章程草案》，提交资政院审议，但议而未决，至清亡，未能施行。鼎革之后，百政待举，北洋时期北京政府于1914年颁布《所得税条例》27条，其内容仿照日本所得税法，征课范围较宽，几乎包括了一切所得。为决心推行所得税，政府设立了所得税筹备处，而施行效果，除有少量京官被扣缴了官俸所得税外，乏善可陈，最后因军阀混战迭起，政局变动，所得税征收之事陷入停顿。

南京国民政府自成立时，就拟议举办所得税，1928年第一次全国财政会议讨论了财政部拟定的《所得税条例（草案）》及其施行细则，议决可适时开办所得税。同时，中央党部征收公务员所得捐，国民政府此时并未立即开征所得税，反映了政府对此税的审慎态度。1936 年 10 月，在中国酝酿筹议 20 余年的所得税，正式进入实施阶段，在全国范围内开征。依据《所得税暂行条例》及其施行细则，营利事业所得、薪给报酬所得、证券存款利息所得被纳入征课范围，征管模式采分类制。为配合所得税征收，财政部设置所得税事务处，各省分设办事处，各地重点县成立区分处，区分处以下，再酌设查征所，并实行经征与经收分开的税务征收方式。

1946 年修正的《所得税法》规定分类所得税分营利事业所得税、薪给报酬所得税、证券存款所得税、财产租赁所得税、一时所得税五类，并在此基础上开征综合所得税。税收征管模式由分类所得税发展为分类所得税与综合所得税并行，标志着民国所得税制的成熟，并逐渐与国际接轨。而长期的战乱，严重影响了国民经济的发展，物价急剧波动，币值不稳，造成法律的规定无法适应经济的变化，只能靠频繁地修订法律、制订办法来适应经济的畸形发展。国家没有预期、商民无所适从不能解决财政问题，连年战乱导致国库空虚，仍需靠税收来缓解。然而公平的征税环境既不存在，所得税的征收也就变相成了估缴、摊派。所得税制发展至此，甚为可惜。

总体来说，所得税自 1936 年开征以来，实征数额逐年增长，征收效果颇为理想，尽管所得税收入在国税收入中占的比重并不大，但却是不能忽视的一部分，国民政府为此付出了许多努力，应该肯定其成绩。除所得税外，国民政府于 1939 年创办过分得利税；1940 年将印花税并入直接税，并设立直接税处；同年 7 月实行遗产税法；1942 年又将营业税并入直接税；1943 年设立直接税署，自此形成了完整的直接税体系，为中国走向现代租税国家奠定了基础。

二、民国所得税发展特点总结

第一，所得税法内容逐渐完善，但体系较为杂乱。从北京政府的《所得税条例》到南京国民政府后期的《所得税法》，所得税的征课范围渐为明确合理，计算方式逐步改良，税收征管程序也由烦琐向简便高效转化，内容逐渐完善成熟，但与所得税有关的各项章则繁多，整体缺乏严密性。纵观南京国民政府时期的立法情况，有法律、条例，还有各种办法、须知等，各类法规的范围，相互间多有交叉，未能完全分割。其原因，一为法律条文设置得过于简单，办法、须知等常为补充法律、条例未明确规定之事项；二为所得税法初次举办，许多情况始料未及，只能随时制订未经立法程序的须知等文件，以解决现实问题，因而造成所得税各法律文本中，多有凌乱抵触之处，此为实际的缺陷。

第二，所得税实际征收效果远低于政府预期。国民政府在开征所得税时，做足了宣传工作，并在全国设置所得税征收机构，耗费了大量的人力物力。其本来预期是，拿英美等资本主义发达国家作参考，希望以所得税为主的直接税能在国民税收体系中占主要地位，但实际情况却不尽如人意。1936 年之前，国民政府对酝酿筹议已久的所得税，一直采取客观谨慎的态度，尤其在甘末尔等提出《所得税说帖》《税收政策意见书》后，暂时搁置了开征所得税的计划；但抗日战争开始后，政府又在所得税的原有框架上，陆续开征了过分利得税、财产出卖租赁所得税、综合所得税，这些税收的预算远远大于实际征收数。这里暗含着政府对所得税这一直接税种“伸缩性”的评判，亦反映了政府财政紧缺的程度，然而政府并未对征收的实际困难作出正确的估计。

第三，以税法公平原则为导向，注重营利所得税的征收。所得税自推行伊始，就被学者专家清一色地打上“税收普及，负担均平”的标签。所得税公平原则最重要的表现是“所得多者多征，所得少者少征”，这也使所得税被视为“节制资本”的重要手段而体现在“民生主义”思想中。公平原则既是税法的基本原则之一，也是所有法律的基本原则之一，本无特别之处，但在所得税开办中，却被提高到最重要的地位。究其原因，一方面是为了宣传推行的便利，“公平”与“均贫富”的口号最易为百姓接受；另一方面是鉴于所得税的直接税性质，税收直接取之于民，公平原则实为其要遵守的最重要的原则。在分类所得税的征收中，全国各征收局皆多偏重于营利事业所得税的征收，这反映出税务征收机关对“节制资本”和“重征富商巨贾”的理解，同时也是其他所得税种稽征成果难以见功的原因。但为建立合理税制与求税务均衡发展，对各类所得税的推行，实不应有所偏颇。

第四，民国所得税的整个发展历程，皆以“战时”为背景。所得税起源于欧洲发达国家，各国开征所得税基本都是为了解决因战争造成的财政经费不足，中国亦不例外。所得税不易转嫁，若在平时推行，容易使纳税人感到痛苦，引起人民反对。战时背景有其特殊性，当对外战争威胁到人民的生命财产安全时，民众受爱国之心驱使，更愿意向政府缴税。另外，战时物价上涨，部分纳税人易获利丰厚，其负担租税的能力较平时为强，所得税推行自会顺畅。然而，筹措战时经费，只为解一时之需，战后，应多方采取措施振兴经济，所得税制要延续下去，亦须修改完善，以合时宜。抗战胜利后，国民政府未待喘息，又开始全面内战，所得税再次成为筹措战争经费的重要税项，而经济崩溃，民众承受力亦有限，所得税的征收逐渐引起民众的反感，拒缴观望之事时有发生，与所得税正式举办初期民众踊跃输将的情况大不相同。所得税制发展至此，甚为可惜。

三、本书解决的主要问题

1. 公平原则：所得税法律制度的首要原则

自税收产生至今，没有一种公认的判断税制是否公平的标准，公平的税制是随着时代和社会环境的变化而转变的。在某个时代、某种环境下以公平著称的税制，在另一个时代、另一种环境下，可能又成了缺失公平基本价值的税制。因此，判断一种税制是否公平，应看其是否适于当时社会的发展，是否有利于社会的整体和谐；在保证国家税收稳定的前提下，是否能够促进社会经济的发展。纵观民国所得税制发展历程，所得税被作为最体现公平性质的良税而引进中国，其在时人对公平的质疑声中艰难成长，却能够因时制宜，不断修正完善，唯其公平的缺失，多体现在法律执行中。

与国民政府后期战乱动荡的情势不同，我国当前社会结构稳定，此时要改革税制，重塑税收公平机制，需要重点考虑两个问题：一是税制改革需要与当前的经济发展目标相适应；二是要注重将整体设计与稳步推进相结合。在各项税种中，所得税的特点较为突出，其是国家调节国民收入分配与贫富差距、维持社会稳定的重要手段之一。因所得税是对国民的收入征税，所以其受民众关注度也高于其他税种。既然所得税自诞生之日就伴随着“公平”的要求（无论这种要求是否得到了实现），那么“公平原则”应为所得税法律制度的首要原则。所得税作为调节国民收入最有力的工具，须在不断改进中发挥促进经济公平、稳定税负的作用。

所得税符合税法中的公平原则精神，直观的理解是各人对税收的负担是一律均等的，但这种所谓“均等”，不是数字上的绝对均等，而是相对的均等，或相对的比例均等，即纳税负担的均等。从这个意义上说，高收入者比低收入者多纳税，才是“均等”“公平”的。此种实质意义上的公平要点在于如何选取税率结构，以更有效地体现公平原则。国民政府后期，政府频繁修订所得税法，主要是为调整税率。除此之外，国民政府亦通过全国趸售物价总指数对营利事业资本额进行了调整，对通货膨胀造成虚盈实税的问题有较大的缓解。

税率只有与物价变动相适应，才能在经济公平的基础上，进一步实现社会公平。需要指出的是，制定修改起征点、课税级距、根据物价指数调整税率等，并不是“乱世”时才需要注意的问题，所得税既然差别对待不同纳税能力者，就应将纳税人的收入差距控制在最为合理的范围内，这也是税法实体公平最为重要的体现。我国现行所得税制对此问题的重视程度显然不够，无形中偏离了法的公平价值，其理由无非“效率”二字。在中华人民共和国成立以来的收入分配史上，“公平”与“效率”的组合模式一直在不停地变动①，整体来看，“效率”的重要性似乎大于“公平”，然

① 第一阶段（1978 年—1984 年），“克服平均主义倾向，以提高经济效益为中心”；第二阶段（1984 年—1992 年），“效率第一，公平第二”；第三阶段（1992 年—1993 年），“兼顾效率与公平”；第四阶段（1993 年—2006 年），“效率优先，兼顾公平”；第五阶段（2006 年至今），“初次分配和再分配都要兼顾效率和公平，再分配更加注重公平”。

而实际情况是，只有效率建立在公平的基础上，才能更好地实现效率。既然现实中必须摒弃公平要义的特殊情况并不多见（战乱亦不为理由），就更应以公平为首要原则，从而达到理想的社会利益均衡状态，实现公平的实质。

2. 法律移植：西方制度嫁接下的传统国情考量

清末民初，西方文化逐渐向中国社会渗透，其中有一条明确的主线，即西方近代民主主义思想与中国传统思想不断碰撞，而前者不断胜出，并占据后者的领域，财政税收法方面，亦不例外。当时以阿道夫·瓦格纳的财税理论最受时人追捧，而学者官员对社会变革后应实行怎样的税收体制，也多参考各发达资本主义国家的做法。所得税亦是在充分借鉴英美等国的征收体制后，才在中国开办的。所得税最初以西方优良税制的姿态移植中国，但在付诸实施时，却“不断出现外来税制有橘逾淮而成枳的疑虑议论”①，或者说，所得税的勉强推行，只徒然引起民间骚乱，暗示良税在当时落后的中国无法落地生根，施行效果并不理想。

事实上，所得税的征收效果尚可，不过在西方税制于中国税制的嫁接上，确实有不合情理之处，如旧式会计与所得税查账的冲突、所得税征收程序与效率的背离等。虽然不能因为客观条件的限制就暂停税制的改革，但可以改革税制嫁接的方式，以显得不那么突兀。我国自改革开放以来，学术思想活跃，大有百家争鸣之势，而对于所得税的探讨，却大多直接引用欧美发达国家的经验，就此得出我国应如何改革的结论，这样的思考模式应该改观。

我国当代关于个人所得税的议论热点之一，为个税减除标准及是否以家庭为单位征收的问题。回顾民国所得税发展史就会发现，国民政府也曾面临是否要考量纳税人家庭情事而予以税额减免这一问题，最后证明在中国这样一个以大家族制为主、讲求亲属伦常之情的国家，应考虑纳税人家庭经济情形及人口多寡的情况。讽刺的是，当代西方发达国家，亦多有考

① 林美莉. 西洋税制在近代中国的发展. “中央研究院”近代史研究所，2005：6.

虑纳税人家庭情况而对其所得税进行减免的情况，在这一问题上，中国既没有借鉴西方，也没有关注传统民情。

讨论当代的税制改革，无视传统和国情因素，只把关注点放在“正确”的税制政策上，这种方法是一种误导，甚至是有害的。因为任何政策和改革模式都不是凭空发展的，在寻找任何关于税制改革的方法时，都应注意成熟的选择可能是多重的。与国际化接轨的前提是必须以中国的实际情况为基础，这里的实际情况除了经济发展的统计数据外，更重要的是国计民生、传统民情。从这个角度来看，“学者们与其把精力耗费在分析国家为何没有尽职尽责地去执行良好的财政政策，不如去研究一项更为重要的课题，即把这些改革和政策所处的环境清楚地呈现出来，更能够把握税制变化的趋势”①。

3. 税制改革：综合所得税实行的必要性

纵观国民政府税制发展历史，除所得税外，国民政府先后将营业税、遗产税、印花税并入直接税，其后又成立直接税署，建立了完整的直接税体系。与之相呼应的是，我国举凡涉及现行税制的改革诉求，几乎也是剑剑指向直接税。

在我国的现行税制体系中，只有个人所得税和房产税在税理上属于直接税，而实际情况是，虽然个人所得税的纳税主体为居民个人，但由于其采用了“代扣代缴”的间接征管方法且实行分类所得税制，故其只具有部分而非完全意义上的直接税性质。现行的房产税，以在我国境内用于生产经营的房屋为征税对象，而拟议开征的个人房产税，则不限于此。房产税实质上是财产税的一种，开征房产税就意味着开征财产税，但针对居民个人征收的财产税，在我国税制体系中未有先例，其全面推行难度较大。从以上两方面可以看出，在中国现行的税制体系中，其实没有完全意义上的直接税，这属于未来税制改革进程中应重点关注的领域。2013 年 11 月 15 日公布的《中共中央关于全面深化改革若干重大问题的决定》中明确，所

① 林美莉. 西洋税制在近代中国的发展. “中央研究院”近代史研究所，2005：12.

得税的改革目标是“逐步建立综合与分类相结合的个人所得税制”。具体来说，除法律明确规定继续实行分类所得税制的特殊收入外，应将国民的各项收入最大限度地纳入综合所得税制的覆盖范围，使个人所得税制能够充分调节收入分配差距，实现其公平要旨。虽然综合所得税征税的手续相对复杂，对纳税人的报税能力和税务征管部门的管理稽查能力都有较高的要求，但税制改革除了完善的法律规定外，在实践中检验修正也是必要的环节。

当前，构建社会主义和谐社会的主要障碍之一是居民贫富差距在加大，而政府调节居民收入差距的手段却相应缺失。在此背景下，税收无疑成了最适于市场经济环境的调节手段，其中，所得税又是最强有力的调节手段。因此，以“公平原则”为切入点作为所得税制改革的方向也就成了必须遵循的原则，应在此基础上建立起融收入与调节、稳定功能为一体的所得税制体系。

附录：民国所得税重要法律文本辑要

章则名称	拟定机关	公布时间	废止时间
《所得税条例》	财政部	1914 年 1 月（1921 年 1 月施行）	1922 年 1 月
《所得税第一期施行细则》	财政部	1915 年 8 月	1920 年 10 月
《所得税筹备处办事细则》	财政部	1920 年 8 月	1922 年 1 月
《所得税条例施行细则》	财政部	1921 年 1 月	1922 年 1 月
《所得税征收规则》	财政部	1921 年 1 月	1922 年 1 月
《所得税调查及审查委员会议事规程》	财政部	1921 年 1 月	1922 年 1 月
《所得税款储拨章程》	财政部	1921 年 1 月	1922 年 1 月
《所得税分别先后征收税目》	财政部	1921 年 1 月	1922 年 1 月
《征收所得税考成条例》	财政部	1921 年 1 月	1922 年 1 月
《金库经理所得税款章程》	财政部	1921 年 4 月	1922 年 1 月

续前表

章则名称	拟定机关	公布时间	废止时间
《官俸所得减额之退还税款办法》	财政部	1921年6月	1922年1月
《所得捐征收条例》	中央党部	1928年4月（施行时间）	1936年7月
《所得捐征收细则》	中央党部	1929年5月	1936年7月
《所得税条例（草案）》	财政部	1928年7月（拟定时间）	未施行
《所得税施行细则（草案）》	财政部	1928年7月（拟定时间）	未施行
《所得税条例（草案）》（修正）	财政部	1929年1月（修正时间）	未施行
《所得税施行细则（草案）》（修正）	财政部	1929年1月（修正时间）	未施行
《所得税暂行条例》	财政部	1936年7月（1936年10月施行）	1943年2月
《所得税暂行条例施行细则》	财政部	1936年8月（1936年10月施行）	1943年2月
《所得税审查委员会组织规程》	财政部	1937年3月	不详*
《所得税事务处暂行组织章程》	财政部	1937年4月	不详
《各省市所得税稽征局暂行组织章程》	财政部	1937年4月	不详
《第一类营利事业所得税征收须知》	财政部	1937年5月	不详
《第二类薪给报酬所得税征收须知》	财政部	1937年5月	不详
《第三类证券存款所得税征收须知》	财政部	1937年5月	不详
《所得税罚锾暂行办法》	财政部	1937年7月	不详
《所得税奖励金暂行办法》	财政部	1937年7月	不详
《所得税退税暂行办法》	财政部	1938年5月	不详
《非常时期过分利得税条例》	财政部	1938年10月	1943年2月
《非常时期过分利得税条例施行细则》	财政部	1939年9月	1943年2月
《各省区所得税机关审理诉愿案件暂行规程》	财政部	1940年5月	不详
《财产租赁出卖所得税法》	财政部	1943年1月	1946年4月
《非常时期过分利得税法》	财政部	1943年2月	不详
《所得税法》	财政部	1943年2月	1946年4月

续前表

章则名称	拟定机关	公布时间	废止时间
《所得税法施行细则》	财政部	1943年7月	1946年4月
《财产租赁出卖所得税法施行细则》	财政部	1943年7月	1946年4月
《非常时期过分得利税法施行细则》	财政部	1943年7月	不详
《所得税法》（修正）	财政部	1946年4月	1948年4月
《所得税施行细则》（修正）	财政部	1946年7月	1948年4月
《行商一时所得税稽征办法》	财政部	1946年12月	1948年11月
《特种过分利得税法》	财政部	1947年1月	1948年4月
《特种过分利得税法施行细则》	财政部	1947年2月	1948年4月

*此处“不详”指尚未发现有明确的文件废止前述章则，亦未有明确的文件指明替代前述章则。

整理辑录说明：第一，改原文本繁体字为简体字，若用词与当今有所差别，则做相应改动，如将“部份”改作“部分”，“帐簿”改为“账簿”，“覆查”改为“复查”等；第二，原文本为竖排版，故有“如左”“列左”之类的用语，在所辑录的横排版中，此类用语并未做改动，读者可视“如左”为“如下”，“列左”为“列下”等；第三，原文本无段落划分者，适当划分段落并加以断句；第四，原文本排字确有错误，在核对其他版本的前提下，已做相应改正。

所得税条例

[民国三年（1914年）一月十一日公布]

第一条　在民国内地有住所或一年以上之居所者，依本条例负完纳所得税之义务。

第二条　在民国内地虽无住所或一年以上之居所，而有财产或营业或公债社债之利息等所得者，仅就其所得负纳税之义务。

第三条　所得税之定率如左：

第一种：

（一）法人之所得，千分之二十。

（二）除国债外公债及社债之利息，千分之十五。

第二种：不属于第一种之各种所得。

五百元以下者，免税。

超过五百元至二千元者，自五百一元起以上之额课千分之五。

超过二千元至三千元者，自五百一元起至二千元之额课千分之五，自二千一元起以上之额课千分之十。

超过三千元至五千元者，自五百一元起至二千元之额课千分之五，自二千一元起至三千元之额课千分之十，自三千一元起以上之额课千分之十五。

超过五千元至一万元者，自五百一元起至二千元之额课千分之五，自二千一元起至三千元之额课千分之十，自三千一元起至五千元之额课千分之十五，自五千一元起以上之额课千分之二十。

超过一万元至两万元者，自五百一元起至二千元之额课千分之五，自二千一元起至三千元之额课千分之十，自三千一元起至五千元之额课千分之十五，自五千一元起至一万元之额课千分之二十，自一万一元起以上之额课千分之二十五。

超过两万元至三万元者，自五百一元起至二千元之额课千分之五，自二千一元起至三千元之额课千分之十，自三千一元起至五千元之额课千分之十五，自五千一元起至一万元之额课千分之二十，自一万一元起至二万元之额课千分之二十五，自二万一元起以上之额课千分之三十。

超过三万元至五万元者，自五百一元起至二千元之额课千分之五，自二千一元起至三千元之额课千分之十，自三千一元起至五千元之额课千分之十五，自五千一元起至一万元之额课千分之二十，自一万一元起至二万元之额课千分之二十五，自二万一元起至三万元之额课千分之三十，自三万一元起以上之额课千分之三十五。

超过五万元至十万元者，自五百一元起至二千元之额课千分之五，自二千一元起至三千元之额课千分之十，自三千一元起至五千元之额课千分之十五，自五千一元起至一万元之额课千分之二十，自一万一元起至二万元之额课千分之二十五，自二万一元起至三万元之额课千分之三十，自三万一元起至五万元之额课千分之三十五，自五万一元起以上之额课千分之四十。

超过十万元至二十万元者，自五百一元起至二千元之额课千分之五，自二千一元起至三千元之额课千分之十，自三千一元起至五千元之额课千分之十五，自五千一元起至一万元之额课千分之二十，自一万一元起至二万元之额课千分之二十五，自二万一元起至三万元之额课千分之三十，自三万一元起至五万元之额课千分之三十五，自五万一元起至十万元之额课千分之四十，自十万一元起以上之额课千分之四十五。

超过二十万元未满六十万元者，自五百一元起至二千元之额课千分之五，自二千一元起至三千元之额课千分之十，自三千一元起至五千元之额课千分之十五，自五千一元起至一万元之额课千分之二十，自一万一元起至二万元之额课千分之二十五，自二万一元起至三万元之额课千分之三十，自三万一元起至五万元之额课千分之三十五，自五万一元起至十万元之额课千分之四十，自十万一元起至二十万元之额课千分之四十五，自二十万一元起以上之额课千分之五十，自五十万元起每增加至十万元，对于其增加额递增课千分之五。

第四条　计算所得额之方法如左：

（一）第一种第二项之所得，须由各事业年度总收入金额内减除本年度之支出金、前年度之盈余金、各种公课及保险金、责任预备金，以其余额为所得额。

（二）第二条之财产所有者及营业者之法人，其计算所得额之方法，准用前款之规定。

（三）第一种第二项之所得，以其利息之全额为所得额。

（四）第二种之所得，须于一切收入之总额内，减除由已课所得税之法人分配之利益，第一种第二项之利息及经营各种事业所需之经费，并各种公课等，以其余额为所得额。

议员岁费、官公吏之俸给、公费、年金及其他给予金、从事各业者之薪给、放款或存款之利息及由不课所得税之法人分配之利益，以其收入之全额为所得额。

田地池沼之所得，依前三年间所得之平均额估计之。

第五条　左列各种所得免纳所得税：

（一）军官在从军中所得之俸给。

（二）美术或著作之所得。

（三）教员之薪给。

（四）旅费、学费及法定养赡费。

（五）不以营利为目的之法人所得。

（六）不属于营利事业之一时所得。

第六条　第一种第一项之所得，应由纳税义务者于每事业年度之末，将其所得额并损益计算书，报告于主管官署。

第一种第二项之所得，应由发行公债之地方团体或发行社债之公司，于给付利息之前，报告于主管官署。

第七条　第二种之所得，应由所得者于每年二月预计全年之所得额，报告于主管官署，二月以后新有所得之发生者，应随时以其预计全年所得额，报告于主管官署。

第八条　第二条之财产所有者或营业者之个人，准用第七条之规定，法人准用第六条第一项之规定。

第九条　第一种之所得额，主管官署本于各法人及发行公债之地方团体或发行社债之公司报告调查决定之。

第十条　第二种之所得额，主管官署本于调查所得委员会之调查报告决定之。

调查所得委员会闭会后，有新纳税义务者发生时，主管官署本于所得者之报告调查后决定之。

第十一条　主管官署每年就第二种所得者之报告，或虽未报告认为有纳第二种所得税之义务者，调查其人数及所得金额，交调查所得委员会调查之。

第十二条　调查所得委员会之设置区域，以租税征收区域为准。

第十三条　调查所得委员会委员，由主管征收官选派之。

第十四条　地方殷实公正士商，前年度曾纳所得税并为第七条之报告者，有调查所得委员之资格，但有左列各款情事之一者，不在此限。

（一）未成年者。

（二）褫夺公权尚未复权者。

（三）受破产之宣告确定后尚未撤销者。

（四）有精神病者。

（五）受滞纳国税处分后尚未经过一年者。

第十五条　调查所得委员，以四年为任期，每二年改派半数，仍派委者得连任，但以一期为限。

第十六条　调查所得委员之议事规程，以财政部部令定之。

第十七条　调查所得委员会调查完竣后，须报告于主管官署。

第十八条　主管官署认调查所得委员会之调查报告为不当时，得令再调查。再调查后仍认其决议为不当，或自交令再调查之日起七日以内尚不报告其决议者，主管官署自行决议决定之。

第十九条　主管官署决定第一种第一项及第二种之所得额后，须通知纳税义务者。

纳税义务者接受前项通知后有不服者，限三十日以内叙明理由，请求主管官署审查之。

第二十条　主管官署遇有前条之请求时，须交审查委员会依其议决决定之。

审查委员会以征收官吏及调查所得委员各半数组织之。

审查委员会之所属区域及其他规则以财政部部令定之。

第二十一条　纳税义务者对于前条之决定仍有不服时，得为行政诉愿或诉讼，但已届纳税之期，虽为前项之诉愿或诉讼，仍应依照决定之所得额先行纳税。

第二十二条　调查所得委员得酌给旅费及公费。

第二十三条　第一种第一项之所得税，以各法人每事业年度终了后两个月以内，为纳税之期。

第一种第二项之所得税，由发行公债之地方团体或发行社债之公司于给付利息之时，依率扣除，汇缴主管官署。

第二十四条　第二种之所得税每年分两期完纳：

第一期　七月一日至七月三十一日。

第二期　翌年一月一日至一月三十一日。

第二十五条　第二种之所得额决定后，如有减额至五分之一以上者，得叙明事由，呈请主管官署更正。

主管官署遇有前项之呈请者，须调查后决定之。

第二十六条　纳税义务者隐匿所得额或为虚伪之报告时，经主管官署调查决定所得额时不得有异议。

第二十七条　本条例施行时期及施行细则，以财政部部令定之。

所得税第一期施行细则

［民国四年（1915年）八月九日公布］

第一条　本细则依所得税条例，先行择定数种酌量办理，即定名为所得税第一期施行细则。

第二条　本期应课所得税之范围规定如左：

（一）当商、银钱商、盐商及由官特许或注册之公司、行栈。

（二）议员岁费、官公吏俸给、年金、给予金及从事各业者之薪给。

第三条　前条所称从事各业者之薪给，专指律师之酬资、工程师之薪津、医生药剂师之酬薪、公司大商号经纪人之薪资四项。

第四条　前条第一项、第二项之所得额计算方法，应照条例第四条之规定办理。第一项所得应在每年度总收入内，减除本年度之支出、前年度之盈余、各种公课及保险金、责任预备金，以其余额为所得额。第二项所得应以收入之全额为所得额。

第五条　第二条第一项、第二项之课税定率，应照条例第三条之规定办理。

第六条　第二条第一项应行课税之当商、银钱商、盐商及公司行栈，应照条例第六条规定，于每事业年度终结后，将其所得额并损益计算书具报主管官署，由主管官署发交调查所得委员会，调查报告仍由主管官署审核决定，通知各商于就近征收机关依率纳税。

第七条　第二条第二项应行课税之议员、官公吏，应由所管机关按照预算定额，将各员应纳税额报告主管官署，由主管官署决定后，通知各管机关于各员支领岁费、公费、俸给、年金、给予金时依率扣除。但在京各机关人员应纳所得税额，即由各管机关按照预算定额分别扣支，报告财政部查核。

从事各业者之薪给，应由所得者于每年二月，自行预计全年所得额，报告主管官署，由主管官署发交调查所得委员会，调查报告经主管官署审定后依率征税。

第八条　主管官署遇有条例第二十五条之请求者，应调查其全年所得之实况，委系减额至五分之一以上时，应改正其所得税额，通知各该纳税人员。

第九条　所得税既经缴纳其一部分后，如因所得款额有变更，以致所得税额应核减时，其既缴之税款超过其应减之税额者，付还其超过额，不足由下届补征。

第十条　缴纳所得税期限，第二条第一项所得，应照条例第二十三条规定缴纳。第二项所得除从事各业者之薪给，应照条例第二十四条规定每年分两期缴纳外，其余议员、官公吏之俸给公费，应定为按月缴纳，其年金、给予金于支发时扣纳。

第十一条　所得税主管官署，为各省财政厅分厅及由财政厅分厅委托之各官署。

第十二条　调查所得委员会之设置，由主管官署查照条例第十二条，详请财政部核定。

第十三条　调查所得委员名额，每会不得过十人。

第十四条　调查所得委员之旅费公费，以在调查出发时期为限，均由主管官署核实支给。

第十五条　审查委员会置于各省财政厅所在地委员名额，不得过八人。

第十六条　本细则自呈准公布日施行。

但所得税种类如有增加时，得由财政部随时将本细则修正，呈准施行。

所得税筹备处办事细则

［民国九年（1920 年）八月三日公布］

第一条　本处应备总收文簿，归第一股指定办事员掌管之；各股各备分收文簿，归各股指定员掌管之。

第二条　本处每日收文应由指定员摘由编号，登入总收文簿送各股长标阅，分别主管并拟最要、次要、例行、应办、应存各类，送总会办核阅。

第三条　收文分别主管后，即由该管股员依照本股收文次序摘由编号，登入各分收文簿，并一面将总收文簿之号数记入，一面在总收文簿上标明某股收字样，以便查考。

第四条　总会办核阅收文均应标阅或批定办法，交由各股拟办。如有一事关联二股以上者，由会办酌定某股主稿，分别协商办理。

第五条　各股长奉交来文或临时发生事件，均即指定筹备员或办事员拟稿或亲自核拟之。

各股人员核办稿件应各立一起草簿拟就后，经总会办及股长酌定，再付缮正稿，递由拟办员、股长、总会办签押，呈堂判行，但移付得由股长股员签发。

第六条　各股已办及应存之文件，随时由股长在收文簿盖戳消号，每星期由第一股经管收文之员调取各股收文簿，在总收文簿汇总盖戳消号。

第七条　各股核办稿件，凡关于行查行催事项，应另立专簿登记，随时检阅，届时未复者继续行催。

第八条 凡待查及应办文件应另置专夹收存，并用纸条摘由粘附文上，常时注意。

第九条 各股稿已办而文未发者，应另置专夹，俟文发后再行归卷。

第十条 第一股应备总发文簿，指定办事员掌管之。

第十一条 正稿判行后发交录事缮文，由拟稿员校对，其应用印者，送请监印课用印，再由掌管发文员摘由，登入发文簿照发。

第十二条 本处应备用印簿，归第一股发文员保管，凡经判行文件，应由各股将原稿及正文统交该员摘由，登簿送课用印。

第十三条 文经缮发后，原稿应归各该管股保存之。各股办稿如需阅他股档案，应用凭条签押，阅毕后送还，将原条撤销。

第十四条 各股关于各案件，应分别卷宗，或以事分，或以地分，均由各股长随时指挥各股员办理。

第十五条 各项案卷每届三个月清厘一次，由总会办指定人员依照所得税案辑览凡例，编入辑览。

已入辑览之案件，应交第一股汇齐，送总务厅档案课存案。

第十六条 凡撰拟章则编制表册，既具草案后，应由总会办邀集各股长，并酌约筹备员公同讨论，俾臻完善。其应送参事室及各司审议者，由第一股分别办理。

第十七条 本处应备日记账、收支总账及其他各账簿，凡储拨税款均应随时分别登记。

第十八条 本细则自核准之日实行，并得随时修正之。

所得税条例施行细则

［民国十年（1921年）一月六日公布］

第一条 凡自然人关于完纳所得税之义务，应依条例第一条之规定，以在中华民国之施行法律地内有一定之住所者为准，其在中国无住所而有一年以上之居所者亦同。

第二条 前条之规定于法人准用之，但：

（一）在民国内设有主事务所或总行者，其完纳所得税之义务依条例第一条之规定，以该法人全体之所得为准。

（二）在民国内仅设有分事务所或分行者，依条例第二条之规定，以该事务所或该分行之所得为准。

前项之法人不问其组织是否依照公司条例，凡以独立计算而营业者均属之。

第三条 条例第三条第一种第二项应行免除所得税之国债，以国家预算所列者为限。

第四条 条例第四条第四项所称从事各业者之薪给，应包括薪奖而言。

第五条 条例第五条应行免税之军官从军中所得之俸给，系指军队动员时期内之俸给。

教员之薪给，凡校长及其以下之职员均不适用之，其校长或职员兼充教员者，仅就其为教员之薪给免其纳税。

旅费系指官吏议员及从事各职者所受给予之旅费。学费系指学生所受给予之学费。

法定养赡费系指各项恤金，但非直系亲属依法律或习惯负扶养义务者，其负担额得在该负担人之所得额内扣算之。

不以营利为目的之法人，应以属于政治、宗教、学术、技艺、社交及其他民律上非经济社团或财团法人为限。

不属于营利事业之一时所得，应以官公吏之公务上临时奖励金为限，其各项有奖券、储蓄票、储蓄会之奖金不在此例。

第六条 议员、官公吏应课之税应由所属机关将各员应纳税额按照部颁表式填具，报告主管官署，由主管官署决定后通知各管机关查照办理。但在京各机关人员应纳税额，即由各该所属机关按照预算定额，分别计算报告财政部查核。

从事各业者之薪给，应照条例第七条之规定办理。

第七条　条例第三条第一种之所得，依照条例第九条之规定，主管官署应本于各该纳税义务者之报告而为税额之决定。若无报告或其报告认为不适当时，该官署应迳自调查决定之。

关于调查所得委员会之规定，于第一种所得不适用之。

第八条　所得税既经缴纳其一部分后，如因条例第二十一条及二十五条所称之情形以致所得税额应核减时，其既缴之税款超过其应减之税额者付还其超过额，所缴如有不足由下届补征。

第九条　所得税主管官署在京为财政部，在各省区为财政厅及由财政厅委托之各官署，其经中央特设机关者，则由该机关主管并随时会商财政厅办理。

第十条　调查所得委员会之设置，由主管官署查照条例第十二条，呈请财政部核定。

第十一条　调查所得委员名额，每会不得过十人。

第十二条　调查所得委员之旅费、公费，以在调查出发时期为限，均由主管官署定额支给。

第十三条　审查委员会置于各省财政厅所在地委员名额，不得过八人。

第十四条　各纳税义务人及委员官署之呈报及报告表册格式，均由财政部颁定之。

第十五条　调查及审查所得委员会之议事规程及所得税征收规则，依照另章之规定。

第十六条　本细则自公布日施行。

所得税征收规则

［民国十年（1921 年）一月六日公布］

第一条　所得税之征收机关除依条例及施行细则，有经管所得税之责者外，财政部得以命令随时指定或特设督征及经征机关。

前项督征及经征各机关得适用征收官吏考成条例之规定，并印花税处提成，补助警察厅、县知事、商会之办法。

第二条 第一种之法人所得，由主管官署于各法人每事业年度之末调查决定后即征收之，并报解财政部。

第三条 第一种之公债社债利息，应由经理发息之机关，按照定率扣出所得税，缴由京兆或各省区财政厅或中央特派员报解财政部。

第四条 第二种所得中之议员岁费、官公吏俸给、公费、年金及其他给予金，由各员所属机关于发放此项薪给时分别依率扣出所得税，在京缴送财政部，在各省区缴由各该财政厅或中央特派员报解财政部。

第五条 第二种所得中放款存款之利息及由不课所得税之法人分配之利益，应由经理放款及经收存款之机关，并该法人在各该项利息及应分配之利益中依率扣出所得税，并照第三条手续报解财政部。

第六条 从事各业者之薪给，如该从业人系由一定之机关佣聘者，应由各该机关于发放薪给时依率扣出所得税，并照第三条手续报解财政部。

第七条 田地池沼之所得，应依条例第四条之估计方法，在田赋项下依率带征之，并照第三条手续报解财政部..

第八条 第二种所得，除别有规定外，均照主管官署之决定通知金额依率征收之，并照第三条手续报解财政部。

第九条 所得税率第一种系比例税，第二种系阶级累进税，征收机关应照条例分别核计之。

前项阶级累进税，应按主管官署决定之所得额，在其初级之二千元以内，先除五百元之免税额，以其余额照千分之五课税。凡所得较多，每逾一级即递变其率为千分之十、千分之十五不等，毋得含混。

第十条 所得税款如有未满一厘之零数时，应用四舍五入法整齐之。其各期之税额如有零数时，统入首期计算。

第十一条 征税官署应于每届纳税期一个月以前，将各纳税义务人应完税额、日期及场所，载明于纳税通知书发送于各户，其纳税通知书式由部另颁定之。

第十二条　纳税义务人经过纳税期尚未完纳者，征税官署应指定期限催征之，并为延纳处分之预告。

前项之催征得设滚单，每里之中，每单或五户或十户，每户名下注明所得若干，该税若干，分作若干限，每限应完税若干，逾限即执行延纳处分等字样，发给里内首名挨次滚催，沉单者查明究处。

第十三条　征收官署得向纳税人酌征催征手数料，但不得逾国币一角。

第十四条　纳税人因罹非常之灾害及其他不可抗力之情事，致不能如期完纳或减少其应纳税额时，得详具事由，禀请征税官署，报由督征官核办。

经征督征官遇有前项情事时，应参照勘报灾歉条例及其他成例，勘明审定，分别蠲缓。

第十五条　纳税人受催征通知书或滚单后，已经限满仍未完纳时，得执行延纳处分。

第十六条　延纳处分应由征税官署派遣，持有票证之官公吏，亲赴纳税人之住所或营业所执行之。

第十七条　执行延纳处分之官公吏，对于纳税人出示证票后，应劝令自行交出相当税额之现款。

第十八条　纳税人不依前条之劝告时，应实行财产之扣押。

但就前项扣押之财产，如第三者有所有权之主张时，得于扣押后三日内出其所有权之证据，禀请核办。

第十九条　左列物件虽属纳税人之所有，亦不得扣押之：

（一）纳税人及其家属生计上必要之衣服器皿。

（二）祭祀上必要之物品及石碑、墓地、墓木。

（三）职务上必要之礼服、制服。

（四）勋章及其他名誉之标章。

（五）修学上必要之书籍仪器。

（六）农业上必要之机械、器具、种苗、肥料、斗马及其刍秣。

（七）职业上必要之书籍、仪器、机械、器具及原料。

第二十条　扣押之物件以其预估价格足敷延纳税额、催征手数料及延纳处分费为限。

前项延纳处分费，指物件扣押、保管、运送及标卖所需之实费而言。

第二十一条　扣押物件除通货外，均须标卖变价备抵，并以余价发还纳税人。

第二十二条　公债社债或存款之利息及由不课所得税之法人分配之利益、议员岁费、官公吏俸给、公费、年金及其他给予金应征之所得税，如有延纳，应由经管扣缴之机关负责，纳税义务人不受处分。

第二十三条　收税官署于各户已完税款及已缴之手数料、延纳处分费，并扣押物件之变抵价目，应设收税回证一一载明，掣发各纳税人收执，其格式由部颁定之。

第二十四条　各户完纳所得税，应由住所所在地之收税官署管辖之，其无住所时视其居所或其代理人之所在。

前项住居或代理人如有变更时，应由纳税人报明该管官署。若不报明遇有不利益时，不得有异议。

第二十五条　收税官署应各将其管辖区域内之纳税义务人名氏、住居、职业等项编造花户名册，并随时更正之。

纳税人如有第二十四条之报告时，该管官署应将其情形，移知新辖区域之官署。

第二十六条　收税官署应克期将所征税款解部，其已完分数以实在解部为断，但因特别情形奉有部令留支抵解者，以实解论。

前项税款以交到各该省金库之日作为实解之日，未设金库地方以交到承汇商号电部复查无异，作为实解之日。其留支抵解者，以收款人之收款日期为准，其考成条例另定之，并得适用中央解款考成条例之规定。

第二十七条　凡报解财政部之所得税款，无论实解抵解及完清未清，由财政部所得税处照章储拨稽核之。

第二十八条　本规则自公布日施行。

所得税调查及审查委员会议事规程

［民国十年（1921 年）一月七日公布］

第一条　调查所得委员会依照所得税条例第十一条之规定，专就条例第三条第二种之所得奉主管官署发交调查时，有调查之责。凡一人之所得，分属两个以上之调查区域者，应归纳税义务人所在地之委员会调查之。

第二条　调查所得委员会应于每年三月一日开会，三月三十一日闭会。若已届闭会而调查尚未完竣者，主管官署得就该委员会中指定三人以下补查之。

第三条　调查所得委员经主管官署选派后，应互选委员长一人，于议事时为其主席，如遇委员长不出席时，得由已出席之年长委员临时代理之。

第四条　调查所得委员会由主管官署知照开会。

第五条　调查所得委员会之议事，以出席人员多数取决之，可否同数时取决于主席。

第六条　调查所得委员不得参与关于己身所得额之议事。

前项规定于该委员之亲属及其他利害关系人所得额之议事，认为有回避之必要者准用之。

第七条　调查所得委员会除照部颁调查报告格式，逐一查明填报外，凡足证明各纳税义务人所得额之各种例规风俗习惯，均应注意。

第八条　调查所得委员关于各纳税义务人所得之内容，应严守秘密不得宣扬于外，否则以违背职务论。但纳税义务人如遇有营业上不便，使调查所得委员闻知者，依照另章之规定，于中央特设所得税主管机关或特派员时，得请求其专司调查。

第九条　调查所得委员会每事调查完竣后，应即照部颁格式，造具调查报告表册二份，送交主管官署，以一份送部，一份留署。

第十条　审查所得委员会之开会期，定为每年五月十六日至六月十五日止，未完事件由主管官署直接审核之。

第十一条　本规程第三条至第九条之规定，审查所得委员会适用之。

第十二条　本规程自公布日施行。

所得税款储拨章程

［民国十年（1921年）一月七日公布］

第一条　所得税款之储存及拨付，均依本章程之规定办理。

第二条　各省区已完之所得税款均应依照所得税征收规程之规定，克日解交金库，专款存储。

第三条　前条专储之税款，除照章应提之征收奖励各费外，非依国家教育及实业经费之支付预算，不得动用。

第四条　前条专储之税款，应按年收总数照章除去征收奖励各费外，以七成拨作教育经费，三成拨作实业经费，由财政部分别拨支。

第五条　各省区已完之所得税款，应由征收机关按三月一结，报告主管官署，其收支确数，应由主管官署于每年度末，先具单行决算表公布之，仍俟办理总决算时，汇报审计院核办。

第六条　中央及各省区收支所得税款账目，得由国会或省议会举员到各主管官署查阅。

第七条　所得税款不得指充内外各种债款之抵押品。

第八条　本章程自公布日施行。

所得税分别先后征收税目

［民国十年（1921 年）一月七日公布］

一　凡官公吏之俸给、公费、年金及其他受公家给予金之所得，先于民国十年一月起，按其全年所得额依率算税后，仍分别于其支领时扣收之。

二　凡依律注册之公司、银行、工厂，概照其在民国九年营业之损益计算书，依条例第三条第一种法人所得税率，第二十三条纳税期限，于十年开征。

三　由官特许之商号、行栈，其在民国九年营业之所得，应由主管官署查定后，照前条办理。

四　银号、钱庄、金店、银楼，无论资本多少，其在民国九年营业之所得，概令确实认报，由主管官署核定后，照前条办理。

五　普通商店资本约在二万元以上者，其在民国九年营业之所得，概令自行认报约数，即依法人税率及期限，于十年开征暂免查账。

以上五项先实行课税。

一　公债社债之利息。

二　从事各业者之薪给。

三　存款放款之利息。

四　由不课所得税之法人分配之利益（已课所得税之公司股利当然免其重征）。

以上四项暂缓课税。

一　田地池诏之所得。

二　个人一般之所得。

以上二项从缓课税。

征收所得税考成条例

[民国十年（1921年）一月十九日公布]

第一章　总则

第一条　京外各省区征收所得税，概照本条例考核之。

第二条　议员岁费、官公吏俸给、年金及其他给予金、公债之利息，应由发款之机关扣缴所得税者，该机关之会计员应受本条例之考成。

第二章　考核时期

第三条　考核时期如左：

（一）按结考核

按结考核于会计年度内每届三月行之。

（二）按年考核

按年考核于会计年度届满时行之。

第四条　每届考核之期，征收官任事未及一月者，应免考核。

第五条　按年考核应并计四结成绩，按结考核应并计上结成绩，但上年度各结之成绩不得并计。

第三章　比较额

第六条　京外各省区应按国家岁入预算所列各该省区应征之所得税额，定为该省区比较额，并分为左之二种：

（一）按结比较额。

（二）按年比较额。

前项比较额应由财政厅（或所得税处）详定细数列表报部，如有新增及除免之项，应于比较内声明，不准含糊隐匿。

第四章　督征官之考成

第七条　各省区财政厅长或所得税处处长、警察厅长、道尹均为所得税之督征官。

第八条　督征所得税经年满考核总额增收者，由财政部查明分别呈请奖励。

第九条　年满考核总额短收者，应于惩罚如左：

短收一成者罚俸，罚俸之成数及月数，由财政部酌夺办理。

短收二成者降等。

短收三成者休职或休职留办。

短收四成以上者免职。

但有特别情形者，财政总长得查明核办。

第十条　督征官对于所属经征官有侵吞、徇隐、浮收等弊未经觉察，经财政部查知或别经告发者，由财政部总长酌予惩处。

第十一条　关于警察厅长、道尹之奖惩，由财政部会同内务部办理。

第五章　经征官之考成

第十二条　各经征官按结考核，依照比较额增收者记功，以增收之成数为记功之次数，由该管督征官核明，汇呈财政部备案。

第十三条　各经征官按年考核增收成数尤多者，由该管督征官核明，报部转呈特给奖励。

第十四条　各经征官按年比较额增收者，得在所增额中提出二成津贴出力人员，但警察厅、县知事并得在比较额内提出所收税款一成补助其征收费。

前项之规定，商会、农会代征所得税时准用之。

第十五条　各经征官按结考核比较额，短收未及一成者记过一次，短收一成以上者由该管督征官斟酌情形，递加记过次数或记大过。

第十六条　各经征官按年考核比较额，短收未及一成者记大过一次，短收一成者罚俸，短收二成者降等，短收三成者休职或休职留办，短收四成以上者撤退。但其罚俸之成数及月数由该管督征官酌量办理。

但前项收数如因特别事故致不能足额时，得由该管督征官将确实情形呈明财政部核办。

第十七条　各经征官前后两任之功过应分别核办，不得牵算。

第十八条　各经征官所得功过次数应准抵消，其记功或记过三次者，准抵大过或大功一次。

第十九条　各经征官如有侵吞、隐匿情弊查有实据者，褫革官职，依法追缴。

第二十条　经征官如于税率之外浮收病民，或与商民串通舞弊减收查有实据者，褫革官职，依法追缴。

第二十一条　各经征官按月所收之款，由该管督征官就所属情形，酌定限期，责令扫数清解，如有逾限，依左列日数分别惩处：

五日以上者，记过一次。

十日以上者，记大过一次。

半月以上者，记大过二次。

一月以上者，撤退。

其因特别事故、道路写远不能按期清解者，不在此限，但须先行呈报督征官核准后，始可免予惩处。

第二十二条　关于县知事之奖惩，由财政部会同内务部办理。其承办扣缴所得税之各公署会计员，由财政部酌量情形，咨明该管最高官署分别奖惩之。

第二十三条　各督征、经征官对于所属员司，得自定考核章程策励进行，但应将该章程呈部备案。

第二十四条　本条例自公布日施行，如有未尽事宜，得由财政部随时修正之。

金库经理所得税款章程

［民国十年（1921 年）四月十五日公布］

第一条　凡代理金库之银行，除依照金库条例，暨财政部委托代理金库暂行章程外，应照本章程经理所得税款之出纳及保管一切事宜。

第二条　金库收纳所得税款办法分为二种如左：

（一）金库由纳税人直接收纳者。

（二）金库由经征机关报解收纳者。

第三条　金库对于直接收纳与报解收纳之所得税款，应分别立账登记之。

第四条　所得税款应专款储存，与国库他项之岁出岁入暨国债之收入支出，须划分两部，并不得与银行营业收支相混。

第五条　金库经理所得税款之各种账簿，由本部订定之。惟未订定以前，暂由银行参照现行办法，呈报采用。

第六条　金库收纳税款时，应照部颁单据格式填给收据，分别报告主管征收机关与财政部全国所得税处查核。

第七条　金库储存之所得税款，应照所得税款储拨章程第三条，除照章应提之征收奖励各费外，均作为教育经费及保息基金。

第八条　所得税项下教育经费与保息基金之支付命令，应由财政部长官用印后，分别送交教育部或农商部，由各该部长官加盖印章，以凭支付。

第九条　金库每十日须制成所得税款之收支报告二份，其一份在京送交北京所得税处，在各省区送交财政厅查核，一面由各该厅处送交当地报章登载。其一份迳报财政部全国所得税处查核，并由全国所得税处将每月汇收总数列表登政府公报公布，每季造册，分送各法定机关。

第十条　本章程自公布日施行。

官俸所得减额之退还税款办法

［民国十年（1921年）六月三十日公布］

一　各官署官吏全年实领俸给等数目，如比较各会计员原报之所得年额减额至五分之一以上，应于年终确定后，由该纳税人检齐原给税票，叙明事由，并将实领之数及应还既缴税款数目详列清单，送由该管督征机关（北京所得税处或各省财政厅）调查更正之。

前项更正之请求，应以年终后两个月，即自次年一月一日起至二月底为限。

二　督征机关接受前项更正之请求，先行覆核并派员详加调查，确定减额至五分之一以上时，其应还既缴税款应即通告该纳税人，定期具领。

三　所得税额之更正，应由督征机关汇案呈由财政部在所解税款内，作为一种支出，照章如数发给，或即令由该督征机关在征存税款项下，批令转发。

四　纳税人如转职其他机关，应将其所得金额合并计算之。

五　调查全年所得减额，如不及五分一或未检齐税票，叙明事由及逾更正之期限者，应予驳回，但须将所缴税票给还。

六　纳税人请求更正所得额时，所缴税票由督征机关先行出给收条交存，俟调查决定，接到退款通知，即可迳赴该督征机关领款，将前给收条缴还，并另出收据。其前送税票均存该督征机关备查，由该管督征机关另发退还税款清单，交纳税人收执。

七　督征机关于办理减额改正案竣事后，应将领款人姓名、还款数目汇登政府公报，以便周知。

所得捐征收条例

［民国十七年（1928年）四月二十八日施行］

本党为准备党员抚恤金起见，得向国民政府及国民政府以下各机关人员，征收所得捐，其征收责任，由中央及中央以下各党部任之。

第一条　国民政府及国民政府直辖各机关，由中央党部秘书处会计科直接征收之。

第二条　省政府、特别市政府及省政府、特别市政府直辖各机关，由所属省党部或特别市党部征收，汇解中央党部会计科。

第三条　县政府及县政府直辖各机关，由县党部征收，汇解省党部，再由省党部转解中央党部会计科。

第四条　市政府及市政府直辖各机关，由市党部征收，汇解省党部，再由省党部转解至中央党部会计科。

第五条　征收额如下表：

（一）每月薪俸在五十元以下者，不征收。

（二）每月薪俸在五十一元以上一百元以下者，征收百分之一。

（三）每月薪俸在一百零一元以上二百元以下者，征收百分之二。

（四）每月薪俸在二百零一元以上三百元以下者，征收百分之三。

（五）每月薪俸在三百零一元以上四百元以下者，征收百分之四。

（六）每月薪俸在四百零一元以上五百元以下者，征收百分之五。

（七）每月薪俸在五百零一元以上六百元以下者，征收百分之六。

（八）每月薪俸在六百零一元以上七百元以下者，征收百分之七。

（九）每月薪俸在七百零一元以上八百元以下者，征收百分之八。

第六条　本条例自公布日施行。

所得捐征收细则

［民国十八年（1929年）五月十六日公布］

一　凡各机关及各级党部征收所得捐，其征收手续依照本细则办理之。

二　征收事宜，由所属各级党部及主管各机关会计科负责执行之。

三　每届月终时，各机关会计科须按全部职员薪额，不论是否党员，依照“征收条例”分别征收，汇交所属党部会计科。

前项征收如遇特别事故，职员全体减薪或欠薪时，应在备考内注明。

四　各机关、各级党部所征得之款，统限于征收完竣五日内，连同报告表，按级汇解中央会计科核收。

五　前项按级汇解手续，须依左列各款办理之：

（甲）凡县政府及县政府直辖各机关之所得捐，由各该机关汇送县党部，复由县党部转解省党部，再由省党部转中央会计科。

（乙）凡市政府及市政府直辖各机关之所得捐，由各该级机关汇送市党部，复由市党部转解省党部，按级解送中央会计科。

（丙）凡特别市政府及特别市政府直辖各机关之所得捐，由各该机关汇解特别市党部，复经特别市党部，汇解中央会计科。

（丁）凡省政府及省政府直辖各机关之所得捐，由各该机关汇解省党部，复由省党部汇解中央会计科。

（戊）凡国民政府及国民政府直属各机关之所得捐，由各该机关直接汇送中央会计科。

六　各省党部所征收之所得捐，除江苏省党部外，应由各该地中央银行汇来，如该地中央银行尚未成立，得由中国或交通银行汇解，其汇费由解款内扣除。

七　各省党部因特别情形，不能将所征之所得捐汇解中央，应即将该款用“中央财务委员会”名义存于中央银行，如中央银行尚未成立，得存中国或交通银行。

八　所征所得捐，除经中央常务会议议决，准予移用外，各级党部不得移作他用。

九　各机关及各级党部之征收报告，应依中央颁发表册式样，按照“表册说明”分别填明。

十　凡各机关之征收报告表，应经该机关长官及会计签名盖章，至各级党部，则须常务委员及会计签名盖章。

十一　凡新旧交代时，旧任征至卸任之日止，将所得捐缴解所属党部，并呈报各级党部备案，新任应按旧任卸事之次日起始征收。

十二　各机关各党部会计更替时，须将经征款项簿册等件，移交新任会计接收，交代清楚，方能离职。前项移交，其接收人应将接收情形，详细呈报备案。

十三　各职员离职时，应照其本月实支薪额，征百分之若干，其在月中月底新委者亦同。

十四　办公费及交际费、津贴、旅费、救济费、抚恤费，概不征收所得捐。

十五　凡经手会计人员，如有私吞捐款潜逃及其他中饱情事，一经查明属实，应即分别严重处分。

十六　本细则如有未尽事宜，得随时提议修改之。

十七　本细则自中央核准公布日实行之。

所得税条例（草案）

［民国十七年（1928 年）七月拟定］

第一条　在民国内地有住所或一年以上之居所者，依本条例负完纳所得税之义务。

第二条　在民国内地虽无住所或一年以上之居所，而有财产或营业或公债社债之利息等所得者，仅就其所得负纳税之义务。

第三条　所得税之定率如左：

第一种：

（一）法人之所得，千分之十二。

（二）除国债外公债及社债之利息，千分之十五。

第二种：不属于第一种之各种所得。

一千元以下者，免税。

自一千一元至二千元之额，课千分之五；

自二千一元至三千元之额，课千分之十；

自三千一元至五千元之额，课千分之十五；

自五千一元至一万元之额，课千分之二十；

自一万一元至二万元之额，课千分之二十五；

自二万一元至三万元之额，课千分之三十；

自三万一元至五万元之额，课千分之三十五；

自五万一元至十万元之额，课千分之四十；

自十万一元至二十万元之额，课千分之四十五；

自二十万一元至五十万元之额，课千分之五十；

自五十万元起，每增加至十万元，对于其增加额递增千分之五。

第四条　计算所得额之方法如左：

（一）第一种第一项之所得，须由各事业年度总收入金额内减除本年度之支出金、前年度之赢余金、各种公课及保险金、责任预备金，以其余额为所得额。

（二）第二条之财产所有者及营业者之法人，其计算所得额之方法，准用前款之规定。

（三）第一种第二项之所得，以其利息之金额为所得额。

（四）第二种之所得，须于一切收入之总额内，减除由已课所得税之法人分配之利益、第一种第二项之利息及经营各种事业所需之经费并各种公课等，以其余额为所得额。如其余额不及二千元，得再扣除负债利息、人寿保险、扶养家族等费，但所扣除者不得超过其余额三分之一。议员岁费、官公吏之俸给、公费、年金及其他给予金、从事各业者之薪给、放款或存款之利息及由不课所得税之法人分配之利益，以其收入之金额为所得额。

田地池沼之所得，依前三年间所得之平均额估计之。

第五条　左列各种所得免纳所得税：

（一）军官在从军中所得之俸给。

（二）警官遇地方宣布戒严时所得之俸给。

（三）美术或著作之所得。

（四）教员之薪给。

（五）旅费、学费及法定养赡费。

（六）不以营利为目的之法人所得。

（七）不属于营利事业之一时所得。

第六条　第一种第一项之所得，应由纳税义务者于每事业年度之末，将其所得额并损益计算书，报告于主管官署。

第一种第二项之所得，应由发行公债之地方团体或发行社债之公司，于给付利息之前，报告于主管官署。

第七条　第二种之所得，应由所得者于每年二月预计全年之所得额，报告于主管官署。

二月以后新有所得之发生者，应随时以其预计全年所得额，报告于主管官署。

第八条　第二条之财产所有者或营业者之个人，准用第七条之规定，法人准用第六条第一项之规定。

第九条　第一种第一项之所得额，主管官署本于各法人之报告发交调查委员会调查，由主管官署核定之。惟此项所得，其年度终结所得额并损益计算书，凡经本部核准、会计师证明者得免除发交调查委员会手续，迳由主管官署审核之。

第十条　第一种第二项之所得额，主管官署本于各发行公债之团体或发行社债之机关报告调查决定之。

第十一条　第二种之所得额，主管官署本于所得者之报告及调查所得委员会之调查报告决定之。

调查所得委员会闭会后，有新纳税义务者发生时，主管官署本于所得者之报告调查后决定之。

第十二条　主管官署每年就第二种所得者之报告，或虽未报告认为有纳第二种所得税之义务者，得调查其人数及所得全额，交调查所得委员会调查之。

第十三条　调查所得委员会之设置区域，以租税征收区域为准。

第十四条　调查所得委员会委员，由主管征收官选派之。

第十五条　地方殷实公正人士前年度曾纳所得税，并为第七条之报告者，有调查所得委员之资格，但有左列各款情事之一者，不在此限。

（一）未成年者。

（二）褫夺公权尚未复权者。

（三）受破产之宣告确定后尚未撤销者。

（四）有精神病者。

（五）受滞纳国税处分后尚未经过一年者。

第十六条　调查所得委员以四年为任期，每二年改派半数，仍派委者得连任，但以一期为限。

第十七条　调查所得委员会之议事规程，以财政部部令定之。

第十八条　调查所得委员会调查完竣后，须报告于主管官署。

第十九条　主管官署认调查所得委员会之调查报告为不当时，得令再调查，再调查后仍恐其决议为不当，或自交令再调查之日起七日以内尚不报告其决议者，主管官署自行决定之。

第二十条　主管官署决定第一种第一项及第二种之所得额后，须通知纳税义务者，纳税义务者接受前项通知后有不服者，限三十日以内叙明理由，请求主管官署审查之。

第二十一条　主管官署遇有前条之请求时，须交审查委员会，依其决议决定之。

审查委员会以征收官吏及调查所得委员各数半数组织之。

审查委员之所属区域及其他规则，以财政部部令定之。

第二十二条　纳税义务者对于前条之决定仍有不服时，得为行政诉愿或诉讼。但已届纳税之期，虽为前项之诉愿或诉讼，仍应依照决定之所得额先行纳税。

第二十三条　调查所得委员得酌给旅费及公费。

第二十四条　第一种第一项之所得税，以各法人每事业年度终了后两个月以内，为纳税之期。

第一种第二项之所得税，由发行公债之地方团体或发行社债之公司，于给付利息之时依率扣除，汇缴主管官署。

第二十五条　第二种之所得税每年分两期完纳：

第一期　七月一日至七月三十一日。

第二期　翌年一月一日至一月三十一日。

第二十六条　第二种之所得额决定后，如有减额至五分之一以上者，得叙明事由，呈请主管官署更正，主管官署遇有前项之呈请，须调查后决定之。

第二十七条　纳税义务者隐匿所得额或为虚伪之报告时，经主管官署调查决定所得额时，不得有异议。

第二十八条　本条例施行时期及施行细则，以财政部部令定之。

所得税施行细则（草案）

［民国十七年（1928年）七月拟定］

第一条　应课所得税之范围规定如左：

第一种：

（甲）公司、行栈、商号及其他法人之所得。

（乙）除国债外公债及社债利息之所得。

第二种：

（甲）经营农工商业利益之所得。

（乙）土地房产之所得。

（丙）股票及债务利息之所得。

（丁）资本红利之所得。

（戊）各项薪给报酬之所得。

（己）国家及地方官吏俸给年金及给予金之所得。

（庚）不属于前列各项之所得。

第二条　所得额之计算方法，应照条例第四条之规定办理。

第三条　所得税之课税定率，应照条例第三条之规定办理。

第四条　第一条第一种甲项应行课税之公司、行栈、商店等法人之所得，应照条例第六条之规定，于每事业年度终结后，将其所得额并损益计算书具报主管官署，由主管官署发交调查所得委员会。调查报告仍由主管官署审核决定，通知各公司、行栈、商店于就近征收机关依率纳税。

第一种乙项之所得，应由发行公债之地方团体或发行社债之机关，于给付利息之前，报告主管官署，并将税额按率扣除，汇缴主管官署。

第五条　第一条第二种之所得，应分照左列规定办理：

关于第二种甲乙丙丁戊庚各项之所得，应由所得者按照预定格式填报主管官署，由主管官署发交调查所得委员会。调查报告仍由主管官署审核决定，通知各所得者于就近征收机关依率纳税。

关于己条之所得，应由所管机关按照预算定额，将各员应纳税额报告主管官署，由主管官署决定后通知各所管机关，于各员支领岁费、公费、俸给、年金、给予金时，依率按月扣除。

第六条　第一条第一种甲项之所得，其年度终结所得额并损益计算书，凡经本部核准、会计师证明者，得免除发交调查委员会手续后，由主管官署审核按率征税。

第七条　主管官署遇有条例第二十六条之请求者，应调查其全年所得之实况，委系减额至五分之一以上时，应改正其所得税额，通知各该纳税人员。

第八条　所得税既经缴纳其一部分后，如因所得款额有变更以致所得税额应核减时，其既缴之税款超过其应缴之税额者，付还其超过额，不足由下届补缴。

第九条　缴纳所得税期限，第一条第一种及第二种内之甲乙丙丁戊庚项之所得，应照条例第二十四条之规定缴纳，其第二种己项之所得，应照本细则第五条办理。

第十条　所得税主管官署，为财政部委托之各官署。

第十一条　调查所得委员会之设置，由主管官署查照条例第十三条，详请财政部核定。

第十二条　调查所得委员名额，每会不得过十人。

第十三条　调查所得委员之旅费、公费以在调查出发时间为限，均由主管官署核实支给。

第十四条　审查委员会置于各省主管官署所在地委员名额，不得过八人。

第十五条　主管官署人员及调查委员对于征收所得税时，法人或个人具报各项，均应严守秘密，不得对外宣布。

第十六条　本细则如有未尽事宜，得由财政部随时修正。

第十七条　本细则自公布之日施行。

附：所得税推行步骤（略）

所得税条例（草案）（修正）

[民国十八年（1929年）一月修正]

第一条　在民国内地有住所或一年以上之居所者，依本条例负完纳所得税之义务。

第二条　在民国内地虽无住所或一年以上之居所，而有财产或营业或国债、地方公债及公司债之利息等所得者，仅就其所得负纳税之义务。

第三条　所得税之定率如左：

第一种：

（一）法人所得：

全年赢利不及资本总额百分之十者，免税。

赢利合资本总额百分之十以上至百分之十五者，课税千分之十；

百分之十五以上至百分之二十五者，课税千分之十五；

百分之二十五以上至百分之三十五者，课税千分之二十；

以上赢利每增百分之五，课税递增千分之五。

（二）国债、地方公债及公司债之利息，统课税千分之十五。

第二种：不属于第一种之各种所得。

全年所得额在二千元以下，免税。

自二千一元至一万元之额，课税千分之五；

自一万一元至二万元之额，课税千分之十；

自二万一元至三万元之额，课税千分之十五；

自三万一元至五万元之额，课税千分之二十；

自五万一元至十万元之额，课税千分之二十五；

自十万一元起每增加五万元，对于其增加额，递增千分之五。

第四条　计算所得额之方法如左：

（一）第一种第一项之所得，须由各事业年度总收入金额内，减除本年度之支出金，前年度之赢余金，各种公课及保险金，责任预备金，以其余额为所得额。

（二）第二条之财产所有者，及营业者之法人，其计算所得额之方法，准用前款之规定。

（三）第一种第二项之所得，以其利息之金额为所得额。

（四）第二种之所得，须于一切收入之总额内，减除由已课所得税之法人分配之利益，第一种第二项之利息及经营各种事业所需之经费，并各种公课等，以其余额为所得额。

议员岁费、官吏之俸给、公费、年金及其他给予金、从事各业者之薪给，放款或存款之利息、各种不动产之收益及由不课所得税之法人分配之利益，以其收入之金额为所得额。田地池沼之所得，依前三年间所得之平均额估计之。

上列三项所得额不及六千元时，得再扣除负债利息、人寿保险、扶养家族等费，但所扣除者，不得超过其余额三分之一。

第五条　左列各种所得免纳所得税：

（一）军官在从军中所得之俸给。

（二）警官遇地方宣布戒严时所得之俸给。

（三）美术或著作之所得。

（四）教员之薪给。

（五）旅费、学费及法定养赡费。

（六）不以营利为目的之法人所得。

（七）不属于营利事业之一时所得。

第六条　第一种第一项之所得，应由纳税义务者于每事业年度之末，将其所得额并损益计算书，报告于主管官署。

第一种第二项之所得，应由发行国债或地方公债之机关或发行公司债之公司，于给付利息之前，报告于主管官署。

第七条　第二种之所得，应由所得者于每年二月预计全年之所得额，报告于主管官署。

二月以后新有所得之发生者，应随时以其预计全年所得额，报告于主管官署。

第八条　第二条之财产所有者，或营业者之个人，准用第七条之规定，法人准用第六条第一项之规定。

第九条　第一种第一项之所得额，主管官署本于各法人之报告发交调查委员会调查，由主管官署核定之。惟此项所得，其年度终结所得额并损益计算书，凡经本部核准、会计师证明者，得免除发交调查委员会手续，迳由主管官署审核之。

第十条　第一种第二项之所得额，主管官署本于各发行国债或地方公债之机关或发行公司债之公司报告，调查决定之。

第十一条　第一种之所得额，主管官署本于所得者之报告及调查所得委员会之调查报查决定之。

调查所得委员会闭会后，有新纳税义务者发生时，主管官署在于所得者之报告调查后，决定之。

第十二条　主管官署每年就第二种所得者之报告，或虽未报告认为有纳第二种所得税之义务者，得调查其人数及所得额，交调查所得委员会调查之。

第十三条　调查所得委员会之设置区域，以主管官署所辖之区域为准。

第十四条　调查所得委员会委员，以由主管征收官选派之。

第十五条　地方殷实公正人士，前年度曾纳所得税，并为第七条之报告者，有调查所得委员会之资格，但有左列各款情事之一者，不在此限。

（一）未成年者。

（二）褫夺公权尚未复权者。

（三）受破产之宣告确定后尚未撤销者。

（四）有精神病者。

（五）受滞纳国税处分后尚未经过一年者。

第十六条　调查所得委员以四年为任期，每二年改派半数，仍派委者得连任，但以一期为限。

第十七条　调查所得委员会之议事规程，以财政部部令定之。

第十八条　调查所得委员会调查完竣后，须报告于主管官署。

第十九条　主管官署认调查所得委员会之调查报告，为不当时，得令再调查，再调查后，仍恐其决议为不当，或自交令再调查之日起七日以内，尚不报告其决议者，主管官署自行决定之。

第二十条　主管官署决定第一种第一项及第二种之所得额后，须通知纳税义务者，纳税义务者接收前项通知后，有不服者，限三十日以内，叙明理由，请求主管官署审查之。

第二十一条　主管官署遇其前条之请求时，须交审查委员会，依其决议决定之。

审查委员会以征收官吏及调查所得委员各半数组织之。

审查委员之所属区域及其他规则，以财政部部令定之。

第二十二条　纳税义务者对于前项之决定，仍有不服时，得为行政诉愿或诉讼，但已届纳税之期，虽为前项之诉愿或诉讼，应仍依照决定所得额，先行纳税。

第二十三条　调查所得委员得酌给旅费及公费。

第二十四条　第一种第一项之所得税，以各法人每事业年度终了后两个月以内，为纳税之期。

第一种第二项之所得税，由发行国债或地方公债之机关或发行公司债之公司，于给付利息之时，依率扣除，汇缴主管官署。

第二十五条　第二种之所得税，每年分两期缴纳：

第一期　七月一日至七月三十一日。

第二期　翌年一月一日至一月三十一日。

第二十六条　第二种之所得额决定后，为有减额至五分之一以上者，得叙明事由，呈请主管官署更正，主管官署遇有前项之呈请，须调查后决定之。

第二十七条　纳税义务者隐匿所得额或为虚伪之报告时，经主管官署调查决定所得额时，不得有异议。

第二十八条　本条例施行时期及施行细则，以财政部部令定之。

所得税施行细则（草案）（修正）

［民国十八年（1929年）一月修正］

第一条　应课所得税之范围规定如左：

第一种：

（甲）公司、行栈、商号及其他法人之所得。

（乙）国债、地方公债及公司债利息之所得。

第二种：

（甲）经营农工商业利益之所得。

（乙）土地房产之所得。

（丙）股票及债务利息之所得。

（丁）资本红利之所得。

（戊）各项薪给报酬之所得。

（己）国家及地方官吏俸给年金及给予金之所得。

（庚）不属于前列各项之所得。

第二条　所得额之计算方法，应照条例第四条之规定办理。

第三条　所得税之课税定率，应照条例第三条之规定办理。

第四条　第一条第一种甲项应行课税之公司、行栈、商店等法人之所得，应照条例第六条之规定，于每事业年度终结后，将其所得额并损益计算书具报主管官署，发交调查所得委员会调查报告，仍由主管官署审核决定，通知各公司、行栈、商店，依率纳税。

第一种乙项之所得，应由发行国债或地方公债之机关或发行公司债之公司，于给付利息之前，报告主管官署，并将税额按率扣除，汇缴主管官署。

第五条　第一条第二种之所得，应分照左列规定办理：

关于第二种甲乙丙丁戊庚各项之所得，应由所得者按照预定格式，填报主管官署，由主管官署发交调查所得委员会，调查报告仍由主管官署审核决定，通知各所得者依率纳税。

关于已项之所得，应由所管机关按照预算定额，将各员应纳税额报告主管官署，由主管官署决定后通知各所管机关，于各员支领岁费、公费、俸给、年金、给予金时，依率按月扣除。

第六条　第一条第一种甲项之所得，其年度终结所得额并损益计算书，凡经本部核准、会计师证明者，得免除发交调查委员会手续，由主管官署审核后，按率征税。

第七条　主管官署遇有条例第二十六条之请求者，应调查其全年所得之实数，委系减额至五分之一以上时，应改正其所得税额，通知该纳税人。

第八条　所得税既经缴纳其一部分，如因所得款额有变更，以致所得税额应核减时，其既缴之税款，超过其应缴之税额者，付还其超过额，不足由下届补缴。

第九条　缴纳所得税期限，第一条第一种及第二种内甲乙丙丁戊庚项之所得，应照条例第二十四条之规定缴纳，其第二种已项之所得，应照本细则第五条办理。

第十条　所得税之主管官署，由财政部委任之。

第十一条　调查所得委员会之设置，由主管官署查照条例第十三条，详请财政部核定。

第十二条　调查所得委员名额，每会不得过十人。

第十三条　调查所得委员之旅费公费，以在调查出发时间为限，均由主管官署核实支给。

第十四条　审查委员会置于各省主管官署所在地委员名额，不得过八人。

第十五条　主管官署人员及调查委员，对于征收所得税时法人或个人具报各项，均应严守秘密，不得对外宣布。

第十六条　本细则如有未尽事宜，得由财政部随时修正。

第十七条　本细则自公布之日施行。

所得税暂行条例

［民国二十五年（1936 年）七月二十一日公布］

第一章　总则

第一条　凡有左列所得之一者，依本条例征所得税。

第一类营利事业所得：

（甲）凡公司、商号、行栈、工厂或个人资本在二千元以上营利之所得。

（乙）官商合办营利事业之所得。

（丙）属于一时营利事业之所得。

第二类薪给报酬所得：

凡公务人员、自由职业者，及其他从事各业者薪酬报酬之所得。

第三类证券存款所得：

凡公债、公司债、股票及存款等利息之所得。

第二条　左列各种所得，免纳所得税。

（一）不以营利为目的之法人所得。

（二）第二类所得：

（子）每月平均不及三十元者。

（丑）军警、官佐、士兵及公务员因公伤亡之恤金。

（寅）小学教员之薪金。

（卯）残废者、劳工及无力生活者之抚恤金、养老金及赡养金。

（三）第三类所得：

（子）各级政府机关存款。

（丑）公务员及劳工之法定储蓄金。

（寅）教育慈善机关或团体之基金存款。

（卯）教育储金之每年所得息金未达一百元者。

第二章　税率

第三条　第一类甲乙两项所得应课之税率，分级如左：

（一）所得合资本实额百分之五至不满百分之十者，课税千分之三十。

（二）所得合资本实额百分之十至不满百分之十五者，课税千分之四十。

（三）所得合资本实额百分之十五至不满百分之二十者，课税千分之六十。

（四）所得合资本实额百分之二十至不满百分之二十五者，课税千分之八十。

（五）所得合资本实额百分之二十五以上者，一律课税千分之一百。

第四条　第一类丙项所得能按资本额计算者，依前条税率课税；不能依资本额计算者，依其所得额课税，其税率如左：

（一）所得不满一百元者，免税。

（二）所得在一百元以上至未满一千元者，课税千分之三十。

（三）所得在一千元以上至未满二千五百元者，课税千分之四十。

（四）所得在二千五百元以上至未满五千元者，课税千分之六十。

（五）所得在五千元以上，每增一千元之额，递加课税千分之十。

前项所得之课税，其最高税率以千分之二百为限。

第五条　第二类所得应课之税率如左：

（一）每月平均所得自三十元至六十元者，每十元课税五分。

（二）每月平均所得超过六十元至一百元者，其超过额每十元课税一角。

（三）每月平均所得超过一百元至二百元者，其超过额每十元课税二角。

（四）每月平均所得超过二百元至三百元者，其超过额每十元课税三角。

（五）每月平均所得超过三百元至四百元者，其超过额每十元课税四角。

（六）每月平均所得超过四百元至五百元者，其超过额每十元课税六角。

（七）每月平均所得超过五百元至六百元者，其超过额每十元课税八角。

（八）每月平均所得超过六百元至七百元者，其超过额每十元课税一元。

（九）每月平均所得超过七百元至八百元者，其超过额每十元课税一元二角。

（十）每月平均所得超过八百元之时，每超过一百元，其超过额每十元增加二角，至每十元课税二元为最高限度，每月所得之超过额不满五元者，其超过部分免税，五元以上者以十元计算。

第六条　第三类所得应课之税率为千分之五十。

第三章　所得额之计算及报告

第七条　计算所得额之方法如左：

（一）第一类之所得以纯益额计算课税。

（二）第二类之所得以月计者或以年计者，均按月平均计算课税，其所得无定期或一时所得者，以各该月之所得额计算课税。

（三）第三类之所得以每次或结算时付给之利息计算课税。

第八条　第一类甲乙丙项之所得，应由纳税义务者，于每年结算后三个月内，将所得额依规定格式，报告于主管征收机关。

第九条　第一类丙项之所得，应由扣缴所得税者，或自缴所得税者，于结算后一个月内，将所得额依规定格式，报告于主管征收机关。

第十条　第二类之所得，应由扣缴所得税者，或自缴所得税者，按照纳税期限，将所得额依规定格式，报告于主管征收机关。

第十一条　第三类之所得，应由扣缴所得税者，或自缴所得税者，于付给或领取利息后一个月内，将所得额依规定格式，报告于主管征收机关。

第十二条　主管征收机关对于所得额格式报告，发现有虚伪隐匿或逾限未报者，得迳行决定其所得额。

第四章　调查及审查

第十三条　主管征收机关于各类所得额经报告义务者报告后，得随时派员调查。

第十四条　主管征收机关决定各类所得额及其应纳税额后，须通知纳税义务者，纳税义务者接到前项通知后，如有不服，得于二十日内述明理由，连同证明文件，请求当地主管征收机关重行调查，主管征收机关应即另行派员复查决定之。经复查决定后，纳税义务者应即依法纳税。

第十五条　纳税义务者接到前条复查决定之通知后，仍有不服时，得于十日内申请审查委员会审查决定之。主管征收机关对于申请审查之税款应存放当地殷实银行，俟审查委员会决定后，依其决定为退税或补税。主管征收机关为前项退税时，应将退税部份之利息，一并退还之。

第十六条　纳税义务者对于审查委员会之决定不服时，得提起行政诉愿或诉讼。

第十七条　审查委员会于市县或其他征收区域设置之审查委员会，设委员三人至七人，为无给职，由财政部于当地公务员、公正人士及职业团体职员中聘任之，任期三年。

审查委员会开会时，主管征收机关长官或其代表应列席。

第五章　罚则

第十八条　不依期报告或怠于报告者，主管征收机关得科以二十元以下之罚金。

第十九条　隐匿不报或为虚伪之报告者，除科以二十元以下之罚金外，并得移请法院科以漏税额二倍以上五倍以下之罚金。其情节重大者，得并科一年以下有期徒刑或拘役。

第二十条　纳税义务者或拟缴所得税者，不依期限缴纳税款，主管征收机关得移请法院追缴，并依左列规定处罚之：

（一）欠缴税额全部或一部逾三个月以上者，科以所欠金额百分之三十以下之罚金。

（二）欠缴税额全部或一部逾六个月以上者，科以所欠金额百分之六十以下之罚金。

（三）欠缴税额全部或一部逾九个月以上者，科以所欠金额一倍以下之罚金。

第六章　附则

第二十一条　本条例施行细则及审查委员会组织规程，由财政部拟定，呈请行政院定之。

第二十二条　本条例施行日期，以命令定之。

所得税暂行条例施行细则

［民国二十五年（1936 年）八月二十二日公布］

第一条　本细则依照所得税暂行条例（以下简称暂行条例）第二十一条规定制定之。

第二条　驻在中华民国境内各国外交官之所得，免予征税。

第三条　在中华民国境内居住未满一年之外国人，其所得之来源不出自中华民国境内者，免予征税。

第四条　前两条之规定，以各外国对于中华民国有同一之待遇者为限适用之。

第五条　凡营利事业，本店在中华民国国外，分支店营业所在国内，或分支店营业所在国外，而本店在国内者，无论其资本是否与本店互为划分，均就其在中华民国境内营业盈利之部分，计算其所得额，准用暂行条例第四条税率课税。

第六条　本店及其分支店营业所，同在中华民国境内，而其资本互为划分者，应分别计算其所得额。

第七条　称资本者，谓照公司组织实在缴足之股金，或其他组织实际投入之本金。

有公积金者，得按其总额以三分之一并入资本计算。

第八条　第一类甲乙两项营利事业之所得，依各业习惯，每年结算一次，其不满一年者，就其营业期间之所得，计算课税。

第九条　营业年度变更时，依新旧年度交替期间之所得计算课税。

第十条　第二类所得以星期计者，每月按四星期计算课税。

第十一条　第二类所得以月计者，不足一月时，就其所得之实数计算课税。

第十二条　买卖与本业务无关之物品证券或金银货币，而其所得又不在本业务收入项下计算者，以一时营利事业论。

非营业之个人为前项之买卖，而不于约定期日以现货交割者，亦同。

第十三条　非营利事业之法人或团体，而兼营营利事业者，视为营利事业。

第十四条　称法定储蓄金者，以政府法令规定之储金为限。

第十五条　计算第一类所得时，应就其收入总额内，减除营业期间实际开支、呆账、折旧、盘存消耗、公课及依法令所规定之公积金，以其余额为纯益额，依照暂行条例第三条规定之税率课税。

第十六条　左列各项收入，均属第二类薪给报酬之所得。

（一）公务员之俸给、薪金、岁费、奖金、退职金、养老金及其他职务上所得之给予金。

（二）自由职业者、从事其他各业者，因职业及工作上之所受薪给、年金、报酬及其他金钱之给与。

第十七条　计算自由职业者及从事其他各业者之所得，如有左列各项费用时，应先行扣除，以其余额为所得额。

（一）业务所房租。

（二）业务使用人薪给报酬。

（三）业务上必需之舟车旅费。

（四）其他业务上直接必需之费用。

业务人就其居所为营业所者，其房租应比例扣除之，但不得超过租金总额百分之六十。

本条第一项第三款之舟车旅费，以受有报酬者为限，但不得超过其各个报酬额百分之三十。

第十八条　自由职业者及从事其他各事业者，设有两个以上之业务所，各有其独立之账簿者，应分别计算其所得额。

第十九条　依本细则第十二条规定之营利，应于各个交易结束时，计算其所得额。

第二十条　扣缴所得税者或自缴所得税者，应依照暂行条例第八条至第十一条规定之期间，向当地主管征收机关申报所得额。

第二十一条　无行为能力人及限制行为能力人之所得额，由其法定代理人依照前条规定代为申报。

第二十二条　第一类甲乙两项之营利事业，因合并、解散、歇业、清理，经结算后仍有所得者，应于结算日起二十日内向当地征收机关申报其所得额。

受破产之宣告经清理后，仍有所得者，破产管理人依前项之规定，申报其所得额。

第二十三条　营业年度变更时，执行业务之负责人，应依照本细则第九条规定，于结算日起二十日内，申报其所得额。

第二十四条　第一类所得之申报人，于申报时应提出财产目录损益计算书、资产负债表或其他足以证明其所得额之账簿文据。

第二十五条　所得税税款，由财政部主管征收机关，委托国家银行或邮政储金汇业局征收之，其当地无上列机关者，得指定其他银行商号或处所代为经收。

第二十六条　各类所得税之纳税期限，依左列规定：

（一）第一类甲乙两项纳税期限，应依各业每年之结算期，于每年三月一日起至五月末日止，或八月一日起至十月末日止，一次缴纳之，丙项所得税于结算申报日缴纳。

（二）第二类所得税，按月缴纳之。

（三）第三类所得税于结算息金申报时缴纳之。

第一类丙项、第二类自缴之所得税及本细则第二十二条第一项和第二项、第二十三条，应缴之所得税于结算申报日起，二十日内缴纳之。

第二十七条　所得税缴纳方法如左：

（一）属于第一类甲乙两项者，由业务负责人自行缴纳。

（二）属于第一类丙项者，如有支付所得之机关，由该机关业务负责人代为扣缴，如无支付机关，由纳税义务人或其代理人自行缴纳。

（三）属于第二类者，由直接支付薪给报酬之机关长官或雇主代为扣缴，无支付机关或雇主者自行缴纳。

（四）属于第三类者，由付息机关之业务负责人代为扣缴。

第二十八条　扣缴所得税者，于扣缴税款时应通知纳税义务人，并将税款向当地经收税款机关缴纳之。

前项扣缴所得税者，除支付无记名证券利息及存款利息，另以特种表式申报外，应开具各个纳税义务人所得额，申报当地主管征收机关。

第二十九条　经收税款机关于收到前条所扣税款时，应掣给主管征收机关规定之正式收据。

第三十条　扣缴所得税者如能依照法定手续期限完成其扣缴之职责者，当地主管征收机关得照其扣缴之总额给予千分之五之奖励金。

前项奖励金于政府机关不适用之。

第三十一条　自缴所得税者于接到当地主管征收机关决定所得税额之通知书后，应各依纳税期限向经收税款机关缴纳所得税。

前项自缴者，应向经收税款机关掣取主管征收机关规定之正式收据。

第三十二条　财政部主管征收机关，应制定各类所得人纳税额通知书，发交各地征收机关，依暂行条例第十四条之规定通知纳税者。

第三十三条　当地主管征收机关应于收到申报人申报十五日内为其所得税额之决定，如申报人请求重行调查时，应自接收请求之日起十日内重行决定其税额。

第三十四条　当地主管征收机关认申报人申报不实时，得指定期限要求申报人提示有关纳税额之证明文据。

申报人对于前项要求怠不履行时，当地主管征收机关，得依调查或其他方法，迳行决定其所得额及纳税额并通知之。

申报人受前项通知时，应依纳税期限纳税。

第三十五条　当地主管征收机关对于扣缴之税额，发现不足时，应责令扣缴所得税者缴足之。

第三十六条　纳税义务人对于扣缴之所得税，认有应行减除者，得向当地主管征收机关声请退税。

第三十七条　财政部主管征收机关，应制定各类所得额申报表，发交各地征收机关，由申报者自行具领填报。

前项申报表得由各地征收机关委托当地行政机关、商会、同业公会、邮政局或经收税款机关存备、申报者具领，并公告或揭示之。

第三十八条　各类所得额申报表不得附征任何费用。

第三十九条　当地主管征收机关，应设置各类所得名簿，按照申报表及决定通知书之内容，将纳税者姓名、住址、职业、所得额、决定纳税额及其他应行记载事项分别记载之。

第四十条　所得税额决定通知书，应分所得种类编号登记。

第四十一条　扣缴所得税者、自缴所得税者或代缴所得税者，对于调查、复查、审查人员要求提示之凭证，不得加以拒绝。

第四十二条　申报人对于明知不实之所得额故为申报者，除依暂行条例第十九条罚锾或论罪外，其有触犯刑法伪造文书罪之情形者，主管征收机关并应报请法院法办。

第四十三条　征收所得税机关人员对于纳税人之所得额、纳税额及其证明关系文据，应绝对保守秘密，违者经主管长官查实或于受害人告发经查实后，主管长官应予以撤职或其他惩戒处分，触犯刑法者，并应报请法院法办。

第四十四条　当地主管征收机关依暂行条例第十八条、第十九条、第二十条各款规定科罚时，应向受罚人送达处分书，对于缴纳之罚款，应给予收据。

前项处分书及收据，应加盖处罚机关之关防及负责人之名章。

第四十五条　股份有限公司或股份两合公司发行股份时，应将股份总额、股票种类、每股金额、营业年度，报明当地主管征收机关。

已发行之股票，应由各该公司于本细则施行日起一个月内，将前项应报事项报明当地主管征收机关。

第四十六条　公司、商号、行栈、工厂及营利之个人，应于本细则施行日起一个月内，将姓名、住址、营业资本或股本实额报明当地主管征收机关。

第四十七条　本细则所定各种书表、簿册、单据格式，由财政部制定之。

第四十八条　本细则未尽事宜，财政部得随时呈准行政院修正之。

第四十九条　本细则自民国二十五年十月一日起施行。

所得税审查委员会组织规程

［民国二十六年（1937 年）三月三十一日公布］

第一条　所得税审查委员会（以下简称审查委员会）依所得税暂行条例第十七条第一项、第二项规定组织之。

第二条　审查委员会设主席一人，由审查委员互选之，任期为一年，连选得连任之。

第三条　审查委员会主席缺席时，由委员中推举一人代理之。

第四条　审查委员会议，由主席随时召集之。

第五条　审查委员会非有过半数委员之出席，不得开议，非有出席委员过半数之同意，不得决议，可否同数时取决于主席，但委员人数为三人者，非全体出席不得开议。

第六条　审查委员会得向主管征收机关及纳税义务者或其代理人调阅关系文据账簿，并书面或口头质询。

第七条　审查委员会对于审查之事件认有必要时，得提付鉴定或公估。

第八条　审查委员会决定所得额时应作审查决定书，叙明审查理由，由出席委员签名盖章，送交主管征收机关。

第九条　主管征收机关收到前条决定书后，应即送达于纳税义务者，如不能送达时应缮录粘贴于该机关牌示处，并登载公报或新闻纸公示之，自粘贴并登载之日起满二十日，视为已送达者。

第十条　不服审查委员会之决定者，其诉愿机关为财政部。

第十一条　审查委员会设书记一人，掌理文书及开会事务，由当地主管征收机关派员兼任之。

第十二条　审查委员会书记，应于开会前二日，将纳税义务者之请求文件分类整理，分送各审查委员。

第十三条　本规程未尽事宜，由财政部随时修正，呈请行政院核定。

第十四条　本规程自呈奉行政院核准施行。

所得税事务处暂行组织章程

［民国二十六年（1937 年）四月十四日公布］

第一条　财政部依组织法第五条之规定，设置所得税事务处，掌理全国所得税事务。

第二条　所得税事务处（以下简称事务处），置左列各科：

（一）第一科。

（二）第二科。

（三）第三科。

第三条　第一科，掌各类所得税之调查、征收、审核及免税、退税、补税等事项。

第四条　第二科，掌税款之计算、登账、稽核及一切会计统计等事项。

第五条　第三科，掌所属各机关设置、人事调动、考绩及本处收发、保管、印信典守、公报编辑、庶务、出纳及其他不属于各科事项。

第六条　事务处设处长一人，简任，承部长之命综理全处事务，并指挥监督所属机关及职员。

事务处设副处长一人，简任，辅助处长处理处务。

第七条　事务处设秘书二人，荐任，承长官之命办理机要文电，综核稿件及一切交办事件。

第八条　事务处设审议二人，荐任，承长官之命草拟各种章则及审核纳税人争议事项。

第九条　事务处设科长三人，荐任，承长官之命办理各科主管事项。

第十条　事务处设视察二人，荐任，承长官之命分往各省市考察所得税推行状况、税收成绩及交查事件。

第十一条　事务处设专门委员四人，聘任或派充，办理本处特种问题之研究事项。

第十二条　事务处设科员三十人至四十人，助理员八人至十二人，委任，承长官之命办理各科事务。

第十三条　事务处得酌用雇员，办理缮校及其他事务。

第十四条　事务处在各省市区设置所得税稽征局，其组织规程另定之。

第十五条　事务处对外公文以财政部名义行之，但关对左列事项得发处令：

（一）遵照部令应行转饬事项。

（二）依照部令所定办法督率进行事项。

（三）曾经呈部核准事项。

第十六条　本章程自公布日施行，并呈请行政院转呈国民政府备案。

各省市所得税稽征局暂行组织章程

［民国二十六年（1937年）四月十四日公布］

第一条　财政部依所得税事务处暂行组织章程第十四条之规定，于各省市设置所得税稽征局（以下简称稽征局），掌理各该省市所得税稽征事务。

第二条　稽征局视辖境事务之繁简，分为一二三等，各设局长一人，局长简任或荐任，承部长之命综理全局事务，并指挥监督所属机关及职员。

第三条　稽征局设一二三等办事员，承长官之命办理事务。

第四条　一等稽征局，办事员至多不得过十六人。二等局，至多不得过十人。三等局，至多不得过四人。但遇特别情形或事务增繁时，得呈请核定增派。

第五条　稽征局职员，除办理总务人员由局呈请所得税事务处转呈财政部委任外，余就财政部训练合格人员，分发任用。

第六条　稽征局遇必要时，得呈准所得税事物处就地考取练习员，其待遇视同雇员。

第七条　稽征局得酌用雇员办埋缮校及其他事务。

第八条　稽征局于其辖境内，得分区设置稽征办事处，办理各该区内所得税稽征事务，其组织规程另定之。

第九条　稽征局办事细则，由各局拟订，呈请所得税事务处核定之。

第十条　本章程自公布日施行，并呈请行政院转呈国民政府备案。

第一类营利事业所得税征收须知

［民国二十六年（1937 年）五月三十一日公布］

一　暂行条例第二条第一款所称之法人，以合于民法总则公益社团及财团之组织，经向主管官署登记成立者为限。

二　施行细则第五条所称分支店营业所在国外而本店在国内者，系指分支店营业所全部在国外者而言，如分支店一部分在国外者，其在国外部分营业上之盈利，应于计算本店纯益时将其剔除。

三　施行细则第六条所称本店及其分支店之资本互为划分者，系指分支店之资本及营业完全独立者而言。

四　营利事业之资本额有增减时，应于增减日起十五日内报告当地主管征收机关。

五　施行细则第七条第一项所称之资本，不包含信用或劳务之出资。

六　施行细则第七条第二项所称之公积金，凡法定公积、任意公积、盈余滚存等均属之。

七　在营业年度中，资本或公积金额有增减者，应以该年度资本或公积金之各月末平均额为该年度之资本。例如，一月份之资本为十万元，公积金为三万元，至四月份公积金增加为四万元，至十月份资本增加为十五万元，则其资本额应为九个月乘十万元、三个月乘十五万元之和，而以十二个月除之，所得之数计为十一万二千五百元，公积金额应为三个月乘三万元、九个月乘四万元之和，而以十二个月除之，所得之数计为三万七千五百元。

八　甲乙两项营利事业，其营业期间不满一年或营业年度有变更者，计算其所得时应就全年相当于该营业期间或新旧交替期间之比例换算其纯益额。例如，资本为十二万元，营业期间为三个月，所得纯益为三千元，全年为三个月之四倍，则全年之纯益额应相当于三千元之四倍，计为一万二千元，合资本实额百分之十。

九　前项营业期间不满一月者，作为一月计算。

十　称收入总额者，系指营业上实收及可收之总收益而言。

十一　称实际开支者，系指营业上已付及应付、未付之必要合理费用，及呆账、折旧、盘存消耗、公课以外之其他损费而言。

十二　除前二项规定外，营利事业亦得各依其营业之必要或原有习惯，以实收及已付者为范围，计算其纯益额，但一经采用，非于该年度营业开始前三个月呈请主管征收机关核准后，不得任意变更。

十三　称依法令所规定之公积金，以公司法第一百七十条第一、第二两项提存之公积金及超过票面金额发行股票之溢价为限，至公积金已达资本总额二分之一者，其所提之公积金不得作为法定公积金。

十四　左例各款不能认为营业上之必要合理费用及损耗，如纳税义务者列入损费项下，应于计算纯益时将其剔除。

1. 资本之利息。

2. 股东、董事、监察人、经协理及其他使用人所摊分之利益。

3. 自由之赠与。

4. 营业上扩充或改革设备之费用足以增加其原有价值者。

5. 房屋、工厂、仓库、机械、工具、器具及船舶等之修理费用，足以增加其原有价值者。

6. 经营本业及附业以外之损失。

7. 水火风暴之损失受有保险赔偿金之部分。

十五　营业收益中已纳之所得税，应于应纳之所得税额中扣除之。

十六　资产之估价，依估价方法及附表规定计算之。

十七　上年度营业之亏损，不得列入本年度计算。

十八　甲乙两项营利事业因合并、解散、歇业、转盘，经清算或清理后，其剩余之财产额，除已课所得税者外，超过原有资本实额者，就其超过部分，照暂行条例第四条税率课税。

十九　甲乙两项营利事业之所得，纳税义务者应于每营业年度结算后三个月内，填具第一类所得额甲种报告表，并依照施行细则第二十四条规定，提出财产目录、资产负债表、损益计算书，或其他足以证明其所得额之账簿文据，报告当地主管征收机关。

二〇　营利事业所得以年计者，其营业期间不满一年或变更营业年度者，纳税义务者应于结算后二十日内，依照前项手续报告其所得额。

二一　一时营利事业之所得能按资本额计算者，纳税义务者应于结算后一个月内，依照本须知第十九项手续报告其所得额。

二二　一时营利事业之所得不能按资本额计算者，纳税义务者应于结算后一个月内，依照第一类所得额乙种报告表格式填明，报告当地主管征收机关。

二三　甲乙两项营利事业因合并、解散、歇业、转盘而经清算或清理后仍有所得者，应填具第一类所得额丙种报告表，依照前项手续连同清算或清理计算书报告其所得额。

二四　施行细则第十二条第一、第二两项买卖之所得，应由支付所得之经纪人或付款人于结算或支付时，将应课之所得税款先行扣下，缴送当地经收税款机关或其所委托之代收税款机关，掣取收据，并照第一类所得额丁种报告表格式，逐日填明，连同扣缴清单报告当地主管征收机关。

二五　第一类甲乙两项纳税义务者，遇主管征收机关调查或复查时，未能提出该营业年度或前二年度营业上各种必要账簿文据者，主管征收机关得迳行决定其资本额、所得额及其应纳税额。

二六　公司、商号、行栈、工厂及个人之营利事业，于二十六年一月一日后开始营业者，应于开始营业后一个月内，将姓名、住址、营业资本或股本实额报明当地主管征收机关。

附：资产估价方法（略）

第二类薪给报酬所得税征收须知

［民国二十六年（1937年）五月三十一日公布］

一　暂行条例所称薪给报酬，系指以勤劳技艺智能直接换取金钱，或可以金钱计算之给予而言。

二　左列各款属于公务人员之范围：

1. 各级党部及其所属机关之人员。
2. 各级政府及其所属机关之人员。
3. 陆海空军官佐及警务人员。
4. 国立及省市县立学校之职员、教员。
5. 官营事业之人员。
6. 地方自治机关之人员；
7. 其他依法令从事公务之人员。

三　公务人员、自由职业者及其他从事各业者，薪给报酬之所得，无国籍、职务或业务之别，均照施行细则第二十七条第三款规定扣徼所得税。

四　公务人员因公支领之费用，不属于薪给报酬之范围，不予课税。

五　薪给报酬之以月计者，按其原支额计算课税，如系折扣发给者，按其折扣所得额计算课税，不得减除任何费用。

六　自由职业者及其他从事各业者，除本业务上勤劳所得之薪给报酬外，有兼营本业务有关之营利事业者，其薪给报酬所得与营利所得应分别计算课税。

七　业务上薪给报酬之所得，如为物品或有价证券，以给予时之市价折合法币计算之。

八　施行细则第十七条规定，得予减除之开支，以设有业务所或其他组织者为限。

九　左列各款属于前项同条第四款所规定之开支：

1. 公会会费。

2. 业务使用人之膳宿开支，但以在业务所内住宿或供膳者为限。

3. 公课。

4. 复委托费。

5. 业务用具之修理费。

6. 广告费。

7. 邮电、文具、消耗及其他杂费。

十　劳工之人身保险费用，得于薪给报酬内减除之。

十一　自由职业者及其他从事各业者，设有联合业务所者，应就其分摊之约定，各别计算其收入及支出。

十二　薪给报酬之所得，以月计者，其不足一月之所得，应就其所得之实额，按原支额税率计算课税。例如，某甲月薪定额四百元，于半个月时离职，实支二百元，应按二百元之额，照原支四百元之税率计算课税四元八角，其所得实额不满三十元者免税。

十三　薪给报酬之所得，以日计者、以时计者或以件计者，均以该月份所得之实额计算课税。

十四　公务机关或雇主未能按月发给全薪者，依左列规定计算课税：

1. 折扣发薪者，先就已拨实额之税率计算课税，至补发时再以补发部分与已发部分合并计算补缴税款。例如，某甲月薪三百元，先发六成一百八十元，暂照先发部分之税率计算课税二元二角，至补发四成一百二十元时，再与已发部分合并计算，即照三百元之税率，每月课税五元六角，除已缴二元二角外，每月应补缴三元四角。

2. 以借支方式代替发薪者，应就其各该月所借之实额，照前款之计算方法补缴税款。

十五　薪给报酬所得，以年计者，以一年所得之总额用一年之月数除之，其所得之数即为每月之平均数。例如，某甲年薪一千二百元，用十二除之，每月平均一百元，课税六角，十二个月共应税课七元二角，于支付时一并扣缴。

十六　所得有定期者，例如薪给报酬以季或半年计算者，或定期之给予金均属之，以该期间之月数与所得之金额，照前项方法平均计算之。

十七　薪给报酬之所得，同时有以月计者及以年计者，或其他定期之所得在二种以上时，应合并平均计算之。例如，某甲月薪三百元，按月缴纳所得税五元六角，至年终又支领定期年奖金一千二百元，应就年奖金额用一年之月数除之其所得之每月平均数为一百元，再与每月月薪三百元之数相加，则某甲每月平均所得为四百元，应按月课税九元六角，除按月已扣缴税款五元六角外，每月尚须补税四元，全年应补税款合共四十八元，于支付此项年奖金时一并补缴之，其在该年内每月月薪如有增减者，应于补税时，比照上列方法计算之。

十八　薪给报酬所得纳税额，照附表计算之。

十九　各机关长官或各雇主于每月发给薪给报酬时，应将其直接所属公务人员或其使用人应纳之所得税，分别扣下，按月直接缴送当地中央银行或其所委托之代收税款机关，掣取收据，并填具第二类甲种或丙种所得额报告表，连同扣缴清单报告当地主管征收机关，如遇有本须知第十三项至第十六项情事者，扣缴机关于报告时应另单载明。

二十　自由职业者及其他从事各业者之所得设有业务所者，其薪给报酬之所得应于每年年终结算一次，就其各月所得平均额填具第二类乙种报告表，如须扣除费用者，并应连同收支计算表于结算日报告当地主管征收机关，核定其所得额及应纳税额，并于报告日起二十日内，将应纳之税款缴送当地中央银行或其所委托之代收税款机关，掣取收据。

二一　自由职业者及其他从事各业者，无固定业务所或无固定雇主者，就其各该月之所得，于结算日起十五日内照前项手续报缴其所得税。

二二　自由职业者及其他从事各业者，对于主管征收机关调查或复查时，未能提出证明文件簿据者，主管征收机关得就其业务之状况，迳行决定其所得额。

附：第二类所得每月纳税额计算表（略）

第三类证券存款所得税征收须知

［民国二十六年（1937年）五月三十一日公布］

一　公债包含中央或地方政府发行之债票、库券、证券、凭券。

二　股票利息，以股份有限公司及股份两合公司之股息为限。

三　存款利息包含左列各款：

(1) 银钱业所收存款之利息；

(2) 银钱业外其他营利事业所收存入款项之利息。

四　银钱业之放款及银钱业同业间或其本分支店间之往来款项，其所生之利息，应归入营业收益项下计算，毋须由支付利息机关，代为扣缴所得税。

五　银钱业外，其他营利事业本店与分支店之资本及营业非完全独立者，其本分支店间往来款项之利息，准用前项规定。

六　凡证券所生之利息，不适用暂行条例第二条第三款免税各规定。

七　各级政府机关存款应用本机关之户名，并由收受存款机关报明当地主管征收机关，核准免税。其不用本机关户名存入者，应于四月一日前改正之。

八　在公务员储蓄条例未公布施行前，各机关已举办之公务员储蓄具有强制性质者，适用暂行条例第二条第三款（丑）目之免税规定。

九　劳工储蓄金以依照廿五年十二月十八日行政院公布之工人储蓄暂

行规程办理者为限。

十　教育慈善机关或团体，以依关系法令经向主管官署立案者为限。

十一　非教育之机关团体或个人，提存专款作为奖学基金，并定有保管办法，经报明主管官署者，视同教育机关或团体之基金存款，免予课税。

十二　教育慈善机关或团体之基金存款，应用本机关或团体之户名，于存款时提出确实证明文件，报明当地主管征收机关核准后，通知收受存款机关免扣利息所得税。在未核准前，各收受存款机关，仍应先行扣锐，俟核准后，由纳税义务者迳向主管征收机关申请退税，其以前存入或不用本机关团体之户名者，应于四月一日前补报或改正之，逾期不补报或不改正者，以普通存款论。

十三　教育储金以定期储蓄金为限，其未到期前提用或变更用途者，应追缴其应纳之所得税。

十四　教育储金人应于开始储金前，依照规定之免税申请书格式填明，并取具二人以上之负责证明，报告当地主管征收机关核准后，通知其储蓄机关，免予课税。负责证明人，应详开住址及门牌号数。

十五　前项办法，由各地主管征收机关公告之。其在公告前存入者，应照前项手续于公告日起一个月内填表补报。逾限不报者，以普通存款论。

十六　教育储蓄应以储金人所立每个受益人之户头为单位，如同一受益人有数个户头，其利息之总额满百元者，仍应课税。

十七　寿险被保险人满期领受之保险金额超过保险费总额者，其超过部分，视为存款利息之所得，照条例第六条税率课税，但劳工保险金额免予课锐。

十八　支付公债利息之机关，应于每届付息时，在所得息金总额内先扣千分之五十所得税款，缴送当地中央银行或其所委托之代收税款机关，掣取收据，并填具第三类甲种所得额报告表，报告当地主管征收机关。

十九　发行公司债之股份有限公司，应于每届支付债息时，在所得息金总数额内先扣千分之五十所得税款，缴送当地中央银行或其所委托之代收税款机关，掣取收据，并填具第三类乙种所得额报告表报告当地主管征收机关。

二十　股份有限公司之董事，或股份两合公司之无限责任股东，应于每届发给股息时，在所付息金总额内，先扣千分之五十所得税款，缴送当地中央银行，或其所委托之代收税款机关，掣取收据，并填具第三类丙种所得额报告表，报告当地主管征收机关。

二一　收受存款之行号，应于每次结算利息时在息金内先扣千分之五十所得税款，缴送当地中央银行或其所委托之代收税款机关，掣取收据，并填具第三类丁种所得额报告表，报告当地主管征收机关。

二二　本须知第十七项规定保险金额之所得，应由保险人于支付时，按照前项手续扣缴所得锐，并填具第三类戊种所得额报告表，报告当地主管征收机关。

二三　扣缴公司债息股息之机关，于报告所得额时，应照部定格式填具，纳税义务人清单一并附报。

附：教育储金免税申请书格式（略）

所得税罚锾暂行办法

［民国二十六年（1937年）七月八日公布］

第一条　各地主管征收机关，对于自缴所得税者或扣缴所得税者，有所得税暂行条例第十八条或第十九条之情事，科以罚锾时，应作成处分书送达受罚人。

第二条　处分书应照制定之处分书格式填载，加盖关防，并由该征收机关长官签名盖章。

第三条　受罚人接到处分书，应于十日内向指定征收机关缴纳罚款。

第四条　受罚人逾限抗不缴纳罚款时，主管征收机关应移请当地警察机关依法执行。

第五条　受罚人缴纳罚款时，经收税款机关应发给收据。

第六条　收据计分四联，由当地主管征收机关加盖关防，送交经收税款机关。第一联发给受罚人，第二联送交当地主管征收机关，第三联送国库总库备核，第四联存根。

第七条　本办法自呈部核准备案日施行。

附：罚锾处分书格式（略）

所得税奖励金暂行办法

［民国二十六年（1937 年）七月八日公布］

第一条　扣缴所得税者，如能依照法定手续期限完成其扣缴之职责者，依所得税暂行条例施行细则第三十条第一项之规定，得向当地主管征收机关申请发给奖励金。

第二条　奖励金每半年发给一次。

第三条　扣缴所得税者，应于每年二月末及十二月末将该半年内扣缴税款之数额结算，并于十五日内依照声请书格式填明，声请当地主管征收机关核发。

第四条　扣缴所得者未到声请之期限而歇业或解散者，得于歇业或解散之时声请之。

第五条　各地主管征收机关收到核发奖励金声请书时，应于一个月内予以核定，连空白收据，送由声请人于收到后十日内，将核定之奖励金额填明，向当地主管征收机关具领。

第六条　主管征收机关收到领款收据后，应即签发支票或汇票。

第七条　扣缴所得税者不于第三条规定之期限内为声请者，不得再为声请。

第八条　各地主管征收机关，应将奖励金收据编号粘簿，附于支出计算书，于每半年度终了后两月内，呈送所得税事务处汇核报部，特送审计部核销。

第九条　奖励金之发给，自分位起算。

第十条　本办法自呈部核准备案日施行。

所得税退税暂行办法

［民国二十七年（1938 年）五月六日公布］

第一条　所得税已完纳后，经纳税义务人申请重行审核调查，如查明原征税款确系超过应纳税额，或合于免税规定而未予免征时，其多征或误征税款应退还于纳税义务人，其退还程序暂依本办法办理之。

第二条　退税之类别，如左列规定：

（一）纳税义务人依所得税暂行条例第十五条第十六条之规定，申请审查委员会审查或提起行政诉愿或诉讼，经决定原征税款确系超过应纳税额者。

（二）纳税义务人申请核明其所得合于免税规定，对其以前已经完纳之税款请求退还者。

（三）纳税义务人申请核明其所纳税款超过应纳税额，对其多纳之税款请求退还者。

第三条　请求退税人应依照定式填具退税申请书，连同有关文件一并向主管统税分局提出申请核办。

第四条　统税分局接收退税申请书及关系文件后，应由税务主管课详加审核，出具审核意见书，一并送请主管长官核示。

第五条　申请退税之件经主管长官核准者，统税分局税务主管课应即依照定式填具四联退税凭单。

第六条　四联退税凭单：第一联，收据，交由承领人签名盖章（须与退税申请书内签名盖章相同），持向经理课领取应退税款；第二联，通知单，送由经理科，经与第一联查核相符，于税款退讫后除将第二联收存备查外，仍将第一联送还税务主管课办理登录程序；第三联，缴核单，应同旬报呈送统税公署查核；第四联，存根，留统税分局备查。

第七条　凡应退税款，统税分局应俟原经收机关业经将款报解到局后，方准核退。

第八条　第二条第一款所指之审查委员会，在未经成立以前关于所得税退税事项应由该会审查决定者，暂以统税公署之决定代之。

第九条　退还应退税款所生之利息时，应将利息数额于退税凭单备考栏内详确注明，并应向存款银行取具利息单证转交承领人收执。

第十条　本办法如有未尽事宜，得随时呈请临时政府行政部修正之。

第十一条　本办法自公布之日施行。

非常时期过分利得税条例

［民国二十七年（1938年）十月二十八日公布］

第一条　在抗战期间，有左列过分利得之一者，除依所得税暂行条例征税外，依本条例加征非常时期过分利得税。

（一）凡公司、商号、行栈、工厂或个人资本在二千元以上之营利事业，官商合办之营利事业及一时营利事业，其利得超过资本额百分之十五者。

（二）财产租赁之利得，超过其财产价额百分之十二者。

第二条　非常时期过分利得税为中央税，其征收事务由所得税征收机关兼办。

前项过分利得税，以民国二十七年七月一日为起征日期，每半年征收一次，但依其性质得按月或一次征收之。

第三条　第一条第一款资本额利得之计算及资产之估价，准用所得税暂行条例关于资本额、所得额及资产估价之各规定，但公积金不得并入资本计算，已纳或应纳之所得税及财产之折旧，于计算过分利得额时，不予减除。

第四条　第一条第一款利得，按左列各级税率征税：

（一）利得额超过资本额百分之十五至百分之二十者，其超过额征百分之十；

（二）利得额超过资本额百分之二十至百分之三十者，其超过额征百分之十五；

（三）利得额超过资本额百分之三十至百分之四十者，其超过额征百分之二十；

（四）利得额超过资本额百分之四十至百分之五十者，其超过额征百分之三十；

（五）利得额超过资本额百分之五十至百分之六十者，其超过额征百分之四十；

（六）利得额超过资本额百分之六十者，其超过额一律征百分之五十。

第五条　第一条第二款利得，按左列各级税率征税：

（一）利得额超过其财产价额百分之十二至百分之二十者，其超过额征百分之十；

（二）利得额超过其财产价额百分之二十至百分之三十者，其超过额征百分之十五；

（三）利得额超过其财产价额百分之三十至百分之四十者，其超过额征百分之二十；

（四）利得额超过其财产价额百分之四十至百分之五十者，其超过额征百分之三十；

（五）利得额超过其财产价额百分之五十至百分之六十者，其超过额征百分之四十；

（六）利得额超过其财产价额百分之六十者，其超过额一律征百分之五十。

第六条　第一条第一款利得，按营业年度计算者，由纳税义务人于结算日起一个月内，向主管征收机关报告其利得额，其不能按营业年度计算者，于结算或取得之日起十五内报告之。

第七条　第一条第二款利得，由纳税义务人于领受利得日起十五日内，向主管征收机关报告其利得额。

第八条　主管征收机关接到前二条之报告后，应即调查并分别决定其应纳税额，通知纳税义务人缴纳之。

第九条　纳税义务人纳税后对于税额有不服时，得请求主管征收机关复查决定之。

第十条　依复查之决定应退税者，主管征收机关应即退还之。

第十一条　纳税义务人逾限定期间不为利得额之报告时，主管征收机关得迳行调查并决定其应纳税额，限令缴纳，纳税义务人对于前项之决定，不得请求复查。

第十二条　纳税义务人不于限定期间缴清税款时，除令其缴纳外，并得科以所欠税额二倍以下罚锾。

前项罚锾，由法院以裁定宣示之。

第十三条　隐匿不报或为虚伪之报告者，得科以应纳税额二倍以上五倍以下之罚金，其情节重大者，得并科六个月以下有期徒刑或拘役。

第十四条　凡由战区迁入内地之工厂，及因战事受有重大损失之营业，经查明属实者，应暂予免税。

第十五条　非常时期过分利得额之计算、申报、调查、审查等程序，准用所得税暂行条例之规定。

第十六条　本条例施行细则，由财政部拟订，呈请行政院核定之。

第十七条　本条例自公布日施行。

非常时期过分利得税条例施行细则

［民国二十八年（1939 年）九月十二日院令公布］

第一条　本细则依非常时期过分利得税条例第十六条之规定制定之。

第二条　非常时期过分利得税条例第一条第二款规定之财产价额，以二十六年七月七日之市价为标准，无当日之市价者，应由当地所得税征收机关、地政主管机关代表及地方公正人士，组织评价委员会评定之。

评价委员会章程及评价方法另定之。

第三条　营利事业以租赁财产为其附业，或其收益中有属于财产之租赁者，其租赁部分之过分利得，应与其本业之过分利得，分割计算征税。

第四条　左列公益慈善之捐助，应作为营业上合理必要之费用，但以能提出确实证据者为限。

（一）经政府核准或公共机关团体之决议提倡者。

（二）直接并积极于国家有益者。

第五条　左列各款，应于计算财产租赁利得额时扣除之。

（一）财产之修缮及其他必要费用，但在租约内载明由承租人负担者，不在此限。

（二）保险费。

（三）合法捐税。

第六条　营利事业利得按年结算者，不能于年度终了后一个月内结算申报时，准予延长，但至多不得逾所得税之申报期间。

第七条　营利事业利得按营业年度计算，而其营业期间不满一年者，应按其利得额及营业期间之比例，换算其全年度利得额，以决定应课之税率，再就其营业期间之利得额，依决定税率算出应纳之税额。

财产租赁之利得，不以年计者，准用前项之规定。

第八条　利得不足一月者，按一月计算。

第九条　营利事业不能按营业年度计算者，其在二十八年一月一日起，本细则施行前结算或取得之过分利得，应于本细则施行后三十日内，报告其利得额。

财产租赁过分利得之取得，在二十八年一月一日起本细则施行前者，准用前项之规定。

第十条　纳税义务者，应于主管征税机关之应纳税额决定通知书到达日起十五日内，缴纳税款。

第十一条　非常时期过分利得税，由经收所得税之银行经收，迳解国库。

第十二条　依非常时期过分利得税条例第十四条规定暂予免税之工厂及营业，应于本细则施行后三十日内，将损失情形，报告当地主管征收机关，查明核定之，其一时无法调查者，应暂就所在地营业部分之利得，计算征税，俟将来查明后，再行分别退税或补税。

第十三条　非常时期过分利得税应用之各种书表簿据格式，由主管征收机关定之。

第十四条　本细则自行政院核定公布日施行。

各省区所得税机关审理诉愿案件暂行规程

［民国二十九年（1940 年）五月二十二日公布］

第一条　财政部各省区所得税机关审理诉愿案件，应依本规程之规定组织审理诉愿案件委员会（以下简称审员会）。

第二条　不服所得税区分处之复查决定或处分者，向省所得税处提起诉愿，不服省所得税处所为之诉愿决定者，向财政部提起再诉愿。

第三条　审委会由省所得税处长官及其所指定之各主管人员四人至六人组织之。

第四条　审委会开会时，以省所得税处长官为主席，如因故缺席时，由各委员临时互推一人为主席。

第五条　审委会开会时，如有必要，得通知本案关系人到会陈述案情，或另为言词辩论。

第六条　在法定诉愿期限内，纳税义务人不依法定程式提起诉愿，而只具呈声明异议或请求救济者，得酌定期限，饬令依法提起诉愿。

第七条　依所得税暂行条例第十九条规定移送法院处罚之案件，应予复查或诉愿确定后为之。

第八条　诉愿未决定前原处分不失其效力，应执行之，但上级受理诉愿机关认为有停止执行之必要时，得令知俟诉愿终结后执行之。

第九条　审委会会议，依事实需要，由主席随时召集之。

第十条　审委会对于所决定之诉愿案件，以省所得税机关名义行之。

第十一条　过分利得税诉愿案件，准用本规程之规定。

第十二条　本规程自公布之日施行。

财产租赁出卖所得税法

［民国三十二年（1943 年）一月二十八日公布］

第一条　凡土地、房屋、堆栈、码头、森林、矿场、舟车、机械之租赁所得，或出卖所得，均依本法征收所得税。

第二条　左列各种所得，免征所得税。

（一）财产租赁所得未超过三千元者；财产出卖所得未超过五千元者；农业用地之出卖所得，未超过一万元者。

（二）各级政府财产之租赁所得或出卖所得。

（三）教育文化公益事业财产之租赁所得或出卖所得，全部用于各该事业者。

第三条　财产租赁所得之计算，以每年租赁总收入，减除改良费用、必要损耗及公课后之余额为所得额。改良费用及必要损耗之减除额，以租赁总收入额百分之二十为标准。财产租赁收入，以出产物计者，应按各年该出产物出产后三个月内平均市价换算，其换算之平均市价，由当地主管征收机关调查核定公告之。

第四条　财产出卖所得之计算，以其出卖价格，减除原价之余额为所得额，其原价之计算如左：

（一）财产取得或建造在民国二十六年七月一日以后者，均以取得或建造价格为原价。

（二）财产取得或建造在民国二十六年六月三十日以前者，依左列标准评定原价，但纳税义务人，能提供确实之原取得或建造价格者，以其提供之价格为原则。

（甲）农村土地、房屋、森林、矿场以出卖价格百分之三十为原价。

（乙）城市土地、房屋、堆栈、码头、舟车、机械，均以出卖价格百分之二十为原价。

第五条　设定永佃权、地上权一次付给租金者，或设定典权超过十五年者，其课税准用关于财产出卖之规定。

第六条　财产租赁所得税之税率如左：

（一）所得额超过三千元至二万五千元者，就其超过额课税百分之十。

（二）所得额超过二万五千元至五万元者，就其超过额课税百分之十五。

（三）所得额超过五万元至十万元者，就其超过额课税百分之二十。

（四）所得额超过十万元者，每增十万元，就其超过额递加课税百分之五，最高递进至百分之八十为限。

第七条　农业用地出卖所得超过一万元至五万元者，或第一条所定其他财产出卖所得超过五千元至五万元者，均各就其超过额征收百分之十，其出卖所得超过五万元之部分，均按左列税率征收之：

（一）所得额超过五万元至十五万元者，就其超过额课税百分之十四。

（二）所得额超过十五万元至三十万元者，就其超过额课税百分之十六。

（三）所得额超过三十万元至五十万元者，就其超过额课税百分之十八。

（四）所得额超过五十万元至七十五万元者，就其超过额课税百分之二十。

（五）所得额超过七十五万元至一百万元者，就其超过额课税百分之二十二。

（六）所得额超过一百万元至一百二十五万元者，就其超过额课税百分之二十五。

（七）所得额超过一百二十五万元至一百五十万元者，就其超过额课税百分之三十。

（八）所得额超过一百五十万元至一百七十五万元者，就其超过额课税百分之三十五。

（九）所得额超过一百七十五万元至二百万元者，就其超过额课税百分之四十。

（十）所得额超过二百万元以上者，就其超过额课税百分之五十。

第八条　财产租赁所得，按其性质，由自缴所得税者或扣缴所得税者，于每年每季或每月取得或支付之日起，一个月内，将所得额报告于主管征收机关。

第九条　财产出卖所得，均以承买财产者为扣缴所得税者，应由其于订立买卖契约之日起十五日内，将所得额报告于主管征收机关。

第十条　主管征收机关接到前二条之报告，应即调查并分别决定其所得额及应纳税额，通知自缴所得税者或扣缴所得税者。

第十一条　自缴所得税者或扣缴所得税者接到应纳税额通知后，应于十五日内缴纳税款。

第十二条　纳税义务人对于主管征收机关，应纳税额之决定，遇有不服时，除依前条规定纳税外，得于接到通知之日起一个月内，请求主管征收机关复查，主管征收机关于接到复查之请求后，应于十五日内决定并通知之。

第十三条　纳税义务人对于主管征收机关之复查决定，仍有不服时，得依法提起诉愿及行政诉讼。

第十四条　经复查诉愿及行政诉讼之最后决定，应退税或补税者，主管征收机关应即退还或通知缴纳之。

第十五条　主管征收机关对于所得额之报告，发现有虚伪隐匿或逾限未报者，得迳行调查，决定其所得额及应纳税额，限令缴纳。

第十六条　不依期限报告或怠于报告者，除迳行决定税额限令缴纳外，并得科以五百元以下之罚锾。

第十七条　隐匿不报或为虚伪报告者，或出卖财产作为赠与避免缴纳所得税者，除迳行决定税额，限令缴纳外，得科以应纳税额二倍以上五倍以下之罚锾。其情节重大者，得并科一年以下有期徒刑或拘役。

第十八条　自缴所得税者，或扣缴所得税者不依期限缴纳税款，除追缴税款外，并依左列规定处罚之：

（一）欠缴税额全部或一部逾一个月者，科以所欠税额一倍以下之罚锾。

（二）欠缴税额全部或一部逾二个月者，科以所欠税额二倍以下之罚锾。

（三）欠缴税额全部或一部逾三个月者，科以所欠税额三倍以下之罚锾，并强制执行追缴税款。

第十九条　前三条所定科罚及追缴税款，均由主管征收机关移送法院以裁定行之。

第二十条　本法施行细则，由财政部拟订，呈请行政院核定之。

第二十一条　本法自公布之日施行。

非常时期过分利得税法

［民国三十二年（1943年）二月十七日公布］

第一条　在抗战期间，凡公司、商号、行栈、工厂或个人资本在二千元以上之营利事业，官商合办之营利事业及一时营利事业，其利得超过资本额百分之二十者，除依所得税法征税外，依本法加征非常时期过分利得税。

第二条　非常时期过分利得税为中央税，其征收事务，由所得税征收机关兼办。

前项过分利得税，依其利得之性质，按年、按月或一次征收之。

第三条　资本额、利得额之计算及资产之估价，准用所得税法关于资本额、所得额及资产估价之各规定，但公积金不得并入资本计算。已纳或应纳之所得税，于计算过分利得额时，不予减除。

第四条　非常时期过分利得税之税率如左：

（一）利得额超过资本额百分之二十至百分之二十五者，按其超过额征百分之十。

（二）利得额超过资本额百分之二十五至百分之三十者，按其超过额征百分之十五。

（三）利得额超过资本额百分之三十至百分之三十五者，按其超过额征百分之二十。

（四）利得额超过资本额百分之三十五至百分之四十者，按其超过额征百分之二十五。

（五）利得额超过资本额百分之四十至百分之四十五者，按其超过额征百分之三十。

（六）利得额超过资本额百分之四十五至百分之五十者，按其超过额征百分之三十五。

（七）利得额超过资本额百分之五十至百分之五十五者，按其超过额征百分之四十。

（八）利得额超过资本额百分之五十五至百分之六十者，按其超过额征百分之四十五。

（九）利得额超过资本额百分之六十至百分之一百者，按其超过额征百分之五十。

（十）利得额超过资本额百分之一百至百分之二百者，按其超过额征百分之五十五。

（十一）利得额超过资本额百分之二百以上者，按其超过额一律征百分之六十。

第五条　利得额按营业年度计算者，由纳税义务人于结算日起一个月内，向主管征收机关报告其利得额，其不按营业年度计算者，于结算或取得之日起十五日内报告之。

第六条　主管征收机关接到报告后，应即调查并分别决定其应纳税额，通知纳税义务人缴纳之。

第七条　纳税义务人纳税后，对于税额有不服时，得请求主管征收机关复查决定之。

第八条　依复查之决定应退税者，主管征收机关应即退还之。

第九条　纳税义务人逾限定期间不为利得额之报告时，主管征收机关得迳行调查，并决定其应纳税额，限令缴纳。

纳税义务人对于前项之决定，不得请求复查。

第十条　纳税义务人不于限定期间缴清税款时，除令其缴纳外，并得科以所欠税额二倍以下罚锾。

前项罚锾，由法院以裁定行之。

第十一条　隐匿不报或为虚伪之报告者，得科以应纳税额二倍以上五倍以下之罚锾，其情节重大者，得并科六个月以下有期徒刑或拘役。

第十二条　非常时期过分利得额之计算、申报、调查、审查等程序，准用所得税法之规定。

第十三条　本法施行细则，由财政部拟订，呈请行政院核定之。

第十四条　本法自公布日施行。

所得税法

［民国三十二年（1943 年）二月十七日公布］

第一章　总则

第一条　凡有左列所得之一者，以本法征所得税。

第一类　营利事业所得。

（甲）凡公司、商号、行栈、工厂或个人资本在二千元以上营利之所得。

（乙）官商合办营利事业之所得。

（丙）属于一时营利事业之所得。

第二类　薪给报酬所得。凡公务人员、自由职业者及其他从事各业者薪给报酬之所得。

第三类　证券存款所得。凡公债、公司债、股票及存款利息之所得。

第二条　左列各种所得免纳所得税：

（一）不以营利为目的之法人所得。

（二）第二类所得。

（子）每月平均所得未满一百元者。

（丑）军警、官佐、士兵及公务员因公伤亡之恤金。

（寅）小学教职员之薪给。

（卯）残废者、劳工及无力生活者之抚恤金、养老金及赡养费。

（三）第三类所得。

（子）各级政府机关存款。

（丑）公务人员及劳工之法定储蓄金。

（寅）教育慈善机关或团体之基金存款。

（卯）教育储金之每年所得息金未达一百元者。

第二章　税率

第三条　第一类甲、乙两项所得应课之税率分级如左：

（一）所得合资本实额百分之十未满百分之十五者，课税百分之四。

（二）所得合资本实额百分之十五未满百分之二十者，课税百分之六。

（三）所得合资本实额百分之二十未满百分之二十五者，课税百分之八。

（四）所得合资本实额百分之二十五未满百分之三十者，课税百分之十。

（五）所得合资本实额百分之三十未满百分之四十者，课税百分之十二。

（六）所得合资本实额百分之四十未满百分之五十者，课税百分之十四。

（七）所得合资本实额百分之五十未满百分之六十者，课税百分之十六。

（八）所得合资本实额百分之六十未满百分之七十者，课税百分之十八。

（九）所得合资本实额百分之七十以上者，一律课税百分之二十。

第四条　第一类丙项所得，能按资本额计算者，依前条税率课税，不能按资本额计算者，依其所得额课税，其税率如左：

（一）所得在二百元以上未满二千元者，课税百分之四。

（二）所得在二千元以上未满四千元者，课税百分之六。

（三）所得在四千元以上未满六千元者，课税百分之八。

（四）所得在六千元以上未满八千元者，课税百分之十。

（五）所得在八千元以上未满一万元者，课税百分之十二。

（六）所得在一万元以上未满一万二千元者，课税百分之十四。

（七）所得在一万二千元以上未满一万四千元者，课税百分之十六。

（八）所得在一万四千元以上未满一万六千元者，课税百分之十八。

（九）所得在一万六千元以上未满一万八千元者，课税百分之二十。

（十）所得在一万八千元以上未满二万元者，课税百分之二十二。

（十一）所得在二万元以上未满五万元者，课税百分之二十四。

（十二）所得在五万元以上未满十万元者，课税百分之二十六。

（十三）所得在十万元以上未满二十万元者，课税百分之二十八。

（十四）所得在二十万元以上者，课税百分之三十。

第五条　第二类所得应课之税率如左：

（一）每月平均所得一百元者，课税一角。

（二）每月平均所得超过一百元至二百元者，其超过额每十元课税二角。

（三）每月平均所得超过二百元至三百元者，其超过额每十元课税三角。

（四）每月平均所得超过三百元至四百元者，其超过额每十元课税四角。

（五）每月平均所得超过四百元至五百元者，其超过额每十元课税六角。

（六）每月平均所得超过五百元至六百元者，其超过额每十元课税八角。

（七）每月平均所得超过六百元至七百元者，其超过额每十元课税一元。

（八）每月平均所得超过七百元至八百元者，其超过额每十元课税一元二角。

（九）每月平均所得超过八百元至九百元者，其超过额每十元课税一元四角。

（十）每月平均所得超过九百元至一千元者，其超过额每十元课税一元六角。

（十一）每月平均所得超过一千元至一千一百元者，其超过额每十元课税一元八角。

（十二）每月平均所得超过一千一百元至一千五百元者，其超过额每十元课税二元。

（十三）每月平均所得超过一千五百元至二千元者，其超过额每十元课税二元二角。

（十四）每月平均所得超过二千元至三千元者，其超过额每十元课税二元四角。

（十五）每月平均所得超过三千元至五千元者，其超过额每十元课税二元六角。

（十六）每月平均所得超过五千元至一万元者，其超过额每十元课税二元八角。

（十七）每月平均所得超过一万元以上者，其超过额每十元一律课税三元。

每月所得之超过额不满五元者，其超过部分免税，五元以上者，以十元计算。

第六条　第三类所得，如为政府发行之证券及国家金融机关之存款储蓄所得，其应课税率为百分之五，其他非政府发行之证券及非国家金融机关之存款储蓄所得，其应课税率为百分之十。

第三章　所得税之计算及报告

第七条　计算所得税额之方法如左：

（一）计算第一类之所得，以纯益额计算课税。

（二）第二类之所得，以月计者或以年计者，均按月平均计算课税，其所得无定期或一时所得者，以各该月之所得额计算课税。

（三）第三类之所得，以每次或结算时付给之利息计算课税。

第八条　第一类甲、乙两项之所得，应由纳税义务人于每年结算后一个月内，将所得额依规定格式报告于主管征收机关。

第九条　第一类丙项之所得，应由扣缴所得税者或自缴所得税者，于结算后一个月内，将所得额依规定格式报告于主管征收机关。

第十条　第二类之所得，应由扣缴所得税者或自缴所得税者，按照纳税期限，将所得额依规定格式报告于主管征收机关。

第十一条　第三类之所得，应由扣缴所得税者或自缴所得税者，于付给或领取利息后一个月内，将所得额依规定格式报告于主管征收机关。

第十二条　主管征收机关对于所得额之报告，发现有虚伪隐匿或逾限未报者，得迳行决定其所得额。

第四章　调查及审查

第十三条　主管征收机关于各类所得额，经纳税义务人报告后，得随时派员调查。

第十四条　主管征收机关决定各类所得额及其应纳税额后，应通知纳税义务人。纳税义务人接到前项通知后，如有不服，得于二十日内叙明理由，连同证明文件请求当地主管征收机关重行调查，主管征收机关应即另行派员复查决定之。经复查决定后，纳税义务人应即依法纳税。

第十五条　纳税义务人接到前条复查决定之通知书后，仍有不服时，得于十日内，申请审查委员会审查决定之。主管征收机关对于申请审查之税款，应存放当地殷实银行，俟审查委员会决定后，依其决定为退税或补税。

主管征收机关为前项退税时，应将退税部分之利息一并退还之。

第十六条　纳税义务人对于审查委员会之决定不服时，得提起行政诉愿或诉讼。

第十七条　审查委员会于市县或其他征收区域设置之。审查委员会设委员三人至七人，为无给职，由财政部于当地公务员、公正人士及职业团体职员中聘任之，任期三年。审查委员会开会时，主管征收机关长官或其代表应列席。

第五章　罚则

第十八条　不依期限报告或怠于报告者，主管征收机关得科以五百元以下之罚锾。

第十九条　隐匿不报或为虚伪之报告者，除科以五百元以下之罚锾外，并得移请法院，科以漏税额二倍以上五倍以下之罚金，其情节重大者，得并科一年以下有期徒刑或拘役。

第二十条　纳税义务人或扣缴所得税者，不依期限缴纳税款，主管征收机关得移请法院追缴，并依左列规定处罚之：

（一）欠缴税额全部或一部逾一个月者，科以所欠金额一倍以下之罚金。

（二）欠缴税额全部或一部逾二个月者，科以所欠金额二倍以下之罚金。

（三）欠缴税额全部或一部逾三个月者，科以所欠金额三倍以下之罚金，并强制执行追缴之。

第六章　附则

第二十一条　本法施行细则及审查委员会组织规程，由财政部拟订，呈行政院核定之。

第二十二条　本法自公布日施行。

所得税法施行细则

［民国三十二年（1943 年）七月九日公布］

第一条　本细则依所得税法（以下简称本法）第二十一条之规定订定之。

第二条　凡本法第一条之所得来源发生在中华民国国内者，均应征税。

中华民国人民在国内有住所，而前项所得来源发生在中华民国境外者，亦应征税。

第三条　驻在中华民国境内各国外交官之所得免予征税，但以各国对于中华民国有同一待遇者为限。

第四条　本法所称营利事业，其本店或主事务所在中华民国国内，而其分支店营业所全部或一部在中华民国国外者，其在中华民国国内及国外之营利所得应合并课税。

本店或主事务所在中华民国国外，而其分支店营业所全部或一部在中华民国国内者，均各就其在中华民国国内营业盈利部分课税，并照本法第四条税率计算。

第五条　本店及其分支店营业所同在中华民国国内，其资本互为划分、营业完全独立者，得分别计算其所得额。

第六条　非营利事业之法人或团体而兼营营利事业者，视为营利事业。

第七条　买卖与本业务无关之物品、证券或金银货币，而其所得又不在本业务收入项下计算者，以一时营利事业论。

非营业之个人为前项之买卖，而不于约定日期以现货交割者亦同。

第八条　本法称资本者，谓照公司组织实在缴足之股金，或其他组织实际投入之本金。前项资本不包含信用或劳务之出资。

第九条　第一类甲、乙两项营利事业有公积金者，得以三分之一并入资本计算，但以已参加营业运用者为限。

前项公积金，凡法定公积、任意公积、盈余滚存均属之。

第一〇条　本法称公务人员者，谓由公库支领薪给报酬之左列人员：

（一）各级党部及其所属机关之人员。

（二）各级政府及其所属机关之人员。

（三）海陆空军官佐及警务人员。

（四）国立及省、市、县立学校之职员、教员。

（五）官营事业之人员。

（六）地方自治机关之人员。

（七）其他依法令从事公务之人员。

第一一条　本法称自由职业者，谓左列人员：

（一）律师。

（二）会计师。

（三）医药师。

（四）工程师。

（五）新闻记者。

（六）教育人员。

第一二条　本法称其他从事各业者，谓不属于前两条规定之范围而有薪给报酬所得之人员。

第一三条　本法称薪给报酬者，系指以勤劳、技艺、智能直接换取金钱或可以金钱计算之给予而言。左列各项收入均为第二类薪给报酬之所得，但公务人员因公支领之费用不在此限。

（一）公务员之俸给、薪金、岁费、奖金、退职金、养老金及其他职务上之给与金。

（二）自由职业者及从事其他各业者，因职业及工作上之所受薪给、年金、报酬及其他给与金。

第一四条　本法称公债者，包括各级政府发行之债票、库券、证券、凭券。

第一五条　本法称股票利息者，系指股份有限公司及股份两合公司之股息而言。

第一六条　本法称存款利息者，包括左列各款：

（一）银钱业所收各项存款及借入款项之利息。

（二）银钱业外其他营利事业所收存入、借入款项之利息。

第一七条　有奖储蓄之中奖奖金及寿险被保险人满期领受之保险金超过保险费总额部分，准用存款利息所得课税。

第一八条　本法所称不以营利为目的之法人，以合于民法总则公益社团及财团之组织，经向主管官署登记成立者为限。

第一九条　本法称各级政府机关存款者，以用本机关户名存入代理公库之银行或邮政储金汇业局者为限。

第二〇条　本法称公务员及劳工之法定储蓄金者，指依公务员储蓄条例及工人储蓄暂行规程办理者为限。

前项公务员储蓄条例未公布施行前，各机关已举办之公务员储蓄具有强制性质者，视为法定储蓄金。

第二一条　本法称教育慈善机关或团体之基金存款者，谓具有长期固定性质用利不动本之定期存款，或有特定用途经主管机关核准，得动用本金或作为活期存款存储者而言。

前项机关或团体者以依关系法令经向主管官署立案者为限。

第二二条　非教育之机关团体或个人提存专款作为奖学金，并定有保管办法，经报明主管官署者，视为教育慈善机关或团体基金存款。

第二三条　本法称教育储金者，谓专用于教育之定期储蓄金。

第二四条　凡合于前六条之规定者，先将证明及关系文件报请当地主管征收机关审查，认为相符，均得免税。但证券所生之利息所得，虽合于前六条之规定亦不得免税。

第二五条　本法所称政府发行之证券，系指公债而言。所称国家金融机关，以中央银行、中国银行、交通银行、中国农民银行、邮政储金汇业局及中央信托局为限。

第二六条　公司、商号、行栈、工厂及个人之营利事业，应于每年度前一个月内将户名、地点、业务种类及其他有关征税事项，向当地主管征收机关申请登记。

第二七条　凡新开业之公司、商号、行栈、工厂、个人及自由职业与从事其他各业之设有业务所者，应于开始营业前十五日内依前条规定事项申请登记。其因合并、解散、歇业、转盘而停业者，或商号名称变更加记或地址迁移者，应于停业变更或迁移前十五日内申请注销或变更登记。

第二八条　各地主管征收机关接到前二条申请，应即派员调查，并编造或改正征收底册。

前项征收底册分为三种：一为总登记册，一为业领户册，一为地领户册。应各编造两份，一份留存征收机关，一份呈报上级主管机关备案。

第二九条　公司、商号、行栈、工厂及私人之营利事业，采运进出各地货物时，应将货物名称、数量、价值、起运地及到达地向当地主管征收机关申请登记。

前项货物属于甲、乙两项营利事业者，应俟该营利事业年度结算时课税。

属于丙项一时营利事业者，应于销售结算时课税。均不得预征税款。

第三〇条　股份有限公司发行公司债，或股份有限公司或股份两合公司发行股份时，应将公司债、名称、债额及利率或股份总额、股票种类、每股金额，向当地主管征收机关申请登记。

第三一条　本法第一类营利事业之计算，应就其收入总额（营业上实收及可收之总收益）内减除营业期间实际开支（营业上已付及应付未付之必要合理费用及呆账折旧盘存消耗公课以外之其他必要合理损费）、呆账、折旧、盘存消耗、公课（各级政府依据法令在营业进行上所征课之赋税）及依法令所规定之公积金（此项公积金以公司法第一百七十条第一、第二两项提存之公积金为限，至公积金已达资本总额二分之一者，其所提之公积金不得作为法定公积金），以其余额为纯益额。

第三二条　营利事业除以应收应付为计算范围外，亦得依营业必要或原有习惯，以实收实付为范围，计算其纯益额。但计算范围一经采用，非于该年度营业前三个月呈请当地主管征收机关核准后，不得任意变更之。

第三三条　左列各项不能认为营业上之必要合理费用及损耗，如纳税义务人列入损费项下，应于计算纯益额时将其剔除。

（一）资本之利息。

（二）股东、董事、监察人、经协理及其使用人所摊分之利益。

（三）家庭之费用。

（四）自由之赠与。

（五）营业上扩充或改革设备之费用，足以增加原有价值者。

（六）建筑物、船舶、机械工具及器具之修理费用，足以增加其原有价值者。

（七）经营本业及附业以外之损失。

（八）水、火、风暴之损失，受有保险赔偿金之部分。

第三四条　左列公益慈善之捐助得作为营业上合理必要之费用，但以能提出确实证据者为限。

（一）经政府核准或公共机关团体之决议提倡者。

（二）直接并积极于国家有益者。

第三五条　营利事业资产之估价，依本细则所附营利事业资产估价方法之规定。

第三六条　以往年度营业之亏损，不得列入本年度计算。

第三七条　在营业年度中资本或公积金额有增减者，应以该年度各月末资本或公积金之平均额为该年度之资本额或公积金额。

第三八条　本法第一类甲、乙两项营利事业，应每年结算一次，其营业年度起迄时期，得依各业习惯。

第三九条　本法第一类甲、乙两项营利事业，其营业期间不满一年者，就其营业期间之实际所得计算课税，其营业年度有变更时，就新旧年度交替期间之实际所得计算课税。

前项课税方法，应以其实际所得额，就其营业期间或新旧交替期间相当全年之比例，换算全年所得额，决定应课之税率，再就实际所得额依决定税率计算其应纳之税额。

第四〇条　本法第一类丙项一时营利事业之所得，能按资本计算者，其营业期间不满一年时，准用前条之规定。其超过一年以上者，均按一年计算课税。

第四一条　营业期间不满一月者，作为一月计算。

第四二条　第一类甲、乙两项营利事业于合并、解散、歇业、转盘、清算或受破产之宣告，于清理时除其剩余资产，应按时价估价计算纯益。依本法第三条税率课税外仍有所得者，其所得照本法第四条税率课税。

前项所得之计算，以剩余财产额减去已课所得税者外，超过原有资本实额之部分为其所得额。

第四三条　营业收益中已纳之所得税，准于应纳之所得税总额中扣除之。但已纳所得税之收益，按营业总收益及应纳所得税总额比例分摊之税额少于已纳之所得税额时，应以此项比例分摊之税额为扣除之标准。

第四四条　本法第一类甲、乙两项营利事业之资本，应于开业后十五日内申请当地主管征收机关调查核准登记之。其资本额有增减时，应于增减日起十五日内申请之。

资本数额或增减资本不依前项规定申请者，或经申报而查明申报不实者，主管征收机关得不予承认，并得迳行按照实际情形决定其资本额。

第四五条　本法第一类甲、乙两项营利事业之所得，纳税义务人应于每营业年度结算后一个月内，依规定之所得额报告表格式填报其所得额于当地主管征收机关。但有特殊情形报经当地主管征收机关核准者，得延长其申报期间，至长不得超过结算后三个月。

纳税义务人于申报时应提出财产目录、资产负债表及损益计算书，或其他足以证明其所得额之账簿文据。

第四六条　本法第一类甲、乙两项营利事业，其营业期间不满一年，或变更营业年度者，纳税义务人应于结算后二十日内，依照前条手续报告其所得额。但仍继续营业者，得展至结算后一个月内申报之。

第四七条　本法第一类甲、乙两项规定营利事业，因合并、解散，歇业、转盘、经清算或清理之所得，纳税义务人应于结算日起二十日内，依规定之所得额报告表格式连同清算或清理计算书，填报其所得额于当地主管征收机关。

第四八条　前条之营利事业，因破产而清理者，由破产管理人负责申报纳税。因合并、转盘而歇业者，其合并后之营业或承顶者应负扣缴税款之义务。如不明已歇业营业之所得额或应纳税额时，报请当地主管征收机关调查核定，再行扣缴之。

第四九条　一时营利事业之所得能按资本计算者，纳税义务人应于结算后一个月内，依照本细则第四十五条之规定报告其所得额。

第五〇条　一时营利事业所得不能按资本计算者，纳税义务人应于结算后一个月内，依规定之所得额报告表格式填报其所得额于当地主管征收机关。

第五一条　一时营利事业之所得有支付机关者，由支付所得机关负扣缴税款之义务。

第五二条　本细则第七条第一项及第二项规定之一时营利所得，应于各个交易结算时计算其所得额，由支付所得之经纪人或付款人于结算支付时扣缴税款，并依规定之所得额报告表及扣缴清单格式填报于当地主管征收机关。

第五三条　薪给报酬所得不得减去任何费用，但劳工之人身保险费用及自由职业者或从事其他各业者设有义务所或其他固定组织之左列各项费用得予减去，以其余额为所得额。

（一）业务所房租。（以居所为营业所者其房租应比例扣除，但不得超过租金总额百分之六十）

（二）业务使用人薪给报酬。

（三）业务上必需之舟、车、旅费。（以受有报酬者为限，但不得超过

其各个报酬额百分之三十）

（四）其他业务上直接必要之费用。（包括公会会费、在业务所内住宿或供膳之业务使用人膳宿开支、业务进行上之公课、复委托费、业务用具之修理费、广告费、邮电文具消耗及其他杂费）

第五四条　自由职业者及从事其他各业者设有联合业务所者，应就其分摊之约定各别计算其收入及支出。设有两个以上之业务所各有其独立之账簿者，应分别计算其所得额，其兼营本业务有关之营利事业者之薪给报酬所得与营利所得，应分别计算课税。

第五五条　薪给报酬之所得以月计者，不足一月时，应就其所得实额按全月所得额及应纳税额比例计算课税。以星期计者，每月按四星期计算课税。以年计或有定期者，应先以一年或定期内所得总额就全年或定期内之月数，计算每月平均所得额，以决定每月税额。以时计、以日计或以件计者，均以每月份所得实额计算课税。其无定期或一时所得者，均以各该月之所得计算课税。

前项以月计者、以年计者及其他定期无定期或一时之所得在二种以上时，应合并平均计算课税。

第五六条　自由职业者或从事其他各业而设有业务所者，应于每年年终结算一次，其结算有定期者从其定期。

第五七条　公务机关或雇主因故未能发给全薪者，先就已发实额计算课税，至补发时再以补发部份与已发部份合并计算补缴税款。

第五八条　业务上薪给报酬之所得如为物品或有价证券，以给予时之市价折合法币计算之。

第五九条　各机关长官或各雇主于每次发给薪给报酬时，应将其直接所属公务人员或其使用人应纳所得税分别扣缴，并于十五日内依规定之所得额报告表及扣缴清单格式填报于当地主管征收机关。其有本细则第五十五条及第五十六条所规定各情事者，应另纸详细说明之。

第六〇条　自由职业者或从事其他各业者而设有业务所者，应于结算日起二十日内，依规定之所得额报告表格式连同收支计算表填报于当地主管征收机关，并缴纳税款。无业务所或无固定雇主者，应就其各该月之所得于结算日起十五日内填报并缴纳税款。

第六一条　银钱业之放款，及银钱业同业间及其本分支店间之往来款项，其所生之利息，应归入营业收益项下计算，其支付利息机关不必代扣所得税。

第六二条　银钱业外其他营利事业，本店与分支店之资本未划分、营业未完全独立者，本分支店间往来款项之利息准用前条之规定。

第六三条　各级政府支付公债利息，发行公司债之股份有限公司支付债息，股份有限公司之董事或股份两合公司之无限责任股东发给股息，及收受存款之行号结算利息，均应于每届支付息金时，就支付总额扣缴税款，并依规定之所得额报告表及扣缴清单格式填报于当地主管征收机关。

本细则第十七条有奖储蓄之中奖奖金所得，及寿险保险金超过保险费总额之所得，其报告与扣缴税款与前项同。

第六四条　当地主管征收机关接到报告义务人之报告后，应于三十日内进行调查，为其所得额及应纳税额之决定。

如纳税义务人不服前项决定请求复查者，应于请求后二十日内重行复查，决定其所得额及应纳税额。但有必要时得酌量延长之。

第六五条　当地主管征收机关进行调查或复查时，纳税义务人应提示该年度或前二年度营业上或业务上各种证明所得额之必要账簿文据，其未能提示者，主管征收机关得迳行决定其所得额及应纳税额。

第六六条　当地主管征收机关于调查或复查时，遇有疑义者，得指定时间要求纳税义务人或扣缴负责人提示有关纳税额之证明文据，其怠不履行者，得用其他调查方法迳行决定其所得额及应纳税额。

第六七条　报告义务人对于明知不实之所得额故为报告者，或当地主管征收机关于调查时发现其报告有关文件与账簿文据之记载有不符者，或发现其账簿文据有虚伪不实之记载者，除依本法第十二条迳行决定其所得额及应纳税额，并依本法第十九条科罚或论罪外，其有触犯刑法伪造文书等各情事者，当地主管征收机关并应报请法院罚办。

第六八条　当地主管征收机关于调查或复查时，由纳税义务人或扣缴负责人提供之账簿文据，应即掣给收据，并查毕发还。

第六九条　当地主管征收机关经调查或复查决定纳税义务人所得额及应纳税额后，应即通知之。

前项调查或复查决定之通知书，应由派驻该机关主办之审核人员副署。

第七〇条　纳税义务人于接到前条之通知后，应即依纳税期限缴纳所得税。

第七一条　当地主管征收机关经调查或复查决定之应纳税额，遇有与扣缴负责人已扣缴税额或与纳税义务人已自缴税额有所不符时，其属不足者，应即通知补税；其属溢缴者，应即予退税。

第七二条　各类所得税之纳税期限依左列之规定：

（一）第一类甲、乙两项所得税及依本细则第四十二条规定之清算、清理所得税，于接到应纳税额通知后二十日内缴纳之；丙项之自缴所得税，于结算申报日起二十日内缴纳，扣缴所得税于结算申报时缴纳。

（二）第二类之扣缴所得税按月于结算申报时缴纳，自缴所得税于结算申报日起二十日内缴纳。

（三）第三类所得税于结算息金申报时缴纳之。

第七三条　所得税税款由国库分支库或其所委托之各地银行、邮局或殷实商号经收之。

第七四条　各类所得税之缴纳方法如左：

（一）各类之自缴纳所得税，由纳税义务人自行向国库分支库或其所委托之经收机关缴纳之。

（二）各类之扣缴所得税，由扣缴负责人向国库分支库及其所委托之经收机关缴纳之。

第七五条　各类扣缴所得税之扣缴负责人于扣缴税款时，应通知纳税义务人。

第七六条　国库分支库及其委托之经收机关收到纳税义务人或扣缴负责人缴纳之税款后，应掣给依财政部规定之正式收据。

第七七条　纳税义务人或扣缴负责人于缴纳税额后，应将缴纳税额、纳税日期、经收机关名称，掣取正式收据字号，报告于当地主管征收机关。

第七八条　扣缴负责人依照法定手续及期限完成其扣缴责任者，当地主管征收机关应照其扣缴之税额给予千分之五之奖励金。

前项奖励金于政府机关不适用之。

第七九条　征收所得税机关人员对于纳税人之所得额、纳税额及其证明关系文据，应绝对保守秘密，违者经主管长官查实，或于受害人告发经查实后，主管长官应予以撤职或其他惩戒处分。触犯刑法者，并应报请法院办理。

第八〇条　当地主管征收机关依本法第十八条及第十九条前段规定科处罚锾时，应向受罚人送达处分书，对于缴纳之罚款应给予收据。

前项处分书及收据，应加盖处罚机关之关防及负责人之名章。

第八一条　各地所得税上级机关应于每年七月至九月派员至各地抽查各征收机关办理税务及各类所得税征纳情形。

前项抽查结果，其应纳税额与原核定税额有所增减时，应交由当地主管征收机关填具抽查退税或补税通知书，通知纳税人领还或补缴。

第八二条　本细则所定各种书表、簿册、单据格式由财政部制定之。

第八三条　本细则自公布日施行。

附：营利事业资产估价方法（略）

财产租赁出卖所得税法施行细则

［民国三十二年（1943年）七月九日公布］

第一条　本细则依财产租赁出卖所得税法（以下简称本法）第二十条规定订定之。

第二条　本细则所称财产，系指本法第一条所列各项财产而言。

第三条　本法所称租赁与出卖，适用民法之规定。

第四条　本法所称土地，适用土地法之规定。

第五条　本法所称农业用地，系指凡供农业上应用之土地。

第六条　本法所称城市土地，系指县市城区境域以内之土地。

第七条　本法所称农村土地，系指县市城区境域以外之土地。

第八条　凡以买卖财产为营业者，其出卖所得，得照所得税法第一类营利事业所得税甲、乙两项之规定课税，不另征收财产出卖所得税。

第九条　凡出卖之土地，已纳土地增值税者，其已纳税额，准在应纳财产出卖所得税额中减除之。

第十条　出租财产遇有收回自用或自行留用一部分者，其收回或留用部分得予剔除，不列入所得额课税。

第十一条　凡自用之财产，于呈报营利事业所得税列支租金者，仍应依照本法课征租赁所得税。

第十二条　出租或出卖二处或二种以上之财产，其所有权属于一个人者，应合并计算所得额。

第十三条　财产租赁所得额之计算，除以每年租赁总收入减除改良费用、必要损耗及公课后之余额为所得额外，若有意外或不可抗力之损失者，纳税义务人得提出确实证明，申请减除。

第十四条　财产出卖所得额之计算，如有必要之佣金及公课，得依实际支付额扣除之。

第十五条　财产租赁附有押租者，其押租利息，应视同租赁所得并入课税。

前项利息，准照当地银钱业通行之存款利率计算。

第十六条　本法第四条第一项财产之取得或建造，在民国二十六年七月一日以后，而不能提供确实之原取得或建造价格之证明者，得参照该条第二项规定之标准计算原价。

第十七条　财产租赁价格或买卖价格，双方当事人遇有争议时，得由主管征收机关核定暂缴税额，一俟价格最后决定或裁定后，多退少补。

第十八条　长期定额租赁之租金，如有增减或交付租金日期遇有变更者，纳税义务人应随时报告当地主管征收机关，重行核定所得额、纳税额及纳税期限。

第十九条　长期租赁之财产未满期限中途退租者，纳税义务人应随时报告主管征收机关，查明后始得解除纳税义务。

第二十条　本法第八条所称财产租赁所得，于每年每季或每月取得或支付之日起一个月内，将所得额报告于主管征收机关，其取得或支付日期经契约规定者，应按契约规定之日起计算。

第二十一条　财产租赁或出卖未经明文订立契约者，应自租用或交付财产之日起计算。

第二十二条　财产租赁所得，按季按月或分次取得租金者，仍以按年综计所得额课税为原则，但须按季按月或按次分期缴纳税款。

第二十三条　本法经征之税款，应由扣缴所得税者或自缴所得税者，迳缴指定之国库或国库代理机关。

第二十四条　财产租赁出卖所得税，应由承租人或买受人扣缴之，但农地租赁所得税得由业主自缴。

第二十五条　承租人或买受人如不依照前条之规定履行扣缴义务，出租人或出卖人如有逃税情事，应负追赔责任。

第二十六条　财产租赁出卖所得税，由承租人或买受人扣缴者，应于租金或买价内扣除之。

第二十七条　当地主管征收机关对于扣缴之税额发觉不足时，应责令扣缴所得税者补足之。

第二十八条　纳税义务人对于扣缴税额认有疑义或溢征者，得向当地主管征收机关声请查明退税。

第二十九条　扣缴所得税者于扣缴税款时，应通知纳税义务人，并将税款向当地经收税款机关缴纳之。

第三十条　财产租赁所得之申报人于申报时，应提示租赁契约等证据文件。

第三十一条　财产出卖所得之申报人于申报时，应提示新旧买卖契约等证据文件。

第三十二条　主管征收机关对于申报所得人送验之契约证据文件，应随时验讫发还，不得积压稽延。

第三十三条　无行为能力人及限制行为能力人之所得额，由其法定代理人依照本法第八条、第九条之规定代为申报。

第三十四条　扣缴所得税者或自缴所得税者或代缴所得税者，对于调查、复查、审查人员要求提示之凭证，不得加以拒绝。

第三十五条　申报人不提示证据文件或当地主管征收机关对于提示之证据文件认为有不实或疑义时，得依照调查或其他方法迳行决定其所得额及纳税额，并通知之。

申报人受前项通知时，应依纳税期限纳税。

第三十六条　征收机关人员对于纳税人之所得额、纳税额及其证据关系文件，应代守秘密，违者经主管长官查明或受害人告发，经查实后，应予以撤职或其他惩戒处分，其有触犯刑法者，并应报请法院法办。

第三十七条　承租人或买受人对租金或买金之支付如有迟延者，纳税义务人不得作为纳税迟延之理由。

第三十八条　财产租赁出卖所得额申报不实者，除依本法第十七条之规定科罚外，其有触犯刑法伪造文书之情形者，主管征收机关并应报请法院法办。

第三十九条　财产租赁买卖当事人对于成交价款，如有隐匿短报不实情事，经告发或检举查明属实者，依法科罚，以罚金额之三成提充告发人之奖金，主管征收机关并应为告发人代守秘密。

前项奖金，于政府机关不适用之。

第四十条　各地主管征收机关应分别设置各类财产租赁出卖登记簿册，随时登录以备查考。

第四十一条　本细则所定各种书表簿册单据格式，由财政部主管征收机关制定之。

第四十二条　本细则与财产租赁出卖所得税法同日施行。

非常时期过分利得税法施行细则

[民国三十二年（1943 年）七月九日公布]

第一条　本细则依非常时期过分利得税法第十三条之规定订定之。

第二条　营利事业利得，按营业年度计算，而其营业期间不满一年者，应按其利得额及营业期间之比例换算其全年度利得额，以决定应采之税率，再就其营业期间之利得额，依决定之税率计算其应纳税额。

第三条　一时营利事业之利得，其营业时间不满一年者，应纳税额之计算，准用前条之规定，其超过一年以上者，均作为一年计算。

第四条　营利事业之营业时间，不足一月者，按一月计算。

第五条　纳税义务人应于主管征收机关之应纳税额决定通知书到达后十五日内，缴纳税款。

前条通知书，应由派驻该机关之主管审核人员副署。

第六条　非常时期过分利得税，由国库分支库或经收所得税之银行邮局经收之。

第七条　各地征收机关之上级机关，应于每年七月至九月派员至各地抽查各征收机关办理税务及非常时期过分利得税征纳情形。

前项抽查结果，其应纳税额与核定税额有所增减时，应交由当地主管征收机关填具抽查退税或补税通知书，通知纳税人领还或补缴。

第八条　非常时期过分利得税法，及本细则施行前之章则及解释成案，与本税法或本细则规定抵触者，应即废止。

第九条　非常时期过分利得税，应用之各种书表簿据格式，由财政部定之。

第十条　本细则自公布日施行。

所得税法（修正）

［民国三十五年（1946年）四月十六日公布］

第一章　总则

第一条　凡在中华民国领域内发生之所得及中华民国人民在国内有住所而在国外有所得者，均依本法征所得税。

驻在中华民国领域内各国外交官在职务上之所得免予征税，但以各该国对中华民国有同一待遇者为限。

第二条　有左列所得之一者，依本法课征分类所得税。

第一类　营利事业所得。

（甲）股份有限公司、股份两合公司、有限公司营利之所得。

（乙）无限公司、两合公司、合伙独资及其他组织营利事业之所得。

第二类　薪给报酬所得。

（甲）业务或技艺报酬之所得。

（乙）薪给报酬之所得。

第三类　证券存款所得。凡公债、公司债存款及非金融机关借贷款项利息之所得。

第四类　财产租赁所得。

（甲）土地、房屋、堆栈、森林、矿场、渔场租赁之所得。

（乙）码头、舟车、机械租赁之所得。

第五类　一时所得。

（甲）行商一时之所得。

（乙）其他一时之所得。

第三条　个人所得除依照前条征课分类所得税外，其所得总额超过六十万元者，应加征综合所得税。

第四条　左列各种所得免纳所得税：

（一）第一类所得。

（子）第一类甲项之所得合资本实额未满百分之五者。

（丑）第一类乙项之所得未满十五万元者。

（寅）教育文化公益慈善事业营业之所得全部用于本事业者。

（卯）依合作社法组织并依法经营业务而经所在地主管机关登记设立之合作社，其营业之所得合资本实额未超过百分之二十者。

（二）第二类所得。

（子）第二类甲项每年所得未超过十五万元者。

（丑）第二类乙项每月所得未超过五万元者。

（寅）公务人员因公伤亡之恤金。

（卯）小学教职员之薪给。

（辰）残废者、劳工及无力生活者之抚恤金、养老金及赡养费。

（三）第三类所得。

（子）各级政府机关存款。

（丑）公务人员及劳工法定储蓄金。

（寅）教育文化公益慈善机关或团体之基金存款。

（四）第四类所得。

（子）租赁所得每年未超过五万元者。

（丑）各级政府财产之租赁所得。

（寅）教育文化公益慈善事业财产之租赁所得全部用于本事业者。

（五）第五类所得未超过二万元者。

第二章　税率

第五条　第一类甲项所得应课之税率如左：

（一）所得额合资本实额百分之五未满百分之十者，课税百分之四。

（二）所得额合资本实额百分之十未满百分之十五者，课税百分之六。

（三）所得额合资本实额百分之十五未满百分之二十者，课税百分之八。

（四）所得额合资本实额百分之二十未满百分之二十五者，课税百分之十。

（五）所得额合资本实额百分之二十五未满百分之三十者，课税百分之十三。

（六）所得额合资本实额百分之三十未满百分之三十五者，课税百分之十六。

（七）所得额合资本实额百分之三十五未满百分之四十者，课税百分之二十。

（八）所得额合资本实额百分之四十未满百分之五十者，课税百分之二十五。

（九）所得额合资本实额百分之五十以上者，一律课税百分之三十。

第一类甲项所得属于制造业者，其税额依前项各款规定减征百分之十。

第六条　第一类乙项所得应课之税率如左：

（一）所得额在十五万元以上未满二十万元者，课税百分之四。

（二）所得额在二十万元以上未满三十万元者，课税百分之六。

（三）所得额在三十万元以上未满五十万元者，课税百分之八。

（四）所得额在五十万元以上未满八十万元者，课税百分之十。

（五）所得额在八十万元以上未满一百二十万元者，课税百分之十二。

（六）所得额在一百二十万元以上未满一百八十万元者，课税百分之十四。

（七）所得额在一百八十万元以上未满二百五十万元者，课税百分之十六。

（八）所得额在二百五十万元以上未满三百五十万元者，课税百分之十九。

（九）所得额在三百五十万元以上未满五百万元者，课税百分之二十二。

（十）所得额在五百万元以上未满七百万元者，课税百分之二十五。

（十一）所得额在七百万元以上者，一律课税百分之三十。

第一类乙项所得属于制造业者，其税额依前项各款规定减征百分之十。

第七条　第二类甲项所得应课之税率如左：

（一）所得额超过十五万元至二十万元者，就其超过额课税百分之三。

（二）所得额超过二十万元至三十万元者，就其超过额课税百分之四。

（三）所得额超过三十万元至四十万元者，就其超过额课税百分之五。

（四）所得额超过四十万元至六十万元者，就其超过额课税百分之六。

（五）所得额超过六十万元至八十万元者，就其超过额课税百分之八。

（六）所得额超过八十万元至一百二十万元者，就其超过额课税百分之十。

（七）所得额超过一百二十万元至一百六十万元者，就其超过额课税百分之十二。

（八）所得额超过一百六十万元至二百四十万元者，就其超过额课税百分之十四。

（九）所得额超过二百四十万元至三百二十万元者，就其超过额课税百分之十七。

（十）所得额超过三百二十万元以上者，一律就其超过额课税百分之二十。

第八条　第二类乙项所得应课之税率如左：

（一）所得额超过五万元至六万元者，就其超过额每千元课税七元。

（二）所得额超过六万元至八万元者，就其超过额每千元课税十二元。

（三）所得额超过八万元至十万元者，就其超过额每千元课税十八元。

（四）所得额超过十万元至十二万元者，就其超过额每千元课税二十四元。

（五）所得额超过十二万元至十四万元者，就其超过额每千元课税三十二元。

（六）所得额超过十四万元至十六万元者，就其超过额每千元课税四十元。

（七）所得额超过十六万元至十八万元者，就其超过额每千元课税五十元。

（八）所得额超过十八万元至二十万元者，就其超过额每千元课税六十元。

（九）所得额超过二十万元至二十四万元者，就其超过额每千元课税八十元。

（十）所得额超过二十四万元以上者，一律就其超过额每千元课税一百元。

所得之超过额不满五百元者，其超过部分免税，五百元以上以一千元计。

第九条　第三类所得应课之税率为百分之十。

第一〇条　第四类甲项所得应课之税率如左：

（一）所得额超过五万元至十万元者，就其超过额课税百分之三。

（二）所得额超过十万元至十五万元者，就其超过额课税百分之四。

（三）所得额超过十五万元至二十五万元者，就其超过额课税百分之五。

（四）所得额超过二十五万元至四十万元者，就其超过额课税百分之六。

（五）所得额超过四十万元至六十万元者，就其超过额课税百分之七。

（六）所得额超过六十万元至九十万元者，就其超过额课税百分之八。

（七）所得额超过九十万元至一百二十万元者，就其超过额课税百分之十。

（八）所得额超过一百二十万元至二百万元者，就其超过额课税百分之十二。

（九）所得额超过二百万元至三百万元者，就其超过额课税百分之十四。

（十）所得额超过三百万元至五百万元者，就其超过额课税百分之十七。

（十一）所得额超过五百万元至七百万元者，就其超过额课税百分之二十一。

（十二）所得额超过七百万元以上者，一律就其超过额课税百分之二十五。

第四类乙项所得应课之税额，依前项规定加征十分之一。

第一一条　第五类所得应课之税率如左：

（一）所得额超过二万元至五万元者，课税百分之六。

（二）所得额超过五万元至十万元者，课税百分之八。

（三）所得额超过十万元至二十万元者，课税百分之十。

（四）所得额超过二十万元至四十万元者，课税百分之十二。

（五）所得额超过四十万元至八十万元者，课税百分之十五。

（六）所得额超过八十万元至一百五十万元者，课税百分之十八。

（七）所得额超过一百五十万元至三百万元者，课税百分之二十二。

（八）所得额超过三百万元至五百万元者，课税百分之二十六。

（九）所得额超过五百万元以上者，一律课税百分之三十。

第一二条　综合所得税应课之税率如左：

（一）所得总额超过六十万元至一百万元者，就其超过额课税百分之五。

（二）所得总额超过一百万元至二百万元者，就其超过额课税百分之六。

（三）所得总额超过二百万元至四百万元者，就其超过额课税百分之八。

（四）所得总额超过四百万元至六百万元者，就其超过额课税百分之十。

（五）所得总额超过六百万元至八百万元者，就其超过额课税百分之十三。

（六）所得总额超过八百万元至一千万元者，就其超过额课税百分之十六。

（七）所得总额超过一千万元至一千五百万元者，就其超过额课税百分之二十。

（八）所得总额超过一千五百万元至二千万元者，就其超过额课税百分之二十四。

（九）所得总额超过二千万元至三千万元者，就其超过额课税百分之二十九。

（十）所得总额超过三千万元至四千万元者，就其超过额课税百分之三十五。

（十一）所得总额超过四千万元至五千万元者，就其超过额课税百分之四十二。

（十二）所得总额超过五千万元以上者，一律就其超过额课税百分之五十。

第三章　计算

第一三条　第一类所得之计算，以其每营业年度收入总额减除实际开支、呆账、折旧、盘存消耗及公课后之纯益额为所得额。

资本额之计算，按照登记年份之资本额，比照各税区收税年前第二年度全年平均物价指数之半调整计算之。

第一四条　第二类甲项所得之计算，以其每年执行业务或演奏技艺期间收入总额，减除业务所房租、业务使用人薪给报酬、业务上必需之舟车旅费及其他直接必要之费用后之余额为所得额。

第一五条　第二类乙项所得之计算，以其每月职务上给与之薪给报酬实际收入额为所得额。

第一六条　第三类所得之计算，以每次或结算时付给之利息为所得额。

第一七条　第四类所得之计算，以各该期租赁收入总额减除改良费用、必要损耗及公课后之余额为所得额。

第一八条　第五类所得之计算，以各该期或每次之收入额减除其原有本金及获得收入之必要开支后之余额为所得额。

第一九条　综合所得之计算，以合并个人全年各种所得为所得总额，但得减除左列各项：

（一）共同生活之家属或必需扶养之亲属每人十万元。

（二）家属中有中等以上学校学生每人五万元。

（三）已纳之各类所得税及土地税。

共同生活之家属有直接所得者，其所得按五分之三并入户主内，合并计算所得总额。

第二〇条　依本法第十三条至第十九条各规定计算之各种所得额及所得总额，各按规定税率计算其应纳税额。

第四章　申报

第二一条　第一类之所得及第二类之甲项之所得，应由纳税义务人于每年度结算后一个月内，将所得额依规定格式报告于主管征收机关，但有特殊情形报经当地主管征收机关核准者，得延长其申报期间，至长不得超过结算后三个月。

第二二条　第二类乙项之所得，应由扣缴所得税者于每月或每次发给薪酬后十日内，将所得额依规定格式报告于主管征收机关。

第二三条　第三类之所得，应由扣缴所得税者或自缴所得税者于每次付给或领取利息后十五日内，将所得额依规定格式报告于主管征收机关。

第二四条　第四类之所得，应由扣缴所得税者或自缴所得税者于每年每季或每月取得或支付租金后一个月内，将所得额依规定格式报告于主管征收机关。

第二五条　第五类之所得，应由扣缴所得税者或自缴所得税者于每次或每期结算后十日内，将所得额依规定格式报告于主管征收机关。

第二六条　综合所得，应由纳税义务人于每年五月一日以前，将其前一年所得种类及数额报告于主管征收机关。

主管征收机关为便于纳税义务人为前项之报告，得于各区乡镇公所或中心小学设联合申报委员会。

凡经设有联合申报委员会之地区，纳税义务人之报告应依前项规定期限，由联合申报委员会汇转，但所得总额在一百万元以上而经主管征收机关指定应单独申报者，仍应直接报告于征收机关，并通知所属地区之联合申报委员会。

第二七条　联合申报委员会设置委员五人至七人，为名誉职，由当地主管征收机关就各区乡镇公正人士中选聘之，任期一年，连聘得连任之。各区乡镇长或中心小学校长及主管征收机关之代表为联合申报委员会之当然委员。

联合申报委员会之主席由各委员互选之。

第二八条　联合申报委员会接到各纳税义务人之报告后，应于一个月内召集会议公开审查，并将各纳税义务人原报告之所得额及审查结果汇报于主管征收机关。

第二九条　主管征收机关于每年申报期间内，应派员至各区乡镇联合申报委员会，会同督促各纳税义务人申报并指导之。

第三十条　主管征收机关对于所得额之报告，发现有虚伪隐匿或逾限未报者，得迳行决定其所得额或所得总额。

第五章　调查及纳税

第三一条　主管征收机关接到各类所得额报告后，得随时派员调查。

第三二条　主管征收机关查定所得额及其应纳税额后，应通知纳税义务人依期缴纳。

第三三条　各类所得税缴纳之期限如左：

（一）第一类所得、第二类甲项所得及第四类、第五类所得之属于自缴者，应于查定通知书送达后十五日内缴纳之。

（二）第四类、第五类所得之属于扣缴者，应于查定通知书送达后十日内缴纳之。

（三）第二类乙项所得及第三类所得，应于付给或领取薪酬或利息后五日内缴纳之。

（四）综合所得应于查定通知书送达后二个月内缴纳之。

第三四条　凡经主管征收机关查定税额填发查定通知书者，纳税义务人如有不服，应于十日内按查定税额先缴二分之一，综合所得税应于一个月内先缴三分之一，叙明理由，联同证明文件申请复查，主管征收机关应即另行派员复查决定之。

经复查决定之应纳税款纳税义务人，应于复查决定通知书送达后十日内缴清之，综合所得税应于一个月内缴清之。

第三五条　纳税义务人对于主管征收机关之复查决定仍有不服，得依法提起诉愿。

经诉愿决定应退税补税者，主管征收机关应即送还或通知限期补缴。

第三六条　设有联合申报委员会之地区，其联合申报委员会依规定如期完成联合申报者，主管征收机关得按各该区乡镇综合所得部分实收税款，给予百分之五乡镇教育补充费。

第六章　罚则

第三七条　纳税义务人或扣缴所得税者，不依期限报告或怠于报告及拒绝接受纳税通知者，主管征收机关得科以二万五千元以下之罚锾。

第三八条　隐匿不报或为虚伪之报告者，主管征收机关除依本法第三十条规定，迳行决定其所得额或所得总额及应纳税额外，得移请法院强制执行追缴，并科以漏税额二倍以上五倍以下之罚锾。其情节重大者，得并科一年以下有期徒刑或拘役。

第三九条　纳税义务人或扣缴所得税者，不依期限缴纳税款，主管征收机关得移请法院追缴，并依左列规定处罚之：

（一）欠缴税额全部或一部逾限一个月者，科以所欠金额一倍以下之罚锾。

（二）欠缴税额全部或一部逾限二个月者，科以所欠金额二倍以下之罚锾。

（三）欠缴税额全部或一部逾限三个月者，科以所欠金额三倍以下之罚锾，并强制执行追缴之。

第四〇条　本法之罚锾，由法院以裁定行之。

对于前项裁定得于五日内向该管上级法院抗告，对于抗告法院之裁定不得再行抗告。

法院得酌定期限命受罚人缴纳罚锾及滞纳税款，逾限不缴纳者强制执行。

第七章　附则

第四一条　本法施行细则及联合申报委员会组织规程，由财政部拟订，呈请行政院核定之。

第四二条　本法自公布日施行。

所得税法施行细则（修正）

［民国三十五年（1946年）七月三日公布］

第一条　本细则依所得税法（以下简称本法）第四十一条之规定订定之。

第二条　本法及本细则施行前之章则及解释成案，与本法或本细则规定抵触者，应即废止。

第三条　本法所称营利事业，包括各级政府所办公营事业及官商合办事业在内。

第四条　营利事业之本店或主事务所在中华民国国内，而其分支店营业所全部或一部在中华民国国外者，其在中华民国国内及国外之营利所得，应合并课税。

本店或主事务所在中华民国国外，而其分支店营业所全部或一部在中华民国国内者，均就其在中华民国国内营业盈利部份课税，并一律照本法第六条税率计算。但为中华民国人民在国内有住所者，其国外部分之营业盈余，亦应合并课税。

第五条　本店及其分支店营业所，资本互为划分、营业完全独立者，得分别计算其所得额。

第六条　营利事业应于每年度前一个月内，将户名地点、业务种类及其他有关征税事项，向当地主管征收机关申请登记。

第七条　新开业之营利事业及设有业务所之自由职业者，应于开始营业前十五日内，依前条规定事项申请登记。其因合并、解散、歇业、转盘而停业者，或商号名称变更加记或地址迁移者，应于停业变更或迁移前十五日内，申请注销或变更登记。

第八条　各地主管征收机关接到前二条申请，应即派员调查并编造或改正征收底册。

前项征收底册分为三种，一为总登记册，一为业领户册，一为地领户册。

第九条　营利事业之资本应于开业后十五日内，申请当地主管征收机关调查核定登记之。其资本额有增减时，应于增减日起十五日内申请之。

股份有限公司、股份两合公司及有限公司之资本数额或增减资本，不依前项规定申请者，或经申报而查明申报不实者，主管征收机关得不予承认，并得迳行按照实际情形，决定其资本额。

第十条　本法称教育文化公益慈善事业之免税者，以合于民法总则公益社团及财团之组织，经向主管官署登记成立者为限。

前项事业其营业之所得或财产之租赁所得，非全部用于本事业者，其非用于本事业之部份，仍应征税。

第十一条　本法称制造业者，系指使用机器或手工之工业、加工业及矿业而言。

第十二条　营利事业应每年结算一次，其营业年度起讫时期，得依各业习惯。

第十三条　营利事业之营业期间不满一年者，就其营业期间之实际所得计算课税，其营业年度有变更时，就新旧年度交替期间之实际所得计算课税。

前项课税方法，应以其实际所得额，就其营业期间或新旧年度交替期间，相当全年之比例，换算全年所得额，决定应课之税率。再就实际所得额，依决定税率，计算其应纳税额。

第十四条　营业期间不满一月者，按一月计算。

第十五条　营利事业除以应收应付为计算范围外，亦得依营业必要或原有习惯，以实收实付为范围，计算其纯益额。但计算范围一经采用，非于该年度营业前三个月，呈请当地主管征收机关核准，不得任意变更之。

第十六条　本法营利事业所得之称收入总额者，包括营业收入与各种非营业收益。

前项营业收入在买卖业、制造业为销货毛利，在供给劳务信用业如金融运送代理业等为毛利收入。

第十七条　本法营利事业之称实际开支者，包括资产估价损失及公课以外之各种营业费用与非营业损失。

第十八条　前条资产估价损失，除呆账、折旧及盘存消耗三项外，并包括无形资产之折除、递耗资产之耗竭及用品盘存以外各种递延资产之摊提，均为营业上必要合理之费用，应在收入总额内减除之。

第十九条　营利事业资产之估价，依本细则所附营利事业资产估价方法之规定。

第二十条　本法称公课者，谓各级政府依据法令所征之捐税。

第二十一条　左列各项不能认为营利事业在营业上之必要合理费用或损耗，如纳税义务人列入捐费项下，应于计算纯益额时剔除之。

（一）资本之利息。

（二）股东、董事、监察人、经协理及其使用人所摊分之利益。

（三）家庭之费用。

（四）自由之赠与。

（五）营业上扩充或改革设备之费用，足以增加原有价值者。

（六）建筑物、船舶、机械、工具及器具之修理费用，足以增加其原有价值者。

（七）经营本业及附业以外之损失。

（八）水火风暴之损失，受有保险赔偿金之部分。

第二十二条　左列公益慈善之捐助，得作为营业上必要合理之费用，但以能提出确实证据者为限。

（一）经政府核准或公共机关团体之决议提倡者。

（二）直接并积极于国家有益者。

第二十三条　营利事业以往年度营业之亏损，不得列入本年度计算。

第二十四条　营业收益中已纳之所得税，准于应纳之所得税总额中扣除之，但已纳所得税之收益，按营业总收益及应纳所得税总额比例分摊之税额，少于已纳之所得税额时，应以此项比例分摊之税额为扣除之标准。

第二十五条　本法称资本实额者，为股份有限公司、股份两合公司或有限公司实在缴足之股金，不包括信用或劳务之出资。

前项公司之资本额，在收税年度前第三年十二月三十一日以前，办理公司设立登记或变更登记者，应依本法第十三条第二项之规定调整计算。在第二年一月一日以后登记者，其一月一日以后登记部分之资本，仍照原登记额计算。

第二十六条　本法第十三条第二项所称之物价指数指趸售物价指数，应由主管征收机关于每年开征前，就当地公认确当之指数一种或数种，选请上级主管机关核定公告，其当地尚无此项指数者，主管征收机关应自行编制，呈请核定并公告之。

第二十七条　股份有限公司、股份两合公司及有限公司在营业年度中资本额有增减者，应以该年度各月末资本之平均额为该年度之资本额。

第二十八条　营利事业之所得，纳税义务人于申报时应提出财产目录、资产负债表及损益计算书或其他足资证明其所得额之账簿文据。

第二十九条　营利事业之营业期间不满一年或变更营业年度者，纳税义务人应于结算后二十日内，依规定手续报告其所得额于当地主管征收机关，但仍继续营业者，得展至结算后一个月内申报之。

第三十条　营利事业因合并、解散、歇业、转盘、经清算或清理之所得，纳税义务人应于结算日起二十日内，依规定手续附同清算或清理计算书，报告其所得额于当地主管征收机关。

第三十一条　前条之营利事业因破产而清理者，由破产管理人负责申报纳税。因合并转盘而歇业者，其合并后之营业或承顶者应负扣缴税款之义务，如不明已歇业之所得额或应纳税额时，得报请当地主管征收机关调查核定，再行扣缴之。

第三十二条　营利事业于合并、解散、歇业、转盘、清算或受破产之宣告，于清理时，除其剩余资产应按时价估价计算纯益课税外，仍有所得者，其所得一律照本法第六条税率课税。

前项所得之计算，以剩余财产额减去已课所得税者外，超过原有资本实额之部分，为其所得额。

第三十三条　本法第二类甲项所得之称业务或技艺报酬者，谓律师、会计师、工程师、医药师及戏剧艺员、演员等自由职业者之自设业务所者，其业务所执行业务之收入，或独立营生者，其技艺之报酬。

第三十四条　本法第二类乙项所得之称薪给报酬者，谓公务人员及被雇用之自由职业者与各业从业人员，在职务或工作上所受之薪给、津贴、年金、奖金、退职金、养老金及其他给与金，但公务人员因公支领之费用不在此限。

第三十五条　本法称公务人员者，谓由公库支领薪给报酬之左列人员：

（一）各级政府及其所属机关之人员。

（二）海陆空军官佐及警务人员。

（三）国立或省市县立学校之职员、教员。

（四）官营事业之人员。

（五）地方自治机关之人员。

（六）其他依法令从事公务之人员。

第三十六条　第二类甲项所得之以居所为业务所者，其房租之减除应此例扣算，但不得超过租金总额百分之六十。

其业务上必要之舟车旅费，以受有报酬者为限，但不得超过其各个报酬额百分之三十。

第三十七条　第二类甲项所得之称其他直接必要之费用者，包括公会会费、在业务所内住宿或供膳之业务使用人膳宿开支、业务进行上之公课、复委托费、业务用具之修理费、广告费、邮电文具消耗及其他杂费。

第三十八条　自由职业者之设有联合业务所者，应就其分摊之约定，各别计算其收入或支出。设有两个以上之业务所，各有其独立之账簿者，应分别计算其所得额，其兼营本业务有关之营利事业者之薪给报酬所得与营利所得，应分别计算课税。

第三十九条　第二类甲项所得应于每年年终结算一次，其结算有定期者从其定期。

第四十条　第二类甲项所得纳税义务人于申报时，应提出收支计算书或其他足资证明其所得额之账簿文据。

第四十一条　第二类乙项所得不得减除任何费用，但劳工之人身保险费用得予减去，以其余额为所得额。

第四十二条　本法第二类乙项所得之称扣缴所得税者，系指各公务机关长官或各业雇主而言。

第四十三条　第二类乙项之所得，以时计、日计、星期计、月计、年计或定期、无定期或一次之所得或以件计，均以各该月之实际所得额计算课税。

第四十四条　薪给报酬之所得如为物品或有价证券，以给予时之市价，折合法币计算之。

第四十五条　本法称公债者，包括各级政府发行之债票、库券、证券、凭券。

第四十六条　本法称非金融机关者，系指银钱业外其他营利事业而言。

第四十七条　有奖储蓄之中奖奖金及寿险被保险人满期领受之保险金超过保险费总额部份，准用存款利息所得课税。

第四十八条　本法称各级政府机关存款者，以用本机关户名，存入代理公库之银行或邮政储金汇业局者为限。

第四十九条　本法称公务人员及劳工之法定储蓄金者，指依公务员储蓄条例及工人储蓄暂行规程办理者为限。

前项公务员储蓄条例未公布施行前，各机关已举办之公务员储蓄具有强制性质者，视为法定储蓄金。

第五十条　本法称教育文化公益慈善机关或团体之基金存款者，谓具有长期固定性质，用利不动本之定期存款，或有特定用途，经主管机关核准得动用本金，或作为活期存款存储者而言。

前项机关或团体者，以依关系法令经向主管官署立案者为限。

第五十一条　非教育之机关团体或个人，提存专款作为奖学金并定有保管办法，经报明主管官署者，视为教育文化公益慈善机关或团体之基金存款。

第五十二条　凡合于前四条及本细则第十条第一项之规定者，先将证明及关系文件报请当地主管征收机关审查，认为相符均得免税，但证券所生之利息所得虽合于前四条及本细则第十条第一项之规定，亦不得免税。

第五十三条　股份有限公司发行公司债时，应将公司债名称、债额及利率，向当地主管征收机关申请登记。

第五十四条　银钱之放款及银钱业同业间或其本分支店间之往来款项所生之利息，应归入营业收益项下计算，其支付利息机关无庸代扣所得税。

第五十五条　银钱业外其他营利事业本店与分支店之资本未划分、营业未完全独立者，本分支店间往来款项之利息，准用前条之规定。

第五十六条　财产租赁所得之改良费用与必要损耗，其减除额以各该期租赁收入总额百分之二十为标准，其公课之减除，以各该期实际完纳数额为标准。

第五十七条　财产租赁所得之以出产物计者，应按当年该出产物出产后三个月内平均市价换算之。

前项平均市价，应由主管征收机关随时分区调查各出产物趸售价格，编制统计，报请上级主管机关核定公告之。

第五十八条　设定永佃权、地上权或典权，不问有无期限，其租金或典价不问一次付给或分次付给，均应课征财产租赁所得税。

前项典价，应照当地银钱业通行之存款利息，计算租赁所得课税。

第五十九条　财产租赁附有押租者，其押租应照前条典价计息之规定计算利息，并入租金内课税。

第六十条　财产租赁所得按季按月或分次取得租金者，均应照本细则第十三条第二项营利事业所得换算之规定，按年换算，决定税率课税。长期租赁之财产，一次付足租金者，应按一次所得计算课税。

第六十一条　财产租赁所得税应由承租人于租金内扣缴之，但农业用地或设定典权者，得由业主或出典人自缴。

承租人不依前项规定履行扣缴义务者，出租人如有逃税情事，应负追赔责任。

第六十二条　财产租赁所得之申报人于申报时，应提出租赁契约及其他足资证明之文据。

第六十三条　财产租赁所得之取得或支付日期，经契约规定者，其申报期限应按契约规定之日起算，其未经明文订立契约者，应自租用财产之日起算。

第六十四条　出租财产遇有收回自用或自行留用一部分者，其收回或留用部分得予剔除，不列入所得额课税。

自用之财产，于呈报营利事业所得税列支租金者，仍应征课财产租赁所得税。

第六十五条　共有财产之租赁所得，不论其团体性质如何，应视同一个法人，课征财产租赁所得税。

第六十六条　财产租赁所得如有意外或不可抗力之损失者，纳税义务人得提出确实证明，于计算所得额时减除之。

第六十七条　财产租赁价格遇有双方当事人发生争议时，得由主管征收机关核定暂缴税额，一俟价格最后决定或裁定后，多退少补。

第六十八条　长期定额租赁之租金，如有增减或交付租金日期遇有变更者，纳税义务人应随时报告当地主管征收机关，重行核定所得额、应纳税额及纳税期限。

第六十九条　纳税义务人出租二处或二种以上之财产，得分别计算课税。

第七十条　长期租赁之财产未满期限中途退租者，纳税义务人应随时报告主管征收机关查明后，始得解除纳税义务。

第七十一条　承租人对租金之支付如有迟延者，纳税义务人不得作为纳税迟延之理由。

第七十二条　财产出租人与承租人所在地不属于同一征收机关辖境者，得由承租人所在地主管征收机关查定征收之。

第七十三条　本法称行商者，系指一时而非持续经营之流动商人而言。

第七十四条　买卖与本业务无关之物品、证券或金银货币，而其所得又不在本业务收入项下计算者，以第五类乙项之一时所得论。

非营业之个人为前项之买卖，而不于约定日期以现货交割者，亦同。

第七十五条　本法第五类所得之称必要开支者，在行商包括舟车旅费、运送费、广告费、邮电费及公课等。在其他一时所得如利息、佣金等，均以取得确实凭证者为限。

第七十六条　一时所得之有支付机关者，支付所得机关为扣缴所得税者，负扣缴税款之义务。

第七十七条　本细则第七十四条第一项及第二项规定之一时所得，应于各个交易结算时计算其所得额，由支付所得之经纪人或付款人，于结算交付时扣缴税款。

第七十八条　本法称所得总额者，谓合并个人全年左列各种所得之总额：

（一）营利事业投资所得。

（二）薪给报酬所得。

（三）证券存款所得。

（四）财产租赁所得。

（五）财产出卖所得。

（六）一时所得。

前项各种所得，其所得额之计算，本法分类所得税中已有规定者，从其规定。

第七十九条　前条称营利事业投资所得者，谓投资于第一类营利事业之所得，就其应得之股息与摊分之红利及其他利益计算所得额。其独资者，就其全部纯益额计算所得额。

第八十条　财产出卖所得之计算，以其出卖价格减除原价及必要之佣金与公课后之余额，为所得额。

前项原价，以财产取得或建造价格计算，其因年久失据不能提供证明者，得由主管征收机关参酌取得或建造当时之实际情形，就出卖价格百分之十五至百分之五十之限度内核定之。

第八十一条　本法称共同生活之家属及必须扶养之亲属者，均适用民法之规定。其非必需扶养之亲属，同居一家视为家属者，不问是否由户主扶养，于计算所得总额时不适用减除之规定。

第八十二条　必需扶养之亲属由家分离、自立一家而经济划分者，或已成年，或虽未成年而已结婚之家属，别居一所、经济独立而足以自给者，均应分别计算所得总额。

前项亲属或家属在年度中间分离或别居者，其分离或别居前之直接所得，仍应按规定并入原户主所得内合并计算所得总额。其应有之减除额，并应各就时间比例换算，分别减除。

第八十三条　本法称家属之直接所得者，谓其薪给报酬所得及有特有财产之利润利息所得。

第八十四条　无行为能力人及限制行为能力人之所得税，由其法定代理人依照规定手续代为报缴。

第八十五条　主管征收机关所派调查或复查人员于执行职务时，应佩带机关证章并持有征收机关盖有印信之调查证。

其未佩持证章及调查证者，纳税义务人或扣缴负责人得拒绝调查。

第八十六条　当地主管征收机关进行调查或复查时，纳税义务人应提示该年度或前二年度营业上或业务上各种证明所得额之必要账簿文据，其未能提示者，主管征收机关得迳行决定其所得额及应纳税额。

第八十七条　当地主管征收机关于调查或复查时遇有疑义者，得指定时间要求纳税义务人或扣缴负责人提示有关纳税额之证明文据，其怠不履行者，得用其他调查方法，迳行决定其所得额及应纳税额。

第八十八条　当地主管征收机关于调查或复查时，由纳税义务人或扣缴负责人提供之账簿文据，应即掣给收据并尽速查毕发还。

第八十九条　当地主管征收机关经调查或复查，决定纳税义务人所得额及应纳税额后，填发之查定通知书及复查决定通知书，应由派驻该机关之主办审核人员副署。

第九十条　纳税义务人于接到查定通知书及复查决定通知书后，应即依纳税期限缴纳税款。

第九十一条　当地主管征收机关经调查或复查决定之应纳税额，遇有与扣缴负责人已扣缴税额或与纳税义务人已自缴税额有所不符时，其属不足者，应即通知补税，其属溢缴者，应即予退税。

第九十二条　所得税款由国库分支库或其所委托之各地银行邮局或殷实商号经收之。

第九十三条　各类所得税之缴纳方法如左：

（一）自缴之所得税，由纳税义务人自行向国库分支库或其所委托之经收机关缴纳之。

（二）扣缴之所得税，由扣缴负责人向国库分支库及其所委托之经收机关缴纳之。

第九十四条　各类扣缴所得税之扣缴负责人，于扣缴税款时应通知纳税义务人。

第九十五条　国库分支库及其委托之经收机关，收到纳税义务人或扣缴负责人缴纳之税款后，应掣给依财政部规定之正式收据。

第九十六条　纳税义务人或扣缴负责人于缴纳税额后，应将缴纳税额、纳税日期、经收机关名称，掣取正式收据字号，报告于当地主管征收机关。

第九十七条　扣缴负责人依照法定手续及期限完成扣缴责任者，当地主管征收机关应照其扣缴之税额，给予千分之五之奖励金。

第九十八条　各类所得税纳税义务人或扣缴负责人如有隐匿短报不实情事，经告发或检举查明属实者，依法科罚，以罚金额之三成提充告发人之奖金，主管征收机关并应为告发人代守秘密。

前项奖金及前条之奖励金，于政府机关不适用之。

第九十九条　征收所得税机关人员对于纳税人之所得额、纳税额及其证明关系文据，应绝对保守秘密，违者经主管长官查实或于受害人告发经查实后，主管长官应予以撤职或其他惩戒处分，触犯刑法者并应报请法院办理。

第一〇〇条　各地所得税上级机关应于每年七月至九月，派员至各地抽查各征收机关办理税务及各类所得税征纳情形。

前项抽查结果，其应纳税额与原核定税额有所增减时，应交由当地主管征收机关填具抽查退税或补税通知书，通知纳税人领还或补缴。

第一〇一条　本细则所定各种书表簿册单据格式，由财政部制定之。

第一〇二条　本细则自公布日施行。

行商一时所得税稽征办法

［民国三十五年（1946 年）十二月二十七日公布］

第一条　第五类行商一时所得税之稽征，除依所得税法及同法施行细则之规定办理外，应依本办法办理之。

第二条　各行商应于开始营业前，或变更商号名称、营业种类、迁移营业所在地及增减资本额前，依直接税行住商登记办法之规定，向当地主管征收机关办理登记领证手续。

第三条　各行商所属之同业公会负责人，应于会员入会后五日内，编具入会会员清册，报告主管征收机关，并责令各会员办理前项登记领证手续。

第四条　主管征收机关应于每年度开始后一个月内，举行行商普查，并随时办理调查，依直接税行住商登记办法，严格执行行商登记。

第五条　凡住商进货，其对方如系行商，应先取具纳税保证（铺保），于进货之次日，填具行商货物进货报告表（附表式一），报请主管征收机关查核登记，并于结算账目时，负责扣缴一时所得税。

第六条　凡仓库堆栈遇有行商寄存货物，应先取具纳税保证（铺保），于货物入栈之次日，填具行商货物入栈报告表（附表式二），报请主管征收机关查核登记，并于货物售脱出栈时，负责扣缴一时所得税。

第七条　前项出栈货物，如系转存他处，并未出售，但其货主尚为未经登记之行商，应责令转向主管征收机关补办直接税行住商登记，仍不得解除扣缴税款之义务。

第八条　凡牙业行纪（包括牙行、牙纪、报关行、委托行、拍卖行及代理行等）应于货物落行或接收售货委托时，取具纳税保证（铺保），填具货物落行报告表或售货受托报告表（附表式三、四），报请主管征收机关查核登记。并于买卖成交时，负责向卖方扣缴一时所得税。

第九条　主管征收机关应随时派员调查仓库、堆栈、牙业行纪及各业住商之账册单据，其应扣缴税款而未经扣缴者，应限期责令补办扣缴手续，逾期即着其负责代纳税款。

第十条　第五、第六两条规定之行商，及第八条之卖方客户，经主管征收机关查明已办直接税行住商登记手续者，得解除各该住商仓库堆栈或牙业行纪扣缴税款之义务。

第十一条　第五条之住商，第六条之仓库堆栈，及第八条之牙业行纪，应责令各行商转向主管征收机关办理直接税行住商登记，行商之经办有直接税行住商登记者，各住商或仓库堆栈牙业行纪，得解除扣缴税款之义务。

第十二条　各住商进货时，应将客户名称及营业地址查明确实，连同所进货物之名称、商标、数量、进价等，详细登账，并将各项进货单据妥为保存，以备主管征收机关调查。

第十三条　各仓库堆栈对于堆存货物之客户名称及营业地址，应查明确实，连同所存货物之名称、商标、数量、估价、栈租及入栈、出栈日期等，详细登账，以备主管征收机关调查。

第十四条　各牙业行纪对于代客买卖货物，应将买卖客户姓名（或牌号）、住址（或地址）、货物名称、商标、数量、成交价格、日期及佣金或手续费等，详细登账，并将买卖凭单妥为保存，以备主管征收机关调查。

第十五条　主管征收机关应与当地海关、邮局、货物税局、地方税捐征收机关及有关交通事业主管机关密取联系，随时交换资料，或经常派驻人员，其有发现未经登记之行商，应随时责令补具保证或调查课税。

第十六条　各住商及仓库堆栈、牙业行纪，如不依本办法规定办理，应照所得税法第三十七条至第四十条规定，分别处罚，其经依本办法规定完成扣缴责任者，应照所得税法施行细则第九十七条规定，给予扣缴税额千分之五之奖励金。

第十七条　主管征收机关对纳税义务人或扣缴负责人如有隐匿短报不实情事，应奖励告密或检举，一经查明属实，除依法补税科罚外，并依所得税法施行细则第九十八条及财务罚锾处理办法之规定，随时以罚款三成奖给举发人，并为其严守秘密。

第十八条　本办法自公布日施行。

特种过分利得税法

［民国三十六年（1947年）一月一日公布］

第一条　凡在中华民国领域内及中华民国人民在国内有住所而在国外有左列营利事业，其利得超过资本额百分之六十者，除依所得税法征收分类所得税外，依本法加征特种过分利得税。

（一）买卖业，包括专以贩卖农产品或工业制造品之行商及住商营业。

（二）金融信托业，包括银行、银公司、银号、钱庄、信托公司、保险公司、投资公司、地产公司等。

（三）代理事业，包括代办、行纪、居间业等。

（四）营造业，包括营造厂、建筑公司等。

（五）制造业，包括制造及加工改造之工业与加工业。

前项营利事业，包括各级政府所办及官商合办之营业。

营利事业之属于教育文化、公益慈善事业而其利得全部用于本事业者，得免纳特种过分利得税。

第二条　特种过分利得税之税率如左：

（一）利得额超过资本额百分之六十至百分之七十者，按其超过额课税百分之十。

（二）利得额超过资本额百分之七十至百分之八十者，按其超过额课税百分之十二。

（三）利得额超过资本额百分之八十至百分之九十者，按其超过额课税百分之十五。

（四）利得额超过资本额百分之九十至百分之一百者，按其超过额课税百分之十八。

（五）利得额超过资本额百分之一百至百分之一百二十者，按其超过额课税百分之二十二。

（六）利得额超过资本额百分之一百二十至百分之一百四十者，按其超过额课税百分之二十六。

（七）利得额超过资本额百分之一百四十至百分之一百七十者，按其超过额课税百分之三十。

（八）利得额超过资本额百分之一百七十至百分之二百者，按其超过额课税百分之三十五。

（九）利得额超过资本额百分之二百至百分之二百五十者，按其超过额课税百分之四十。

（十）利得额超过资本额百分之二百五十至百分之三百者，按其超过额课税百分之四十五。

（十一）利得额超过资本额百分之三百至百分之四百者，按其超过额课税百分之五十。

（十二）利得额超过资本额百分之四百至百分之五百者，按其超过额课税百分之五十五。

（十三）利得额超过资本额百分之五百以上者，按其超过额一律课税百分之六十。

第三条　应征特种过分利得税之营业，其利得额之计算准用所得税法关于所得额之规定，但已纳或应纳之所得税，于计算过分利得额不予减除。

资本额之计算依照所得税法之规定，在公司组织以实在缴足之股金计算，在合伙、独资或其他组织以实际投入之本金计算，不包含信用或劳务之出资。

第四条　利得额、资本额之申报调查及应纳税款之缴纳，准依所得税法关于分类所得税之规定。

第五条　主管征收机关对于利得额之报告，发现有隐匿不报或为虚伪之报告者，得迳行调查并决定其应纳税额，限令缴纳。

第六条　纳税义务人不于限定期间缴清税款时，除改限催缴外，主管征收机关得移请法院强制执行追缴，并科以所欠税额二倍以下之罚锾。

第七条　隐匿不报或为虚伪之报告者，除依本法第五条规定迳行决定其应纳税额外，主管征收机关得移请法院强制执行追缴，并科以应纳税额二倍以上五倍以下之罚锾。其情节重大者，得并科一年以下有期徒刑或拘役。

第八条　前二条所定罚锾，由法院以裁定为之。

对于前项裁定得于五日内抗告，但不得再抗告。

第九条　本法施行细则由财政部拟订，呈请行政院核定之。

第十条　本法自公布日施行。

特种过分利得税法施行细则

［民国三十六年（1947 年）二月八日公布］

第一条　本细则依特种过分利得税法（以下简称本法）第九条之规定订定之。

第二条　本法所定营利事业之本店或主事务所在中华民国国内，而其分支店营业所全部或一部在中华民国国外者，其在中华民国国内及国外之营业利得，应合并课税。

非中华民国人民，其本店或主事务所在中华民国国外，而其分支店营业所全部或一部在中华民国国内者，均就其在中华民国国内营业部分之利得课税。

第三条　本法称教育文化公益慈善事业之免税者，以合于民法总则公益社团及财团之组织，经向主管官署登记成立者为限。

前项事业，其营业之利得非全部用于本事业者，其非用于本事业之部分仍应征税。

第四条　营业之利得按营业年度计算，其营业期间不满一年者，应将其利得额按实际营业期间相当全年之比例，换算全年度利得额，决定税率，计算全年度税额，再就原比例换算其应纳税额。

第五条　行商之利得，其营业时间不满一年者，准用前条之规定计算应纳税额，其超过一年以上者，作为一年计算。

第六条　本法第三条第二项称“资本额之计算依照所得税法之规定”者，系指不论公司或合伙、独资营业之资本额，均得依照所得税法第十三条第二项之规定办法调整计算，但行商及依本细则第五条规定以基金额或资本周转率、利得率核计资本者，不在其内。

前项资本额之调整，在公司以于投入时经其账簿确实记载，并向主管机关依法办理登记而能提示证件者为限。合伙或独资营业，以在投入时经其账簿确实记载，而向所得税主管征收机关申请登记查明核定者，或在当地所得税未开征前，经其账簿确实记载，并向商业主管机关依法办理登记而能提示证件者为限。

第七条　本细则第二条第二项所举之营业，其分支店营业所与本店之基本营业并不完全划分独立者，以其本店拨定各该分支店营业所之基金额为其资本额，其分支店营业所在两个以上而有隶属关系应予合并课税者，就其各分支店营业所全部基金额合并计算为其资本额。

主管征收机关对于前项拨定基金额，认为与其销货额或利得额不相称或原未经其本店拨定基金者，得依左列规定核定其资本额：

（一）以买卖货物为业者，就其销货额，照当地同年度或上年度各该同业或性质相近之行业营业规模相当者之平均周转率，比例推算之。

（二）以供给劳务或信用为业者，就其利得额，照当地同年度或上年度各该同业或性质相近之行业营业规模相当者之平均利得率，依还原法推算之。

第八条　各地征收机关之上级机关，应于每年七月至九月派员至各地，抽查各征收机关办理特种过分利得税税务及征纳情形。

前项抽查结果，其应纳税额与原核定税额有所增减时，应交由当地主管征收机关填具抽查退税或补税通知书，通知纳税人领还或补缴。

第九条　主管征收机关经调查、复查或抽查决定纳税义务人利得额及应纳税额后，填发之查定通知书、复查决定通知书及其他退税或补税通知书，应由派驻该机关之主办审核人员副署。

第一〇条　特种过分利得税，由国库分支库或其所委托之各地银行邮局经收。

第一一条　纳税义务人或扣缴负责人于缴纳税额后，应将缴纳税额、纳税日期、经收机关名称，掣取收据字号，报告于当地主管征收机关。

第一二条　扣缴负责人依照法定手续及期限完成其扣缴责任者，当地主管征收机关应照其扣缴之税额，给予千分之五之奖励金。

第一三条　纳税义务人或扣缴负责人如有隐匿短报不实情事，经告发或检举查明属实者，依法科罚，以罚金额之三成提充告发人之奖金，主管征收机关并应为告发人代守秘密。

前项奖金及前条之奖励金，于政府机关不适用之。

第一四条　特种过分利得税征收人员对于纳税人之利得额、纳税额及其证明关系文据应绝对保守秘密，违者经主管长官查实或于受害人告发经查实后，主管长官应予以撤职或其他惩戒处分，触犯刑法者并应移送法院办理。

第一五条　特种过分利得税之各种应用书表簿册格式，由财政部制定。

第一六条　本细则与特种过分利得税法同日施行。

参考文献

(一) 著作类

民国部分

1. 包超时. 所得税逃税论. 北京：京华印书馆，1943.
2. 陈启修. 财政学总论. 上海：商务印书馆，1924.
3. 陈向元. 中国关税史. 北京：京华印书局，1926.
4. 陈沧来. 中国盐业. 上海：商务印书馆，1929.
5. 常乃德. 中国财政制度史. 上海：上海世界书局，1933.
6. 陈登原. 中国田赋史. 上海：商务印书馆，1936.
7. 崔敬伯. 所得税实施问题. 北京：国立北平经济研究会，1936.
8. 程滨遗，罗巨峰. 田赋史. 重庆：正中书局，1944.
9. 陈友三，陈思德. 田赋征实制度. 南京：正中书局，1945.
10. 杜岩双. 中国所得税纲要. 北京：京华印书馆，1944.
11. 费文星. 中国直接税概要. 上海：世界书局，1947.

12. 郭卫. 所得税暂行条例释义. 上海：会文堂新记书局，1936.

13. 郭垣. 战时田赋整理问题. 南平：国民出版社，1942.

14. 高秉坊. 中国直接税的生长. 北京：财政部直接税处经济研究室，1943.

15. 高秉坊. 中国直接税史实. 北京：财政部直接税处经济研究室，1943.

16. 关吉玉. 中国税制. 重庆：重庆经济研究社，1945.

17. 胡钧. 中国财政史讲义. 上海：商务印书馆，1920.

18. 胡善恒. 赋税论. 上海：商务印书馆，1934.

19. 胡毓杰. 我国创办所得税之理论与实施. 北京：财政建设学会，1937.

20. 贾怀德. 民国财政简史. 上海：商务印书馆，1930.

21. 贾士毅. 民国财政史. 上海：商务印书馆，1917.

22. 贾士毅. 关税与国权. 上海：商务印书馆，1929.

23. 贾士毅. 关税与国权补遗. 上海：商务印书馆，1930.

24. 贾士毅. 民国续财政史. 上海：商务印书馆，1933.

25. 蒋静一. 中国盐政问题. 南京：正中书局，1936.

26. 李权时. 中国税制论. 上海：上海世界书局，1929.

27. 刘秉麟. 中国财政小史. 上海：商务印书馆，1933.

28. 李彬. 所得税纳税便览. 上海：中华书局，1937.

29. 李权时. 中国税制史. 上海：商务印书馆，1937.

30. 刘振东，王启华. 中国所得税问题. 北京：中央政治学校研究部，1941.

31. 刘国明. 国民政府田赋实况. 重庆：正中书局，1944.

32. 刘不同. 中国财政史. 重庆：大东书局，1948.

33. 马寅初. 马寅初演讲集. 北京：北京晨报社，1926.

34. 马寅初. 财政学与中国财政. 上海：商务印书馆，1948.

35. 潘序伦，李文杰. 所得税原理及实务. 上海：商务印书馆，1937.

36. 孙中山. 孙中山全集. 上海：三民公司，1927.

37. 孙怀仁. 中国财政的病态及其批判. 上海：上海生活书店，1937.

38. 孙佐齐. 中国田赋问题. 上海：新生命书局，1935.

39. 吴廷燮. 清财政考略，1914年铅印本.

40. 王振先. 中国厘金问题. 上海：商务印书馆，1917.

41. 吴广治. 所得税. 上海：中华书局，1936.

42. 吴兆莘. 中国税制史. 上海：商务印书馆，1937.

43. 徐式庄. 中国财政史略. 上海：商务印书馆，1926.

44. 徐祖绳. 比较租税. 上海：商务印书馆，1930.

45. 徐永祚，陆善炽. 所得税与会计. 徐永祚会计师事务所，1938.

46. 杨汝梅. 民国财政论. 上海：商务印书馆，1927.

47. 杨志濂. 中国财政史辑要：十册. 无锡：无锡大公图书馆，1936.

48. 杨荫溥，王逢壬. 所得税纳税须知. 上海：经济书局，1936.

49. 杨骥. 现行所得税改进论. 北平：独立出版社，1941.

50. 杨兴勤. 中国战时盐务问题. 南平：国民出版社，1943.

51. 杨昭智. 中国所得税. 上海：商务印书馆，1947.

52. 朱偰. 中国财政问题. 上海：商务印书馆，1934.

53. 朱偰. 中国租税问题. 上海：商务印书馆，1936.

54. 朱偰. 中国战时税制. 重庆：重庆财政评论社，1943.

55. 朱偰. 所得税发达史. 南京：正中书局，1947.

56. 张保福. 中国所得税论. 南京：正中书局，1947.

57. 周伯棣. 租税论. 桂林：文化供应社，1944.

当代部分

58. 北京经济学院财政教研室. 中国近代税制概述. 北京：北京经济学院出版社，1988.

59. 卞琳. 南京国民政府训政前期立法体制研究（1928—1937）. 北

京：法律出版社，2012.

60. 崔国华. 抗日战争时期南京国民政府财政经济战略措施研究. 成都：西南财经大学出版社，1988.

61. 蔡昌，李为人. 税收筹划理论与实务. 北京：中国财政经济出版社，2014.

62. 陈红国. 个人所得税法律制度的演进路径. 北京：中国社会科学出版社，2014.

63. 董长芝，马东玉. 民国财政经济史. 大连：辽宁师范大学出版社，1997.

64. 杜恂诚. 民族资本主义与旧中国政府：1840—1937. 上海：上海社会科学院出版社，2009.

65. 戴文礼. 公平论. 北京：中国社会科学出版社，1997.

66. 付志宇. 中国近代税制流变初探. 北京：中国财政经济出版社，2007.

67. 郭飞平. 中国民国经济史. 北京：人民出版社，1994.

68. 国家税务总局税收科学研究所. 西方税收理论. 北京：中国财政经济出版社，1997.

69. 郭庆旺等. 税收对国民收入分配调控作用研究. 北京：经济科学出版社，2014.

70. 郝硕博. 所得课税的经济分析. 北京：中国税务出版社，2003.

71. 韩国荣. 个人所得税时务. 北京：中国财政经济出版社，2004.

72. 何平. 清代赋税政策研究. 北京：中国社会科学出版社，1998.

73. 黄天华. 中国税收制度史. 北京：中国财政经济出版社，2009.

74. 匡球. 中国抗日战争时期税制概要. 北京：中国财政经济出版社，1988.

75. 陆仰渊，方庆秋主编. 民国社会经济史. 北京：中国经济出版社，1991.

76. 刘锦藻. 清朝续文献通考. 杭州：浙江古籍出版社，2000.

77. 林美莉. 西洋税制在近代中国的发展. 北京：中央研究院近代史研究所，2005.

78. 刘孝诚. 中国财政通史（民国卷）. 北京：中国财政经济出版社，2006.

79. 李炜光. 税收的逻辑. 北京：世界图书出版公司，2011.

80. 李忠华. 新企业所得税管理问题研究. 北京：北京师范大学出版社，2012.

81. 马金华. 民国财政研究（中国财政现代化的雏形）. 北京：经济科学出版社，2009.

82. 瞿炎辰，徐鸣. 税法. 上海：华东理工大学出版社，2012.

83. 庞凤喜. 税收原理与中国税制. 北京：中国财政经济出版社，2014.

84. 孙文学，李碧如. 中国近代财政史. 大连：东北财经大学出版社，1990.

85. 孙翊刚. 中国赋税史. 北京：中国财政经济出版社，1996.

86. 孙翊刚. 中国财政问题源流考. 北京：中国社会科学出版社，2001.

87. 孙文学. 中国关税史. 北京：中国财政经济出版社，2003.

88. 孙翊刚，王文素. 中国财政史. 北京：中国社会科学出版社，2007.

89. 石子印. 税收调节居民收入分配的路径研究. 北京：经济科学出版社，2014.

90. 谭光荣主编. 税收学. 北京：清华大学出版社，2013.

91. 魏志梅. 企业所得税改革国际趋势研究. 北京：中国税务出版社，2010.

92. 王晓光. 财政与税收. 北京：清华大学出版社，2013.

93. 谢振民，张知本. 中华民国立法史. 北京：中国政法大学出版社，2000.

94. 夏琛舸. 所得税的历史分析和比较研究. 大连：东北财经大学出版社，2003.

95. 许善达. 中国税权研究. 北京：中国税务出版社，2003.

96. 徐孟洲，徐阳光. 税法. 北京：中国人民大学出版社，2012.

97. 咸春龙. 中国个人所得税流失及其成因研究. 北京：中国经济出版社，2012.

98. 徐建生. 民国时期经济政策的沿袭与变异. 福州：福建人民出版社，2006.

99. 肖文圣. 财政与税收. 南京：东南大学出版社，2014.

100. 徐静. 我国个人所得税的再分配效应研究. 北京：中国税务出版社，2014.

101. 杨荫溥. 民国财政史. 北京：中国财政经济出版社，1985.

102. 杨幼炯，李绍平. 近代中国立法史. 长沙：湖南教育出版社，2010.

103. 殷崇浩. 南京国民政府时期的税制. 北京：光明日报出版社，1988.

104. 殷崇浩. 中国税收通史. 北京：光明日报出版社，1991.

105. 叶振鹏. 中国历代财政改革研究. 北京：中国财政经济出版社，1999.

106. 叶振鹏. 中国财政通史：第八卷　中华民国财政史. 长沙：湖南人民出版社，2013.

107. 杨虹. 中国税制. 北京：中国人民大学出版社，2014.

108. 左治生. 中国近代财政史丛稿. 成都：西南财经大学出版社，1987.

109. 郑学檬. 中国赋役制度史. 厦门：厦门大学出版社，1994.

110. 周育民. 晚清财政与社会变迁. 上海：上海人民出版社，2000.

111. 周志初. 晚清财政经济研究. 济南：齐鲁书社，2002.

112. 赵云旗. 中国分税制财政体制研究. 北京：经济科学出版

社，2005.

113. 周全林. 税收公平研究. 南昌：江西人民出版社，2007.

114. 朱勇主编. 中国法制史. 北京：高等教育出版社，2013.

国外部分

115. 阿道夫·瓦格纳. 瓦格涅财政学提要. 上海：上海黎明书局，1931.

116. 约瑟夫·斯蒂格利茨. 经济学. 北京：中国人民大学出版社，1997.

117. 保罗·萨缪尔森，威廉·诺德豪斯. 公平、效率与混合经济. 北京：商务印书馆，2012.

118. 安东不二雄. 中国的财政. 东京：东京东亚实进社，1921.

119. 东亚同文会. 支那经济全书，1907—1908.

120. 高柳松一郎. 中国关税制度论. 京都：京都内外出版株式会社，1920.

121. 吉田虎熊. 中国关税及厘金制度. 东京：东京北文馆，1915.

122. 金子宏. 日本税法. 北京：法律出版社，2004.

123. 木村增太郎. 中国的财政与经济. 东京：东京大阪屋号书店，1923.

124. 木村增太郎. 中国的财政真相及其革新措施. 东京：东京启明会，1925.

125. 木村增太郎. 中国财政论. 东京：东京大阪屋号书店，1927.

126. 南满洲铁道株式会社业务部调查科. 最近支那财政概论. 满洲：南满洲铁道株式公社，1929.

127. 日野勉. 清国盐政考. 上海：东亚同文会，1905.

128. 休·奥尔特，布赖恩·阿诺德. 比较所得税法结构性分析. 北京：北京大学出版社，2013.

129. 哲美森. 中国度支考. 上海：上海广学会出版，1897.

130. 威廉·配第. 赋税论. 北京：商务印书馆，1963.

131. 亚当·斯密. 国富论. 上海：中华书局，1936.

132. Seligman，Edwin R. A. *The income tax：a study of the history，theory and practice of income taxation at home and abroad*. Economic Science Press，2014.

(二) 报纸期刊类

民国部分

133. 陈一鸣. 所得税施行之研究. 民鸣月刊，1936，1 (3).

134. 陈长蘅. 对于开征所得税的展望. 广播周报，1936 (97).

135. 崔敬伯. 所得税实施问题. 国立北平研究院院务汇报，1936，7 (3).

136. 崔敬伯. 从间接税到直接税. 国闻周报，1937，14 (25).

137. 陈德容. 论中国现在实行的所得税. 光华大学半月刊，1937，5 (8).

138. 崔敬伯. 课征直接税问题. 西南实业通讯，1942，5 (2).

139. 曹国卿. 评我国现行所得税制. 西北学术，1943 (2).

140. 蔡经济. 所得税法中之迳行决定与工商业前途. 工商经济，1947，1 (5).

141. 段仲榕. 我国征收所得之商榷. 银行周报，1936，20 (30).

142. 高秉坊. 举办所得税告全国公民书. 绸缪月刊，1937，3 (7).

143. 高秉坊. 财产租赁出卖所得税之要旨. 财政知识，1943，3 (3).

144. 高秉坊. 我国财产租赁出卖所得税之开征与推行. 财政学报，1943，1 (5).

145. 兰若. 电影明星的所得税. 先导半月刊，1933，1 (5).

146. 胡叔仁. 施行所得税之我见. 钱业月报，1928，8 (6).

147. 贾士毅. 财政部修正所得税条例草案之要旨. 经济学季刊，1931，2 (2).

148. 孔祥熙. 所得税的特点及政府筹办的情形. 孔庸之先生演讲集，1936 年 9 月：170.

149. 孔祥熙谈政府开征所得税之本意. 经济旬刊，1936，7 (2—3).

150. 孔祥熙. 财产租赁出卖所得税法及新所得税法、新非常时期过分利得税法要义. 财政学报，1943，1 (4).

151. 匡球. 所得税审查委员会之研讨. 广东直接税导报，1946，光复版 (2).

152. 李一秋. 施行所得税之管见. 银行周报，1927，11 (46).

153. 林蔚. 对于征收所得税的商榷. 国衡半月刊，1935，1 (3).

154. 李俊豪. 所得税问题研究. 民钟季刊，1936，2 (1).

155. 刘难方. 论现行综合所得税制. 财政评论，1947，16 (3).

156. 刘支藩. 论现行所得税制及其查征问题. 财政评论，1947，17 (2).

157. 孟昭. 书锡商会所得税意见后. 钱业月报，1921，17 (2).

158. 马金鳌. 英国模范税制所得税的优点. 国闻周报，1930，7 (18).

159. 马弘绪. 直接税货运登记办法及广东一年来施行纪实. 广东直接税导报，1946 年创刊号.

160. 毛起鷳. 中国所得税问题. 经济学季刊，1933，4 (2).

161. 潘士浩. 所得税与利得税问题. 纺织染，1940，6 (1).

162. 饶廉江. 我国所得税之征收. 直接税月报，1941，1 (10).

163. 士浩. 所得税施行之必要及其应注意之点. 东方杂志，1920，17 (21).

164. 叔仁. 施行所得税之我见. 钱业月报，1928，8 (6).

165. 邵德厚. 所得税问题. 中国经济月刊，1934，2 (4).

166. 沈立人. 关于所得税问题之管见. 会计杂志，1936，8 (3).

167. 孙嵩龄. 国民对于所得税之认识. 青年月刊，1937，3 (4).

168. 所得税处解释过分利得税疑义. 商业月报，1940，20 (7).

169. 孙家传. 论我国现行一时营利事业所得税. 财政评论，1941，6 (1).

170. 唐应晨. 论徵收所得税问题. 浙江财政月刊，1936，9 (6).

171. 陶爱成. 所得税概观. 实业季刊，1936，3 (4).

172. 王殿诏. 所得税之理论及我国所得税法之检讨. 财政研究，1936，1 (3).

173. 王启华. 各界对现行所得税法意见之评议. 政治季刊，1939，3 (1).

174. 王启华. 所得税逃税问题之研究. 财政评论，1941（6）.

175. 伍金陶. 收复区直接税征免之研究. 广东直接税导报，1946 年光复版（2）.

176. 翁之镛. 综合所得税就这样开办吗. 社会公论，1947，2（1）.

177. 王抚洲. 崔敬伯，改进所得税制度拟议. 大公报，1948-01-06.

178. 徐沧水. 所得税条例改正问题. 银行周报，1920，4（39）.

179. 谢寿熊. 施行所得税钱业会计必需改进之几点. 钱业月报，1921，17（1）.

180. 向默安. 各国所得税累进率之比较. 民鸣月刊，1929，2（3）.

181. 孝愉. 关于实行所得税的几个问题. 正论，1935（26）.

182. 奚玉书. 论我国综合所得税制. 公信会计月刊，1946，9（5）.

183. 佚名. 裁厘后应推行营业税所得税之研究. 中外经济周刊，1926（158）.

184. 佚名. 所得税与利得税. 四川经济月刊，1938，11（1—2）.

185. 叶秋. 所得税之基本知识. 通俗文化，1935，2（4）.

186. 叶秋. 所得税条例的检讨. 新中华，1936，4（16）.

187. 佚名. 所得税之六倍估缴. 银行周报，1948，32（21）.

188. 周柏棣. 论我国现阶段之所得税. 建设研究，1943，9（1）.

189. 周庆仁. 所得税的原理与实际. 珞珈月刊，1935，2（6）.

190. 朱偰. 中国今日征收所得税问题. 东方杂志，1935，32（11）.

191. 朱偰. 所得税暂行条例草案之批评及修正意见. 东方杂志，1936，33（13）.

192. 张兆符. 财产租卖所得税租田部分与地税之性质及其关系. 财政知识，1943，3（5—6）.

193. 张子美. 所得税免税额及课税级距调整条例之研究. 公信会计月刊，1947，10（4）.

当代部分

194. 陈勇勤. 所得税与国民政府财政——从崔敬伯的财税理论谈起.

学术研究，1996（2）.

195. 陈少克，陆跃祥. 个人所得税：短期调整与长期改革. 郑州大学学报（哲学社会科学版），2012（45）.

196. 韩青，丁成名. 个人所得税：模式选择与建议. 国际税收，2013（8）.

197. 何平. 论中国历史上的税收负担思想. 税务研究，2004（1）.

198. 孔繁浩. 二十至三十年代中国民族资本主义工业的曲折发展. 上海师范大学学报，1987（4）.

199. 陆建来. 关于改革个人所得税制的设想. 中央财经大学学报，1990（6）.

200. 刘佐. 中国企业所得税制度的发展. 经济研究参考，2007（37）.

201. 刘剑文. 统一企业所得税法的必要性、改革趋势及其影响. 法学杂志，2007（2）.

202. 王相坤. 税收公平的法价值分析. 河北学刊，2007（5）.

203. 张建国. “科”的变迁及其历史作用. 北京大学学报（哲学社会科学版），1987（3）.

204. 曾耀辉. 民国推行所得税的成败得失及对当代的启示. 税收经济研究，2014（1）.

（三）资料汇编类

205. 重庆市档案馆. 抗日战争时期南京国民政府经济法规，北京：中国档案出版社，1992.

206. 财政部财政科研所与中国第二历史档案馆. 国民政府财政金融税收档案史料（1927—1937年），北京：中国财政经济出版社，1997.

207. 国民政府教育部. 教育公报，1920.

208. 国民政府司法部司法公报处. 司法公报，1923，1942.

209. 国民政府财政部总务司. 财政公报，1930.

210. 国民政府内政部. 内政公报，1936.

211. 国民政府实业部. 实业部公报，1936.

212. 国民政府立法院秘书处. 立法院公报，1938—1943.

213. 国民政府司法行政部. 司法行政公报，1943.

214. 国民政府中央经济研究处. 中央银行经济汇报，1944.

215. 国民政府福建省政府秘书处公报室. 福建省政府公报，1946.

216. 国民政府上海市政府秘书处. 上海市政府公报，1946—1948.

217. 国民政府财政部江苏区直接税局. 江苏直接税通讯，1947—1948.

218. 国民政府财政部直接税署. 直接税通讯，1947—1948.

219. 国家税务总局. 中华民国工商税收大事记. 北京：中国财政经济出版社，1994.

220. 国家税务总局. 中华民国工商税收史料选编：直接税卷. 北京：中国财政经济出版社，1996.

221. 国家税务总局. 中华民国工商税收史料选编：税务管理卷. 北京：中国财政经济出版社，1998.

222. 国家税务总局. 中华民国工商税收史料选编：盐税卷. 北京：中国财政经济出版社，1999.

223. 国家税务总局. 中华民国工商税收史纲. 北京：中国财政经济出版社，2001.

224. 国家税务总局. 中华民国工商税收史料选编：地方税卷. 北京：中国财政经济出版社，2001.

225. 国家税务总局. 中华民国工商税收史料选编：货物税卷. 北京：中国财政经济出版社，2001.

226. 孔庆泰. 国民党政府政治制度档案资料选编. 合肥：安徽教育出版社，1994.

227. 梁方仲. 中国历代户口、田地、田赋统计. 上海：上海人民出版社，1980.

228. 南开大学历史系. 清实录经济资料辑要. 北京：中华书

局，1959.

229. 佚名辑. 清理财政章程讲义. 清末铅印本，1909—1911.

230. 中国第二历史档案馆. 中华民国档案资料汇编. 南京：江苏古籍出版社，1991—1994.

231. 中国第二历史档案馆编写. 中华民国史档案资料汇编. 南京：凤凰出版社（原江苏古籍出版社），2010.

（四）学位论文类

232. 刘丽. 我国个人所得税累进性问题研究. 北京：中国人民大学，2011.

233. 柯伟明. 营业税与民国时期的税收现代化. 上海：复旦大学，2013.

234. 宋凤轩. 所得税国际化与中国所得税改革研究. 保定：河北大学，2007.

235. 曾耀辉. 民国时期所得税制研究. 南昌：江西财经大学，2012.

后　记

《民国所得税法律制度研究》一书的写作初衷，源于笔者对民国财政税务领域的好奇和求索。当真正搜集资料，开始整理写作思路时，方觉彼时民国时期的法学研究，实为繁荣昌盛。清末民初，中国法制现代化过程正式开始，当时出洋学习日本、欧美法律为学子之时尚，法政学堂如雨后春笋，法政期刊百家争鸣，法学译著如火如荼，法学可以称为中国之“显学”。这样一场深刻影响中国法制的巨大变革，留给后人难以计数的宝贵学术遗产。笔者根据自己的知识背景，于财政税收法制领域内，选取所得税作为研究的方向和内容，希望能够以小见大，一瞥百年之前人们为法制改革作出的努力。细数年代，时光荏苒，似乎离今日并不遥远。

民国时期的法学资料，卷帙浩繁，值得探索的成就颇多，但由于当时印刷技术低下，纸质粗糙，再加上馆藏条件落后，许多资料即使后来有所辑录，一些文字也不甚清晰以致无法辨识。故本书最后的“附录”部分，笔者经反复校对，整理出有关“民国所得税”的重要法律文本，希望能够对民国法学的资料修订作出有益的补充。需要说明的是，即使是可以查找到的当时清晰的法律文本，同一份法律文件在不同的公报、时事杂志上刊登出来时，往往也不完全相同，仍存在一些细微的排印、文字错误等。因此，本书“附录”中的每一个法律文本，都是笔者在校对若干份相同名称但不同版本的资料后，整理辑录出来，并加以断句标点，希望能够使其全面、完整。整理史料的过程看似简单，实则琐碎耗时，需要相当的学术素养和责任心。笔者虽兢兢业业，可能仍不免有疏漏错误，希望能够得到各界朋友的批评指正。

本书是在笔者博士论文的基础上修改整理出版的。在此，感谢导师程天权教授的谆谆教导，在恩师的帮助下，笔者顺利完成了博士学业。感谢中国人民大学法律史教研室赵晓耕教授对论文提出的宝贵评审意见，笔者受益良多。时间如白驹过隙，一去不返，唯有过往的经历，永留心间。人生不尽如人意事十有八九，不求功利显于外，只愿不负此生，不负己心，保持内心的平静，实现心中所想，并在富有余力的同时，回馈社会。

感谢我的家人，以及所有帮助过我、真心对我的朋友。

谨以本书，献给源远流长的法律文化。

图书在版编目（CIP）数据

民国所得税法律制度研究：以税法公平原则为视角/袁璨著. —北京：中国人民大学出版社，2018.9

（法学理念·实践·创新丛书）

ISBN 978-7-300-26051-8

Ⅰ. ①民… Ⅱ. ①袁… Ⅲ. ①所得税-税法-研究-中国-民国 Ⅳ. ①D922.222.4

中国版本图书馆 CIP 数据核字（2018）第 178596 号

法学理念·实践·创新丛书

民国所得税法律制度研究

——以税法公平原则为视角

袁璨 著

Minguo Suodeshui Falü Zhidu Yanjiu

出版发行	中国人民大学出版社		
社　　址	北京中关村大街 31 号	**邮政编码**	100080
电　　话	010－62511242（总编室）		010－62511770（质管部）
	010－82501766（邮购部）		010－62514148（门市部）
	010－62515195（发行公司）		010－62515275（盗版举报）
网　　址	http://www.crup.com.cn		
	http://www.ttrnet.com（人大教研网）		
经　　销	新华书店		
印　　刷	北京玺诚印务有限公司		
规　　格	170 mm×228 mm　16 开本	**版　　次**	2018 年 9 月第 1 版
印　　张	20 插页 1	**印　　次**	2018 年 9 月第 1 次印刷
字　　数	282 000	**定　　价**	68.00 元